결혼의 역사와 문화

결혼의 역사와 문화

배 영 기 저

한국학술정보(주)

머 리 말

과연 결혼이란 무엇인가? 여러 사회의 관습을 비교하는 데 관심이 있는 인류학자들은 항시 다음과 같은 딜레마에 빠진다. '결혼'이라는 용어의 의미를 어느 정도까지 확대시켜야 하는지, 한편으로는 결혼의 기본적인 외형을 잃지 않으면서, 또 한편으로는 사회마다 상이한 관습들을 모두 포괄할 수 있는 용어가 되겠는가? 구프나 구디나프를 비롯한 몇몇 인류학자들은 결혼의 본질적 특징들과 비본질적 특징들을 구별하고 결혼을 때에 따라서 사회적으로 인정받기도 하는 여타의 남녀 결합 형태들과 구별해 내기 위하여 여러 사회의 관습들 속에서 결혼의 공통분모들을 발견하려 노력해 왔다.

구프(1959)는 결혼을 남녀 사회에서 앞으로 새로 태어나게 될 아이의 사회구성원으로서의 정당성을 확립하는 데 기여하는 일종의 관습적 거래로 보고 있다.

구디나프(1970)는 결혼의 보편적 정의에 도달하려 시도하면서, 여자의 성(性)에 대한 계약상의 권리라는 측면에 초점을 맞추고 있다.

결혼이란 일종의 거래 및 그 결과로서의 계약이다. 이 계약에 의해 결혼 당사자는(남자이건 여자이건, 집단이건 개인이건, 본인이건 대리인이건) 여자에 대한 성적 접근의 권리―이 권리는, 계약이 종료될 때까지는 다른 사람들이 현재 그녀에 대해 갖고 있는 혹은 앞으로 그녀와 관계하면서 갖게 되는 성적 접근의 권리보다 우월하다―를 지속적으로 주장할 수 있게 되며, 여자는 아이를 낳을 자격이 있게 된다(Goodenough 1970 : 12-13).

아마 앞으로는 남녀간 결혼의 법적 관계를 모델로 한 것뿐만 아니라 여자끼리 또는 남자끼리의 동성혼까지도 포함할 수 있을 만큼 정의가 더 확대되어야 할 것이다.

성적 편견도 결혼의 정의 속에서 교정되어야 한다. 디 레오나르도 (Di Leonardo)가 지적하듯, 결혼은 여자에게 남편에 대한 성적 권리를 비롯한 제반 권리를 부여하는 것이다. 결혼이 단 하나의 기능만 한다고 보아서는 안 된다. 결혼은 수많은 권리와 관계의 묶음들을 하나 혹은 몇 개의 꾸러미 속에 챙겨 넣는 것이다. 결혼은 성관계를 조절하며 개인의 사회적 지위와 개인이 여러 집단들에서 갖는 성원권을 규정한다. 또 법적 권리들과 이권들을 확립시켜, 가내적 경제단위들을 창출한다. 한편 개인을 자기의 친족 집단 이외의 집단과 맺어주며, 개인과 집단 사이의 정치적 관계 성립에 도구로서 기능한다.

일반적으로 결혼이란 남녀 두 사람이 사회적으로 인정된 성적 및 경제적인 결합을 말한다. 가족이 형성되자면 무엇보다도 결혼이라는 과정을 거쳐야 한다. 모든 사회에서 결혼이라는 과정을 거쳐서 새로운 가족이 창설되고 기존의 가족이 확대되어 나간다.

남녀 두 사람의 결합은 새로운 가족의 출발이라는 점에서 결혼식을 하고 축하해 주며 사회적으로 인정을 받게 된다. 어떤 점에서는 결혼이란 함께 살며, 성행위를 독점하고 자녀들을 낳을 수 있는 사회적인 허락을 얻는 것이라고 할 수 있다. 또한 결혼은 부부간의 호혜적인 경제적 의무 관계를 수반한다. 전통적으로 부인은 가사를 돌보고 남편은 가족을 부양하도록 요구되었다. 결혼은 한 남자와 한 여자의 결합으로 이 결합에서 태어난 자녀에게는 합법성이 부여되고 부부는 성적으로 뿐만 아니라 경제적으로 결합되며 이 결합은 사회적으로 인정된 것이어야 한다.

이와 같은 결혼은 개인적 의미뿐만 아니라 사회적 의미를 갖게 된다. 즉, 애정, 낭만적 사랑 등과 같은 개인적 측면도 있지만 결혼이라는 공적인 의식을 통하여 새로운 사회적 관계의 성립을 알리며 이에 따라 사회적으로 기대되는 성인으로서의 책임과 권리가 부여된다. 그렇기 때문에 결혼 생활에서 요구되는 책임과 의무를 충실히 수행했을 때에 비로소 진정한 행복을 누릴 수 있게 된다.

그런데 결혼은 시대와 사회에 따라 그 의무를 달리하게 된다. 과거에는 결혼이 경제적 안정, 사회적 지위의 획득, 자녀 출산 등 실용적 필요성을 우선시하고 도덕률과 사회규범을 강조하였으나, 오늘날에는 배우자 간의 동료감, 애정, 자아성장 등 개인의 정서적 만족을 추구하는 경향이 강하다.

보우만(Bowmann)과 스하니에(Spanie)는 성공적인 결혼을 위해서는 다음과 같은 측면에서 전환이 잘 이루어져야 함을 제시하였다.

첫째, 나의 생활에서 우리의 생활로

둘째, 독신의 불완전한 성생활에서 공인된 두 사람 간의 완전한 성생활로

셋째, 낭만적 사랑에서 현실과 관련된 책임감 있는 태도와 능력으로

넷째, 개인외 구매에서 배우자와 가족원을 위한 구매로

다섯째, 자녀의 입장에서 배우자의 입장으로

여섯째, 자녀의 입장에서 며느리, 사위의 입장으로

일곱째, 개인적 습관에서 가족 중심의 습관으로

결혼은 사회적 체계 내에서 두 사람 이상이 맺고 있는 여러 사회적 관계 중의 하나이다. 일반적으로 사회적 의의를 지니는 결혼은 다음의 기준이 적용된다.

첫째, 사회적 관계의 기초로서 혹은 상징으로서 성적(性的)인 접촉을 하고 있으며 또한 기대되어지는 사람들의 관계이다. 만약 이러한 일반화된 특성에서 벗어났다면 그것은 사회적 규정이 아니라 개인적인 독특성으로 간주된다.

둘째, 경제적 공유를 하는 사람들의 관계이다.

셋째, 상호간의 정서적 감정 충족에 어떠한 방식으로든지 기여하게 되는 상호 의존적이며 상호 지지적인 관계이다.

넷째, 이러한 특성들이 기간이 지속됨에 따라 안정화되는 경향이 있는 관계이다. 이의 기준은 비교문화적인 관심에서 보면 부족한 개념이지만 보편적으로 우리 사회에서 적용되는 기준이라 할 수 있다.

이러한 결혼 관계의 기본적인 사회적 기준과 더불어 우리 사회에서 통용되는 결혼의 개념으로 규정짓게 되는 7가지의 특성이 있다.

첫째, 이성 성적인 특성을 갖는다. 동성(同性)으로 형성된 관계를 대부분의 사람들이 합법적인 결혼 체계로 받아들이는 것을 거부한다.

둘째, 일처일부제의 특성을 갖는다. 현재 우리 사회에서는 중복되는 배우자를 인정하고 있지 않다.

셋째, 결혼을 통해서 가족을 형성한다. 이는 특히 자녀를 생산하거나 입양을 통해서 이루어진다. 이의 개념은 현재 우리 사회에서 변화되고 있는 것이지만 여전히 일반적인 양상으로 나타나고 있다.

넷째, 특정한 방법으로 조직화된 과업의 분담이 있다. 일반적으로 문화적으로 규정된 역할을 할당받게 된다.

다섯째, 서로 '사랑'이라는 관계에 있다. 적어도 상대를 배우자로 선택할 때 사랑이 한 요인으로 작용하였다.

여섯째, 결혼으로 묶인 사람들은 공동의 거주지를 갖는다. 즉 '가정'이라는 이름으로 공동의 동거 장소를 형성한다.

일곱째, 어떤 특정한 친족 관계에 있는 사람들은 결혼의 상대로서 선택될 수 없다. 우리 사회의 법제도는 '근친상간'으로 규정된 결혼을 금하고 있다.

이러한 특성들은 결혼을 더욱 독특한 상황으로 만들며 동시에 사람들이 점차로 사회적으로 '결혼한' 상태가 되는 것을 거부하도록 하는 특성이기도 하다.

이상의 결혼에 대한 여러 관점에서 볼 때 미래 결혼의 변화를 전망하는 데 있어서 기본적 견제가 되는 것은, 결혼 생활에서의 남녀평등과 여성의 인간적 실현에 있다.

어떤 특정의 형태가 모든 사람들을 위해 이상적이라고 가정할 수 없다. 다만 다양한 형태의 가능성을 인정하는 데서 출발되어야 하는 것이다.

이효재(1984)는 미래 결혼의 기본 전제에 대하여 적용할 수 있는 몇 가지 기준을 제시하고 있다.

첫째, 남자는 사회적 역할을 책임지며, 여자는 가정적 역할을 책임져야 한다는 관념에서 탈피해야 한다. 남녀를 가정 안팎으로 분리하여 역할을 분담하게 한 기존 현실을 마치 자연적이며 당연한 것인 양 용납하는 관념은 타파해야 한다. 즉, 여성은 반드시 가정에 머물며, 자녀들은 생모가 전적으로 맡아 길러야 한다는 관점에서 벗어나야 한다.

둘째, 자녀 양육에 있어서 가정과 전문적 양육기관이 공동으로 책임지는 제도이어야 한다. 가정 양육이 절대적으로 우수하므로 전문적 기관에서 하는 공동 양육을 배격해야 한다거나 그 반대의 입장을 취하는 양자택일일 수 없다. 자녀들의 한정된 인격 형성과 사회성을 함양하는 데 있어 모성의 역할과 공동 양육기관이 다 요구되고 있다. 다만 이 둘을 적절하게 상호 보완하기 위한 사회조직과 제도화가 중요한 과제이다.

셋째, 결혼은 여성에게 있어 부모나 사회적으로 기대하는 압력이나 강요에 의한 것이기보다 선택적이어야 한다. 이 선택의 기준은 경제적·심리적 또는 사회적 명예 등의 목적을 위해 결혼을 수단화하는 데 근거하지 않는다. 당사자들 사이의 책임 있는 애정과 인격적 융합이 그 기준이 되어야 하며 결혼 생활의 존속은 이러한 도덕적 인간관계의 발전을 위한 것이어야 한다.

넷째, 모성 역할을 위한 자녀 출산도 여성에게 있어서 선택적이어야 한다. 결혼을 하면 여자는 반드시 자녀를 낳아 길러야 한다는 운명적인 기존 관념은 용인되지 않는다. 개인의 능력과 자질 그리고 생활목표와 현실적 상황들에 비추어 자녀 출산을 결정하며 모성 역할을 선택할 수 있어야 한다.

이러한 관점에서 미래의 생활양식은 다양한 형태로 나타날 수 있을 것이다. 자유 선택에 의하여 독신 생활을 하는 남녀들을 위시하여 편부모로만 이루어진 가족 형태, 무자녀 결혼, 동업에 종사하는 직업 공동체, 비동거 결혼, 산업과 주거를 같이하는 비혈연 가구, 종교적 또는 정치적 이념으로 뭉친 동지들의 생활 공동체 등 참으로 다양한 생활양식을 창출해 나갈 수 있을 것이다.

마지막으로 올해는 유엔이 정한 '가정의 해'이다. 인류가 만들어 놓은 여러 가지 제도, 규범, 법, 관습 중에서 영원히 존속할 불변의 제도가 있다면 그것은 가정이다. 이 가정을 이루는 첫 번째 일이 바로 결결혼 것이다. 따라서 결혼이야말로 인간의 의지로 행하는 행사 중에서 가장 포괄적 자아를 실현하는 초월적 행사라고 할 수 있을 것이다.

그러므로 불행한 사람은 결코 남을 행복하게 할 수 없고 가정을 행복하게 할 수 없다. 행복한 가정은 행복한 인간을 만들고 불행한 가정은 불행한 사람을 만든다. 만약 가정이 불행하면 자녀들은 가정 밖에서 행복을 찾으려고 한다. 청소년들은 불행감, 공허감, 고독감 등을 메우기 위해서 영화관, 나이트클럽, 마약, 음주 등으로 위안을 얻으려 할 것이다. 그러므로 이 세상에 일어나는 대부분의 불행과 범죄 및 재난의 원인은 가정에 있다고 할 수 있다.

그러므로 부모는 어린이들에게 가정이 행복의 중심지가 되어 일생 동안 즐거운 추억의 요람으로 만들기 위해 온 힘을 기울여야 한다. 이것이 그들이 장차 행복하고 성공적인 삶을 사는 데 도움이 되는 기본적인 재산이 되는 것이다.

* 행복한 결혼 생활이 자녀 교육에 미치는 영향 *

1. 행복한 부부만이 자녀를 행복하게 할 수 있고, 이들을 올바른 인간으로 만들 수 있다. 왜냐하면 행복한 부모만이 자녀에게 올바른 사랑을 줄 수 있기 때문이다. 불행한 사람, 욕구 불만에 차 있는 사람들은 자기 문제가 해결되지 못했기 때문에 남을 생각하거나 행복하게 할 마음의 여유가 없다.

2. 행복한 결혼 생활을 하는 부모라야 자녀들의 결혼 생활도 행복하게 한다. 부모는 자녀들의 거울이다. 부모를 그대로 모방하고 따른다. 비록 부모의 행동이 잘못된 것이라고 판단할지라도 그들 자신의 이성보다 부모의 행동과 인격을 따르기 때문이다.

3. 행복한 부모 밑에서 자란 어린이들은 착하지 않을 수 없다. 왜냐하면 행복한 가정에서는 마음의 불안이나 갈등이나 번민이 없기 때문이다.

4. 한국사회는 세계에서 유례를 찾기 어려울 정도로 산업화와 민주화 동시에 이룩한 나라다. 그러다 보니 가정문화의 해체에서부터 자살인구의 급증이라는 많은 부작용을 낳기도 했다. 그중에서도 이혼율이

세계 최상위권에 이르게 되어 유교문화를 지니는 동아시아에서 부끄러운 유산을 남기게 되었다.

5. 끝으로 이 책의 수정 재판에 저음하여 새로운 결혼관의 정립이 절실한 때에 결혼에 대한 가치관의 실마리를 제공하는 참고 자료가 되었으면 한다.

2006년 새해

목멱산 학술정보센터 도서관장실에서

배 영 기 식

차 례

제1장 결혼의 기원(起源)과 역사(歷史)

제2장 결혼에 관한 여러 가지 정의

제3장 결혼형태의 변화와 역사

제4장 한국혼인 풍속의 전례

제5장 각 국가별의 결혼풍속

제6장 혼인의 각종 형태

제7장 시대별에 따른 결혼문화

제8장 미래사회의 결혼관의 변화

제9장 언어예절(言語禮節)

제10장 행동예절

제11장 가정의례

제12장 국제사회에서의 예절

제13장 문화생활과 예절

제1장 결혼의 기원과 역사

제1장
결혼의 기원과 역사

제1절 창세기(創世記)에서의 결혼

일반적으로 우리가 혼인의 기원에 대하여 생각한 것이 있었다면, 그 것은 구약성서 창세기에 나타나 있는 '아담과 이브의 신화'이었을 것이 다. 이것에 따르면 하나님이 바다의 물고기와 하늘의 새와 땅 위의 모 든 것을 만드신 후 아담과 이브도 창조하시고, 또 신의 섭리는 최초의 인류인 아담과 이브를 결합시켜 부부가 되게 하였다는 것이다.

혼인 제도의 기원은 원시시대의 관습에서 발달한 것으로 보인다. 원시시대에 있어서 남녀가 공동으로 생활하고, 그 결과 성적 관계로 공동의 자손을 가지게 되었다. 육체적으로 강하고 민첩하며, 정신적으 로 용맹한 남자는 가족 보호와 생활을 영위할 근본적 방안을 담당하 고, 여자는 육체적으로 유약하고, 생리적인 선천성에 의해서 자식을 낳고 그 양육을 맡는 것이 오랜 습성이 되어 관습성에 의해서 인정되고, 법률의 승인을 받게 되어 하나의 사회제도로 성립되었을 것이다.

원시의 극단한 자유와 무제약에서도, 욕망과 본능을 가지고 있는 인류가 서로 생활하는 데에는 공동의 목적을 위하거나 공동의 자유를 위해서 질서를 발견하고, 그것을 규율화하여 서로 준수하였을 때에 혼인이라는 제도로 사회화하였을 것이다.

혼인이 제도화되기 이전에 무질서한 군거 생활(群居生活)에서 성의 방종도 있을 수 있는 일이며, 당시에는 정조의 관념이나 처녀성이라는 것이 중요시되지 않았던 시기가 있었고, 민족에 따라서 그러한 습관이 아직도 있다.

이러한 무정조적인 관습은 문화의 발달과 과학의 발달, 종교의 전파와 교양의 확립으로 인하여 문화인의 생활에서는 구축되었고, 성도덕이 정상적인 위치에서 행사하게 되고, 원시적인 무질서한 혼인 상태는 죄악시되며, 건전한 가정과 애정의 확립을 목표로 일부일처주의가 채택되어 혼인의 형태가 고정되었다.

혼인의 역사를 살펴보면, 원시시대의 혼인에는 혼인이 사회의 독자적 구성단위를 형성하지 않았다는 본질적 특성도 있는데, 이는 특히 씨족사회에서 명료하게 나타나 있다. 부부는 외혼제의 규제에 의해서 별개의 씨족에 속하고, 아이들도 그 일방의 씨족에 귀속되었다. 원시인이 방랑하면서 사냥, 식물 채집에 종사하던 초기에는 같은 무리 내에서 혼인하였으므로, 혼사(婚舍)가 어디냐의 문제는 일어나지 않았다. 친족을 부계와 모계로 구별할 필요도 없었고 근친 간 금기의 범위 확대로 내부에서의 구혼이 어려워지고, 다른 무리와의 우호 강화를 꾀하기 시작하면서 차차 외혼 형태가 발생하였다. 그리고 처음에는 남가 거주제였던 것이 농경을 개시한 뒤부터는 다른 거주 규제를 유발하게 되었다.

농경은 종래의 식물 채집과 같이 여자들의 노동이었다. 그것은 풍부한 식량을 부단히 공급하는 일이었으므로, 남자들의 불안정한 수렵보다 훨씬 중요하였다. 그러므로 사람들은 딸을 시집보내는 것보다 데릴사위를 유리하게 생각하였으나, 남자는 데릴사위가 되기를 꺼렸으므로, 방혼(訪婚)이 생겼다. 아이는 모의 집단에 속하였고, 남편 또는 아버지는 단지 밤에 찾아오는 방문객에 불과하였다.

농경의 중요성이 결정적이 되자 남자도 수렵보다 농경에 종사하게 되었고, 괭이, 쟁기 등을 쓰던 농경이 소나 말 등의 가축을 사용하는 단계로 발전하자 체력이 강한 남자의 노동이 여자의 노동보다도 중요시되었다. 따라서 남가거주혼과 부계제가 채용되지 않을 수 없었다. 그러나 그 과도적 현상으로서 몇몇 민족에서는 성년 남자가 외삼촌집에 가서 살며 처를 맞는 외가거주혼이 대개 다음의 과정을 거쳐 행하여졌다.

남가거주제, 부계상속제가 동시에 관습적 질서가 되어, 모권제는 끝나고 부권제가 탄생한다. 모권제가 부권제로 바뀌기까지는 민족에 따라 여러 관습의 경과가 있었다. 일정 기간 남편이 처가에서 동거한 후 처자를 데리고 자기 씨족으로 돌아오는 처가 남가거주혼, 남편이 처가에 살며 일하는 노역혼, 신랑이 신부 측에 일정한 재물을 지급하는 일 등이 있었다고 생각된다.

문명사회의 가부장제(家父長制)는 위의 과정을 거쳐 성립했고, 당초에는 남편이 절대적으로 처를 지배하였다. 부유한 남자는 여러 처를 마음대로 구할 수 있었고, 처는 남편의 노예와 다름없는 지위에 있었다. 그 때문에 부유층에서는 딸을 시집보낼 때 지참금을 주어 보냄으로써, 정처(正妻)로서의 지위와 아들의 적자로서의 지위를 보장하려고 애썼다. 이것이 문명사회의 일부일처제의 기원이지만, 실제로는 남편의 학대를 제한하려는 미봉책에 불과하였고, 항상 첩이나 매음제도가 병존하였다. 그러나 근대 이후 남녀평등 사상이 대두하고, 현대의 문명국가에서는 남녀평등의 일부일처제가 확립되어 있다.

제2절 결혼의식(結婚意識)의 발아(發芽)

혼인 제도의 기원은 원시시대의 관습에서 발달한 것으로 믿어지는 바, 원시시대에 있어서 남녀가 공동으로 생활하고, 그 결과 성적 관계로 공동의 자손을 가지게 되었다.

인류가 서로 생활하는 데에는 공동의 목적을 위하거나 공동의 자유를 위해서 질서를 발견하고, 그것을 규율화하여 서로 준수하였을 때에 혼인이라는 제도도 사회화하였을 것이며, 거기에 이르기까지에는 오랫동안의 갈등과 투쟁이 연속되었을 것이다.

인류의 혼인사에 있어서 문제가 되고 있는 난혼도 여기서 관련되는데, 혼인에 앞서 이미 실제적인 혼인 생활에 들어가서 1년이나 수개월 간 동거 생활을 하여 상대방의 성질 능력을 시험한 다음에 정식으로 혼인하는 예도 있었다. 그러나 이러한 예가 모든 민족에게 적용되는 것이 아니고, 특정한 종족 사이에서 공공연하게 하나의 사회습관으로 버젓이 행사할 수 있었고, 그들은 무정조에 대한 아무 양심의 가책이 없었다. 그러나 이러한 관습은 문화의 발달과 과학의 발달, 종교의 전파와 교양의 확립으로 인하여 문화인의 생활에서는 구축되었고, 성도덕이 정상적인 위치에서 행사하게 되고, 원시적인 무질서한 혼인 상태는 죄인시되며, 건전한 가정과 애정 확립을 목표로 일부일처주의가 채택되어 혼인의 형태가 고정되었다.

사회는 혼인을 여러 가지 방법을 가지고 규정하는데, 우선 배우자의 선택에 관한 규칙을 정하게 된다. 사회가 사람에게 이러한 규칙을 지시하고 강요하는 데에는 정책으로서 또는 사회적·인종적 특수 사정에 의하거나 종교적 이유에서인 경우가 많다. 이러한 이유에서 혼인이 자유이면서도 제한을 받게 되는데, 역사적인 면에서 그 형태를 살펴보면 여러 가지가 있다.

어느 단체에 있어서는 그 일원이 그 단체원과 혼인하는 것을 금하는 족외혼인이 있고, 또 그와는 정반대로 단체원에 한해서 혼인이 허용되는 족내혼인이 있다. 족내혼인을 하는 것은 종교나 오랜 관습과 자존심에서 하는데, 로마 사람들은 이국인 특히 야만인과 혼인하는 것을 허락하지 않고 자기네 족속끼리 혼인하였으며, 미개 민족에서는 물론이며 문화 민족에서도 타민족과 혼인하는 경우에 사회에서 백안시하고 부족 속에서 추방하며, 때로는 죽이고, 계율을 배반한 죄로 인한 신의 발동이 두려워 종교적 의식을 갖추는 민족도 있다.

종족적 족내혼인은 주로 종족적 긍지와 배타적 혐오심에 의한다. 이와 반대로 족외혼인에 있어서는 족내 혼인자들이 가지고 있는 좁은 세계관에서 벗어나 훨씬 넓은 시야를 가지고 족내·족외를 가리지 않고 혼인을 하는데, 현재 세계에서 일반적으로 행하여지고 있다. 혼혈아는 모두 족외혼인의 산물이며, 황인종과 백인종의 혼인, 백인종과 흑인종과의 혼인이 도처에서 행하여지고 있는데, 문화 민족이 열등 민족과 결합하는 경우에는 여자보다 남자인 경우가 많아서, 백인 여자가 흑인 남편으로 삼는 일은 극히 드물고, 백인 남자가 흑인을 아내로 삼는 일이 많이 있다. 고대의 전쟁에서 여자를 전승품의 한 가지로 가져다가 노예 또는 아내로 삼아 족외혼을 하였고, 또 미개 사회에서도 인근의 통혼을 금하고, 가급적 먼 거리에 있는 부족끼리 혼인하는 것을 환영하는 예도 있다. 족외혼이 우생학상으로 보아서 좋다고 하거니와, 문화의 교류, 교통의 발달로 인한 사람의 왕래가 심하게 되어, 사랑에는 국경이 없다고 할 정도로 혼인의 범위는 넓게 되었다.

혼인의 방법으로서 상대방의 의견이나 부모의 동의를 구하지 않고 폭력으로 아내를 맞이하는 것을 약탈혼인이라 한다. 약탈혼인이 아직도 미개 민족 사이에 현행되고 있는 예가 있는데, 전쟁에서 남편을 죽이고 그 아내를 약탈하거나, 여성이 적은 부족이 인근 부족을 습격하여 처녀를 약탈해서 아내로 삼고, 또는 의중에 있는 여자를 부족이나 친구들이 집단으로 약탈해서 혼인하는 일이 있다.

따라서 약탈혼인이 폭력을 사용하는 데에서 유혈극이 발생하는 일도 있으며, 대개는 사회적으로 인정되어 가격을 정하고 배상을 지불하여 합의하게 된다. 약탈은 배상의 능력이 없을 때나 부모가 동의하지 않을 때에 최후 수단으로 하는 수도 있으며, 여자가 반항할 때에는 결박하거나 자루 같은 속에 넣어서 메고 달아나는 것이나, 혼인의 핵심인 애정을 도외시하는 방법으로, 인격을 존중하는 사회에서는 하지 않는다. 미개 민족의 일부에서는 혼인 계약에 대한 동의를 무상으로 하지 않고 대개 신부나 부모나 친족에게 보수를 제공하거나, 또는 신랑이 일정한 기일 동안 신부의 집에서 노동에 종사해야 하는 일이 있는데, 이것을 배상혼인이라 한다.

신부를 가격으로 환산하여 가축, 과일, 수피, 곡물, 화폐를 지불해서 부모가 그 기간 동안 양육한 데에 대한 충분한 보상을 하게 되면, 부모는 비로소 동의하고 혼인을 허락하게 된다. 이 형식을 구매 혼인이라고도 하는데, 구매가 원만히 진행되면 약탈은 없어지며, 구매의 양식이 매개 민족뿐 아니라 문화 민족에서도 부자와 빈자 사이에 혼담이 있을 때에 상당한 금품을 지불하고 혼인하는 것은 배상혼인의 잔재라 하겠다.

신랑이 신부집에 왕래하면서 노동을 제공하는 것은 금품을 지불할 능력이 없을 때에 하던 일이 습관화해서 전해 온 것이다. 구혼자가 여자의 부모에게 대가로 증물을 보내는 일은 사람을 재산의 일부로 생각하는 데에서 온 것이며, 딸을 더 많은 가격으로 팔기 위해서 아름답게 장식하고 유효하게 교육시키기도 하였다. 중세기 유럽에서 전쟁의 전리품으로 빼앗아 온 노예녀는 인물이 예쁘고 맵시가 있거나 노래나 직조의 능력에 따라서 고가로 매매되었다.

이상과 같은 혼인의 여러 형태가 지금에 와서는 여성의 남성과의 평등을 인정하고 사회적 권리를 확보하는 데에서 일부일처제를 원칙으로 하고 있는 제도가 여러 문화 민족 사이에 채택되고 있으나, 반면에 아직도 특수한 사회에서는 일부다처를 관습상으로 또는 사회·법률상으로 인정하여 합법화시키고 있는 예가 많다. 또 일부다처제가 법률적으로 금지되었을망정 욕망이나 재산의 소치로 사회의 묵인하에 또는 비밀리에 실행되고 있다. 이런 일이 사회의 비난의 대상이 되는 것만은 사실이지마는 애욕을 충족시키는 방법으로 실행되는 것은 사실이다. 일부일처와는 정반대로 일처다부제의 혼인 형태도 있는데, 극히 드문 일이나 남아메리카의 인디언, 티벳의 도민을 비롯해서 여러 미개인 사이에 한 여성을 중심으로 수인의 남성이 교대로 공유해서 봉사하고, 보호하고 경제적 지주가 되고 있다. 일처다부제가 아무 마음의 가책이나 도덕적 비난 없이 행해지는 것은 관습에서 오는 당연이며 상식이 된 까닭이다.

제3절 결혼으로서의 의식형성(儀式形成)

지금부터 백여 년 전까지만 해도 사람들은 결혼의 원래 형태에 대해 그 어떤 의문도 가지려 하지 않았다. 그때까지 사람들이 결혼에 대해 생각할 수 있었던 것은 구약 성서 창세기에 나타나 있는 아담과 이브의 신화뿐이었다.

신이 이브에게 이르길 "너는 남편을 사모하고 남편은 여자를 다스릴 것이다" 했으니 결혼 생활에 있어서 아내가 남편을 공경하고 남편이 아내를 지배하는 남성 중심의 결혼형태, 말하자면 부권적 가족관계가 즉 '신의 뜻'이라는 것이다. 그렇지만 이 같은 종교적 신앙이 바탕이 되는 결혼관은 언제까지 지속될 수 있었을까?

1859년 찰스 다윈의 '종의 기원'이라는 책에서는 동물에서 인간에 이르는 진화 과정을 체계적으로 설명하여 엄청난 반향을 불러일으켰다.

다윈은 '인간의 유래'에서 다음과 같이 썼다.

"……이 같은 증거로 해서 인간은 사람과 다른 동물이 공통된 조상에서 진화한 것이라고 인정하지 않을 수 없다.

인류와 그 밖의 포유류의 체질이나 성장을 잘 알고 있는 생물학자들도 사람과 동물이 따로따로 창조된 것이라고 믿어 왔다면 그게 얼마나 잘못된 것인지 머지않아 깨닫게 될 것이다.……"

진화론은 인류 창조의 비밀뿐만 아니라 결혼의 형태와 가족 구조의 전통적인 이론을 붕괴시킨 것에 중요한 의의를 둔다.

'종의 기원'이 나온 지 2년 뒤에 인류의 존엄성에 가장 금기시되는 부분인 '원시 인류의 난잡한 암수 교접'이 바젤 대학의 바흐펜 교수에 의해 설명되었다.

바호펜은 원시 사회의 결혼형태 발전을 세 가지로 구분했다.

1. 아프로디테 여신으로 상징되는 창부제
2. 테메테르 여신으로 상징되는 여인정치제
3. 아폴론 신으로 상징되는 부권제

1단계 창부제는 매음을 상징하게 하지만 다른 면에서 보면 이것은 결혼 관계를 전제로 한다.

바호펜은 여기서 아프로디테 여신으로 상징하면서 남녀가 성을 향락으로 즐기는 난교적인 결혼을 이야기하려 했다.

2단계 여인정치제-테메테르 여신은 대지와 농작물의 풍요를 맡은 신인데 여기서는 모권중심제를 이야기하려 했다.

난교적인 성관계는 계속되고 있지만 그 위에 결혼의 제약이 가해졌으며 성관계도 어느 정도 제한받고 있을 때이다.

3단계 부권제-난교적인 성관계는 없어지고 결혼해서 부부가 가지는 독립적이고 배타적인 성관계가 생긴다. 남자에게 독점된 성관계의 제약이 결혼제도로 성립한 것이다.

이상과 같은 바호펜의 지적이 당시 사회와 학계에 얼마나 큰 충격을 주었나 하는 점은 쉽사리 상상할 수 있을 것이다.

자신들의 선조가 상대도 가리지 않고 성관계를 가지는 것을 신이 인간에게만 베푼 임숙한 은총이라고 여겨 왔던 사람들에게 도대체 상상이나 될 법한 일인가? 그러나 바호펜의 학설은 결혼에 관한 '구약성서적 사고방식: 아담과 이브의 신화' 사고를 철저히 격렬하게 공격하고, 결혼이나 가족 제도의 역사에 대한 학문을 '신의 그늘' 아래서 해방시켰다는 점에서 중요한 의의를 갖는다 하겠다. 바호펜의 원시난교제와 모권제 이론은 그 후 인류학 분야에 큰 영향을 끼쳤다. 많은 학자들이 지지하고 그 학설을 발전시켰다.

특히 이 진화주의 학파의 인류학자 가운데 가장 핵심적 활동을 한 사람이 모르간(1818-1881)이었다.

모르간은 난교제 단계에서 문명시대 일부일처제까지의 변화를 결혼의 진화로 설명했다.

난교에서 시작하여 혈연가족이 나타나고 더 나아가서 친 형제자매들의 결혼을 금지하는 프나루아 가족으로 발전하면서 집단혼이 해체되어 한 남자와 한 여자의 결합이 나타나고 대우혼(對偶婚)이 탄생하고, 마지막으로 일부일처제가 등장했다는 것이다.

이들의 결혼 발전 단계 이론은 어떤 지역과 종족에 따라 편파적 발전 상태를 갖는 점을 인정하면서 결혼과 가족의 갖가지 형태가 역사적 발전 단계에 위치할 수 있음을 설명한 것이었다.

이런 결론은 현재의 인류들이 행하고 있는 일부일처제가 결혼과 가족의 행태로 볼 때 아직은 가장 새롭고 진보적인 제도라는 점을 명확히 하고 있다.

위에서 말한 대우혼(對偶婚)은 나중에 발전하여 일부일처제로 발달되어 간다. 여기서 우리가 간과할 수 없는 사실은 일부일처제가 남자의 필요성에서가 아니라 여자 자신들, 아내의 요구에서 시작되었다고 하는 점이다. 현재의 부부 관계를 함께 생각해 보면 일부일처제가 현재까지는 가장 발전된 최후의 단계라는 데 의심할 여지가 없다.

난교(亂交)에서 시작하여 혈연가족이 나타나고 더 나아가서는 친형제자매들의 결혼을 금지하는 프나루아 가족으로 발전하면서 집단혼이 해체되어 한 남자와 한 여자의 결합이 나타나고 대우혼이 탄생하고, 마지막으로 일부일처제가 등장한 것이다.

모르간의 「고대사회」에 대하여
· 사촌도 형제라고 부른다.
· 집단혼과 형제자매혼
· 형제 · 자매는 결혼할 수 없다.
· 아내의 자매도 처라고 부른다.
· 마음에 드는 상대와 결혼
· 나태한 사위는 가혹한 처벌
· 일부일처제로 발전해 간다.

원시시대 난교의 상태를 동물적인 교미의 상태라고 간주하고 있는 바호펜은 이렇게 설명하고 있다.

"실존의 최저 단계에서 인간은 완전히 자유로운 성적 혼란뿐만 아니라, 성교의 공공연성도 보인다. 인간은 동물의 교미처럼 - 특정한 한 상대와만 성적 관계를 가진 것이 아니고 - 여러 사람들이 보이는 앞에서 자연스럽게 성의 충동을 해결하였다."

바호펜 교수는 일반 사람들이 이해하기 어려운 난삽한 어휘를 사용했지만 여기서 바호펜 교수가 설명하고 있는 것은 즉, 원시 단계에서 인간들은 남녀 사이에 고정된 성관계를 가졌던 것이 아니라 좋은 상대라고 생각되면 곧 교합(交合)하고, 또 다른 상대가 좋다고 생각되면 곧 교합하였다는 점이다. 마치 동물원에서 사람들이 보고 있는데도 교미하는 원숭이처럼 난교를 일삼았다.

제2장 결혼에 관한 여러 가지 정의

제2장
결혼에 관한 여러 가지 정의

제1절 결혼(結婚)과 혼인(婚姻)의 의미

1. 결혼의 의미

결혼과 혼인은 동의어로 쓰이고 있기 때문에 두 가지를 구분하기는 곤란하다. 그러나 법률상으로는 혼인이란 용어는 사용되나 결혼이란 용어는 사용되지 않는디. 의미 면에서 구별을 한다면 혼인은 제도적인 면을 중요시한 용어인 데 반하여 결혼은 인간관계 또는 상호 관계를 중요시한 용어로 사용하고 있다. 웨스터마크(Wstermark)는 「The History of Human Marriage」에서 결혼은 하나의 사회제도로서 1인 또는 여러 남자와, 1인 또는 여러 여자의 결합에 의하여 이루어지고, 관습이나 법에 의하여 승인되며, 결합하는 당사자나 또는 결합에 의하여 출생한 자녀에 대하여 일정한 권리와 의무를 갖는 관계라고 정의하였다. 이 정의를 근거로 결혼을 다음과 같은 남녀의 결합 관계로 설명할 수 있다.

① 결혼은 사회적으로 승인된 남녀의 성관계이다.

성관계에 있는 남녀가 모두 부부라고는 할 수 없다. 그것은 사회적으로 정당하다고 승인되어야 한다. 성관계가 없는 부부는 특수한 예외에 해당되고 부부간에 성관계가 없을 경우에는 이혼 사유가 되고 결혼 자체가 성립되지 않는 제도를 갖고 있는 사회도 있다. 사회적인 승인을 받기 위하여 결혼식을 하고 혼인신고를 하는 등 제도적인 절차가 있다. 이러한 의미에서 보면 결혼이란 단순한 사적인 관계가 아니라 사회적 관계임을 알 수 있다.

② 결혼은 영속적인 관계이다.

성적 관계인 부부 관계에서는 필연적으로 자녀를 출산하게 된다. 인간은 태어나서 자립하기까지는 상당한 기간이 필요하다. 자녀의 양육을 위하여 인간은 가족이라는 집단을 형성하였다. 그러므로 부부 관계는 이러한 사랑을 맹세하며 출발하게 된다. 따라서 해소를 전제로 하거나 기간을 설정한 남녀 관계는 비록 사회적 승인을 받았다 해도 사회적으로 정당한 부부와는 구별된다.

③ 결혼은 권리와 의무의 관계이다.

부부 관계는 제도적으로 지지를 받는 사회적 관계이기 때문에 관리와 의무 관계가 존재한다. 권리와 의무의 내용은 여러 가지가 있기 때문에 시대, 사회, 문화에 의하여 다르다고 하겠으나, 적어도 그들 부부가 생활하고 있는 사회가 타당하다고 생각하는 남편의 역할과 아내의 역할을 책임 있게 수행할 것을 기대한다. 특히 부부 상호간 또는 자녀의 생활을 위한 부양 의무와 권리, 정조의 의무와 권리는 어느 사회, 어느 문화에서도 공통적으로 인정해 주는 보편적 사항이다.

④ 결혼은 전인격적 관계이다.

사회적 존재인 인간은 다른 사람과의 관계없이는 단 하루도 생존할 수가 없다. 그러나 그러한 인간관계는 어떠한 목적 달성을 위한 수단적 관계이고, 기능적 관계라고 할 수 있다. 그러나 부부 관계는 상대방에 대하여, 그리고 인격 자체에 대하여 가치를 발견하고 그 사람과 함께 함으로써 기쁨을 느끼는 관계이므로 그들 사이에는 어떠한 매개물도 필요하지 않다. 그들의 부부 관계를 통하여 성적·정서적·경제적·사회적 여러 관계가 동시적으로 전개되는 포괄적 관계를 맺게 된다.

부부라는 관계가 다른 남녀 관계와 다른 것은 이상과 같은 요소가 작용하기 때문이다. 이러한 요소가 한 가지라도 불충분하면 부부와 유사한 관계를 맺고 있다 해도 정식 부부라고 할 수 없다. 예를 들어 동거 관계에 있는 남녀 관계는 사회적 승인이 결여되었고 사적인 관계의 성격이 강할 뿐 아니라, 영속적 보증도 희박하고 권리 의무 관계도 명확하지 않은 수단적 관계의 성격을 갖고 있으므로 결혼 또는 부부 관계라고 인정하지 않게 된다.

결혼의 기능에 대한 학자들의 견해는 여러 가지가 있으나 종합하면 개인적 기능과 사회적 기능으로 대별된다. 개인적 기능으로는 ① 성적 욕구 충족의 기능, ② 자녀 출산 욕구 충족의 기능, ③ 사회적 지위 부여 기능이 있고, 사회적 기능으로는 ① 성적 질서 유지의 기능, ② 사회 성원 보충의 기능, ③ 사회 결합 확대의 기능을 들 수 있다.

이상으로 보아 결혼은 사적인 관계가 아니라 공적인 관계이며 책임과 의무가 동시에 따르는 개인의 문제이며 동시에 사회적인 문제로 확대되는 매우 중요한 기능을 갖고 있음을 알 수 있다.

2. 결혼과 혼례(婚禮)의 의미

앞에서 결혼은 인간관계를 중심으로 한 용어라고 하였다. 여기서 인간관계의 중심은 당연히 인격 중심인 동시에 개별성보다는 연대성을 내포하고 있음은 재언을 요하지 않는다. 그러므로 결혼의 핵심은 예법을 지키는 일이다. 만약 결혼 생활을 하면서 예절을 등한시하는 부부라면 결코 오래 지속되기가 어렵다. 따라서 인간의 인격 중심의 결혼은 혼례라고 불러야만 그 본뜻이 담겨지는 것이다.

그런 의미에서 결혼식(장)으로 부르기보다는 예식(장)이라고 부르는 것이 훨씬 타당한 용어이다. 결혼은 남성 당사자의 혼사이지만 혼례는 당사자뿐만 아니라 당사자를 포함해서 양가의 가정 간의 혼사와 양가문간(兩家門間)의 혼사(婚事)이며 더 나아가 양가의 종중 간(宗中間)의 혼사(婚事)로 뒷받침되기 때문에 어느 한 편에서 일방적으로 혼례(婚禮)를 깨는 일은 용인(容認)될 수 없다.

그러므로 '예기(禮記)' 혼의(婚義)를 보면 혼인에 대한 정의를 명료하게 명시한 글이 있다.

"혼례란 장차 두 성의 좋은 것을 합쳐 위로는 종묘를 섬겨 제사의 주인이 되며, 아래로는 자손을 후세에 계속시켜 조상의 대를 끊기지 않게 하기 위해서이다. 그 관계되는 바의 소중하기가 이와 같다. 때문에 군자는 이를 중히 여겨 감히 소홀히 하지 않는다."

혼인하는 데 있어서 매우 중요시되고 있는, 동성동본이 아닌 사람과 혼인해야 하는 오늘날의 전통관과는 매우 다르게 반드시 동성(同性)과 혼인했다.

'구당서(舊唐書)', '신라전(新羅傳)'에는 "신라 사람들은 김(金)가 성과 박(朴)가 성을 가진 이가 많은데, 성받이가 다른 이들과는 혼인하지 않는다"라고 했고, 또한 '신당서(新唐書)', '신라전(新羅傳)'에는 "신라의 옹족들 사이에는 제일골(第一骨)인 왕족끼리만 결혼을 하고, 그 외의 성받이하고는 서로 결혼하지 않는다"라고 기록되어 있는 것으로 보아 신라의 왕족은 딴 성과는 혼인하지 않았음을 알 수 있다.

이러한 씨족 사회적인 혼인 방법은 미개 사회에서 많이 보이는 혼인 방법이다.

그렇다면 우리나라에서 최초로 예(禮)에 의거한 혼인은 언제쯤부터 있었는가가 궁금하지 않을 수 없다. '태종실록(권29 정월)'과 '세종실록(권64, 16년조)'에 보이는 "남자가 여자 집에 장가가는" 풍습은 세종조 이전까지 보편적으로 행해졌다. 그리고 '문공가례(文公家禮)'에 준한 친영(親迎)은 세종 17년 파평군(坡平君) 윤평(尹平)과 숙신(肅愼) 옹주와의 혼례가 우리나라에서는 처음이라고 '세종실록', '권67, 세종 17년 3월조'에 상세히 기록되어 있다.

이 시기를 기점으로 왕실에서 시작된 혼례 풍습이 민간에게 보급되어 생활문화로 정착되기에는 많은 시간이 요구되었을 것이다.

이와는 별도로 우리의 흥미를 끌게 하는 혼례의 특별한 방법으로 '민며느리'라고 불리는 혼례가 있다. '민며느리'는 시골 농가에서 가정 사정이 어려운 집안에 있는 사람들이 행했던 결혼풍습이다.

이러한 결혼풍습은 서북 지방 농가에서 흔히 보이던 것이지만 엄격히 말해 이 결혼은 구매 혼인의 유풍으로 볼 수 있다.

미개시대에는 여자가 가족의 재산으로 간주되어 그것을 취득함에 그 친근자에게 얼마만큼의 보상을 해야 했기 때문이다.

데릴사위 풍습은 일반적으로 집안에서 사위를 집안으로 맞아들여 대를 잇게 하는 것을 말한다.

우리나라에서는 예로부터 성이 다른 사람을 양자로 삼을 수는 없으며 또한 동성동본끼리는 서로 혼인할 수 없으므로 이러한 데릴사위 제도를 이용했던 것으로 보인다.

이 데릴사위 혼례는 대체로 여자 쪽에 재산이 많고 남자 쪽이 가난한 사람들이 일반적으로 행했다.

이 데릴사위 제도에 관해서 문헌상으로 남아 있는 것으로는 '삼국지', '고구려전(高句麗傳)'이 있다. 이에 의하면 남자가 여자 집으로 가서 혼례를 하고 그냥 처자에 머물러 살다가 어느 기간이 지난 후에 비로소 자기 집으로 돌아가 사는 것으로 되어 있다. 이러한 결혼풍습은 문헌상으로 볼 때 고려 때에도 성행했으며, 조선조 중엽까지도 일반적인 혼인 형태였는데, 20세기 초까지도 그 유풍이 적게 남아 있다.

우리는 흔히 결혼하는 것을 말할 때 '장가든다'라는 표현을 자주 쓰게 되는데, 이 '장가(丈家)'란 말은 처가란 뜻이고 '든다'는 들어가 산다는 의미를 지니고 있다. 따라서 장가든다는 말은 혼인 자체가 처가로 들어가 사는 것을 의미한다는 이야기가 된다.

이러한 유습은 오늘날의 혼례 의식에 있어서도 그 잔재가 보이고 있는바, 그 하나의 예로 신랑이 신부집에 가서 혼례를 올리고 신혼 후 처가에서 '사흘을 치르는 것'을 혼례에 있어서 매우 중요한 과정 중의 하나로 여겼던 것을 들 수 있다.

'과부 동여가기'는 대체로 서민 사회에서 행해졌던 풍습으로 홀아비나 돈이 없어 장가 못 가는 늙은 총각이 있으면 마을사람이나 친구들이 그를 위해 이웃 마을의 과부를 찾아 친구들이 작당해서 과붓집을 심야에 침입하여 소리치지 못하게 입을 틀어막고 손발을 묶어 포대에 넣은 다음 힘센 장정이 이를 업고 와서 함께 살게 했던 풍습을 말한다.

이러한 풍습은 고구려 유민들로 한때 국세를 떨친 발해민의 일부 혼례 풍습 이었지만, 조선조 초기의 여성 생활권이 극도로 유린당해 과부 재혼 금지법이 생기자 무산계급의 경제적 이유와 함께 어우러져 생겨났을 것으로 생각된다.

오늘날에 들어와서 서구의 새로운 문화사조로 인해 우리의 전통적 의례가 번거롭다는 이유로 많이 퇴색된 것은 사실이다.

그러나 한 남자가 여자와 인연을 맺고 6례를 거쳐 대례식을 치러야 만 비로소 부부가 될 수 있었던 옛사람들의 혼례 의식을 단순히 번거 롭다는 이유 하나만으로 소홀히 취급할 수 있는 것일까.

사랑한다는 이유 하나만으로 쉽게 만나고 싫다는 이유 하나로 금방 헤어져 버리는 오늘날 부부의 모습에서 만남과 확인을 중히 여긴 옛 조상들의 숭고한 정신을 되새겨 본다.

제2절 결혼(結婚)에 관한 다양한 해석(解釋)

1. 철학자가 본 결혼관

① 결혼하는 것이 좋은가 하지 않는 것이 좋은가. 그 어느 쪽이든 너희는 후회할 것이다.

〈소크라테스〉

② 결혼은 젊어서 하면 너무 이르고, 나이 들어 하면 너무 늦다.

〈디오게네스〉

③ 인간은 성년을 지나서 결혼할 일이다. 그것은 그보다 젊어도, 또 나이 들어도 결혼을 지나치게 생각하기 때문이다.

〈G. 초서 / 캔터베리 이야기〉

④ 좋은 결혼은—연애를 동반하며, 그 성질을 띠는 것을 꺼린다. 어쩌면 그것은 우애의 성질을 모방하려고 애쓴다.

〈M. E. 몽테뉴 / 수상록〉

⑤ 결혼은 새장과 같은 것이다. 밖에 있는 새들은 쓸데없이 그 속을 들어가려 하고, 속에 있는 새들은 쓸데없이 밖으로 나가려고 애쓴다.

〈M. E. 몽테뉴〉

⑥ 좋은 결혼이 극히 적은 것은, 그것이 얼마나 귀중하고 위대한 것인가를 보여주는 증거이다.

〈M. E. 몽테뉴〉

⑦ 좋은 결혼의 시금석(試金石), 그 참된 증거는 결합이 계속되는 시간에 의한다.

〈M. E. 몽테뉴 / 수상록〉

⑧ 남성과 여성의 결합은 아이들을 키우는 데 필요한 기간만 계속될 일이다.

〈J. 로크 / 시민정치〉

⑨ 두 사람의 딸을 가진 미망인과 결혼하는 것은, 세 사람의 도적과 결혼하는 것이다.

〈J. 벤담 / 격언집〉

⑩ 행복한 결혼이 드문 이유는, 부인들이 그물을 만드는 데 바빠서 바구니를 만드는 노력을 하지 않기 때문이다.

〈J. 스위프트 / 수필집〉

⑪ 불행한 결혼의 대부분은 당사자 중 한 사람이 연민의 기분에서 결혼할 마음이 생겨서 한 결혼이다.

〈H. M. 몽테를랑 / 여성에의 연민〉

⑫ 결혼이란 남자의 권리를 반분해서 의무를 두 배로 하는 것이다.

〈A. 쇼펜하워〉

⑬ 결혼이 일곱 성사(聖事)의 하나인지 일곱 대죄(大罪)의 하나인지는 아직 확실치 않다.

〈J. 드라이든〉

⑭ 꿈속에 있는 것이 연인들이고 꿈에서 깨어난 것이 부부이다.

〈A. 포프〉

⑮ 결혼하려는 자는 후회의 길로 발을 내디딘 사람이다.

〈필레몬〉

⑯ 결혼과 교수형은 숙명에 따른다.

〈W. 셰익스피어 / 베니스의 상인〉

⑰ 결혼은 사랑의 시를 산문으로 번역한 것이다.

〈A. 부자르 / 고찰〉

⑱ 결혼 생활에서는 돈보다 만족감이 첫째다.

〈J. B. P. 몰리에르〉

⑲ 애정은 결혼의 열매이다

〈J. B. P. 몰리에르〉

⑳ 사람들은 대개 서둘러 결혼하기 때문에, 그 결과 일평생을 두고 후회를 남긴다.

〈J. B. P. 몰리에르〉

㉑ 연애에서 맺어지는 소위 연애결혼은 오류를 그 아버지로 하고
필요(욕망)를 그 어머니로 한다.

〈F. W. 니체 / 인간적인, 너무나 인간적인〉

㉒ 결혼 전에는 두 눈을 커다랗게 뜨고 보라. 결혼 후에는 한쪽 눈을
감으라.

〈T. 풀러〉

㉓ 죽음으로써 모든 비극은 끝나고, 결혼으로써 모든 희극은 끝난다.

〈G. G. 바이런〉

㉔ 결혼에 한해서 말인데, 만약 육교(肉交)에 대한 욕망이 외모에
의해서 뿐만 아니라 어린애를 낳아서 어질게 기르려고 하는 애
정에 의해 유발되었다면, 그러한 경우에는 이성과 일치한 결혼
이라고 말할 수 있다. 또한 이런 경우에 부부의 애정이 외면뿐
만 아니라 정신의 자유를 그 원인으로 하고 있다면 더욱 좋은
일이라 하겠다.

〈B. 스피노자/윤리학〉

2. 문학자들의 결혼관

㉕ 영혼의 해후나 순수한 공감의 순간을 서로 가질 수 있는 사람끼
리는 결코 결혼할 수 없고, 결혼의 전제는 사랑이 아니다.

〈L. 린저 / 생의 한가운데〉

㉖ 똑같은 영혼의 높이에 서 있는 사람들의 결혼은 실현성이 희박하
며 관념적인 여자와 관능적인 남자의 결혼은 파괴적인 결혼이고,
일방이나 쌍방의 부정과 동시에 관용으로 이어져 나가고 있는 결

혼은 가장 흔하다.

〈L. 린저 / 생의 한가운데〉

㉗ 결혼은 적절한 치료가 된다. 결혼은 인간의 가장 자연스러운 상
태이다. 따라서 사람은 결혼에서 진정한 행복을 찾게 된다.

〈B. 프랭클린 / 미상의 젊은이에게 보낸 편지 중에서〉

㉘ 가시가 무서우면 장미는 꺾지 못한다. 뿌리가 두려우면 아름다운
아내도 맞이하지 못한다.

〈B. 프랭클린 / 가난한 리처드의 책력(冊歷)〉

㉙ 신중하고 건강한 아내를 얻고, 자기 직업에 근면하면 그녀의 절
약과 더불어 그것으로 충분한 재산이 된다.

〈B. 프랭클린 / 미상의 젊은이에게 보낸 편지 중에서〉

㉚ 합해졌을 때 성공의 가능성이 가장 크다. 총각은 결혼해서 지니
게 될 값어치를 혼자서는 발휘하지 못한다.

〈B. 프랭클린〉

㉛ 사랑 없는 결혼이 있으면 결혼 없는 사랑도 있다.

〈B. 프랭클린 / 가난한 리처드의 책력(冊歷)〉

㉜ 사랑은 사람을 맹목으로 만들지만 결혼은 시력을 되찾아 준다.

〈G. C. 리히텐베르크 / 잠언〉

㉝ 결혼은 열병과는 반대로 신열로 시작하여 오한으로 끝난다.

〈G. C. 리히텐베르크 / 잠언〉

㉞ 정숙한 여자가 남편을 고를 때는 자기 눈이 아니라 이성(理性)과 의
논한다.

〈푸블릴리우스 시루스 / 격언집〉

㉟ 맞는 뚜껑을 찾지 못할 만큼 조잡한 냄비는 없다.

〈A. 우댕 / 프랑스의 진기(珍奇)〉

㊱ 연애 결혼하는 남자는 배알이 없다.

〈S. 존슨〉

㊲ 잘된 결혼은 날개가 돋고 잘못한 결혼은 족쇄에 묶인다.

〈H. W. 비처〉

㊳ 결혼이란 모든 자랑스러운 혼(魂)과 독립적인 모든 것의 정신적 죽음이다.

〈F. M. 도스토예프스키 / 악령(惡靈)〉

㊴ 결혼이란 모든 일시적인 과도 상태를 부단의 의무로 하고 발작적인 사랑을 영구히 하는 증서와 같은 것이다.

〈J. 러스킨〉

㊵ 똑똑한 여자는 때때로 어리석은 남자와 결혼한다.

〈A. 프랑스〉

㊶ 사랑은 욕구와 감정의 조화이며, 결혼의 행복은 부부간의 마음의 화합으로부터 결과적으로 생기는 것이다.

〈H. 발자크 / 결혼의 생리학〉

㊷ 결혼은 일체의 것을 삼켜 버리는 마물(魔物)과 언제나 싸우지 않으면 안 된다. 그 마물이란 곧 습관을 가리킨다.

〈H. 발자크 / 결혼의 생리학〉

㊸ 해부학을 연구하여, 적어도 여성의 해체도를 알고 있는 남자가 아니면 결혼할 자격이 없다.

〈H. 발자크〉

㊹ 결혼이란 연애가 쾌락만 목적으로 하는 데 반(反)해서, 인생을

자기의 대상으로 한다.

〈H. 발자크 / 두 사람의 젊은 아내의 手記〉

㊺ 늘 현명한 인간이 되고 싶으면 결코 결혼하면 안 된다. 결혼이란 것
은, 미꾸라지를 잡으려다 뱀이 들어 있는 자루 속에 손을 집어넣는
꼴이 되는 것이다. 결혼을 하느니 중풍에 걸리는 편이 오히려 낫다.

〈페레즈코프스키 / 신들의 부활〉

㊻ 결혼은 자기와 동등한 자와 할 일이다. 자기보다 뛰어난 상대는
반려가 아니고, 주인을 구하는 것이 되기 때문에.

〈클레오불루스 / 단편(斷片)〉

㊼ 여자는 결혼함으로써 세계의 작은 일부분을 자기의 영지로 분배받
는다. 법률의 보장이 그녀를 남자들의 행패로부터 보장해 준다.
그러나 그 대신 그녀는 남편의 신하가 되는 것이다.

〈S. 보부아르 / 제2의 성(性)〉

㊽ 결혼은 개인을 고독으로부터 구하며, 그들에게 가정과 자식들을
주어서 공간 속에 안정시킨다. 생존의 결정적인 목적 수행이다.

〈S. 보부아르 / 제2의 성(性)〉

㊾ 결혼이란, 사람들이 사랑에 어떤 종교적 표현을 부여하는 것, 사
랑을 종교적 의무로 높이는 것 외에 무엇을 의미하는 것이겠는가.

〈S. A. 키르케고르 / 인생행로의 제 단계〉

㊿ 온갖 진실한 일 중에서 결혼이란 것이 제일 장난기가 많다.

〈P. A. C. 보마르셰〉

51 연애가 수반되지 않는 결혼은 결혼이 수반되지 않는 연애보다도
부도덕하다.

〈J. 게이〉

(52) 희극에서는 줄거리가 통상 결혼에 의해서 끝나지만 사교계에서는 사건이 결혼에서부터 시작한다.

〈P. C. C. 마리보〉

(53) 눈 깜짝할 동안의 많은 우행…… 그것을 제군(諸君)은 사랑이라 한다. 그리고 제군의 결혼은 하나의 장기간(長期間)에 걸친 우행이다.

〈F.W. 니체/차라투스트라는 이렇게 말했다.〉

(54) 우정으로부터 결혼에 이르는 최단 거리는 남성의 직업에 대하여 여성이 어떠한 관심을 나타내는가, 또 그 남성에 대하여 얼마나 아낌없이 찬사를 보내는가에 달려 있다.

〈A. 모루아/행복한 결혼〉

(55) 결혼에 성공하는 가장 긴요한 조건은 약혼 시기에 영원한 결합을 원하는 의지가 진실되어야 한다.

〈A. 모루아/결혼·우정·행복〉

(56) 결혼의 성공은 적당한 짝을 찾기에 있는 것보다도 적당한 짝이 되는 데 있다.

〈텐드우드〉

(57) 결혼은 필요악이다.

〈메난드로스/斷片(단편)〉

(58) 부자와 결혼하는 것은 가난한 여자와 결혼하는 것과 다름없이 용이한 일이라고 알면 된다.

〈W. M. 새커리〉

(59) 결혼은 디저트보다 수프 쪽이 더 맛있는 정식(定食)이다.

〈오마리〉

(60) 좋은 결혼은 있지만, 즐거운 결혼은 결코 없다.

〈F. 라 로슈푸코 / 잠언과 고찰〉

(61) 결혼이란 꾀꼬리를 죽여 가죽으로 만드는 것이다.

〈G. 쿠르베〉

(62) 다만 돈만을 위하여 결혼하는 것보다 더 나쁜 것이 없고, 다만 사랑만을 위하여 결혼하는 것보다 더 어리석은 일은 없다.

〈B. 존슨〉

(63) 결혼은 제비를 뽑는 것과 비슷하다.

〈B. 존슨 / 물통 이야기〉

(64) 결혼이란 인간이 만든 제도 중에서 가장 방종한 것이다. 결혼이 인기가 있는 것은 이 때문이다.

〈G. B. 쇼〉

(65) 가능한 한 빨리 결혼하는 것은 여자의 비즈니스, 가능한 한 늦게까지 결혼하지 않는 것은 남자의 비즈니스이다.

〈G. B. 쇼〉

(66) 여성이 결혼하는 데에는 큰 이유가 있다. 그러나 남성이 결혼하는 이유는 하나도 없다. 떼지어 살고 싶은 욕망이 그들을 결혼시켰을 따름이다.

〈H. W. 몽테를랑 / 선의 악마〉

(67) 결혼을 미루는 인간은 전장(戰場)에서 도망하는 병사와 같다.

〈R. L. B. 스티븐슨 / 젊은이들을 위해서〉

(68) 결혼은 토론에 의해서 방해되는 긴 일련(一連)의 회화다.

〈R. L. B. 스티븐슨 / 기억과 초상〉

(69) 결혼함과 동시에 남자에게는 세상이 일변한다. 이미 거기에는

아무것도 생각지 않고 서성거릴 수 있는 돌길은 없어지고 만다. 길은 다만 길고 곧게 그리고 먼지가 뽀얗고, 묘지로 통할 따름이다.

〈R. L. B. 스티븐슨〉

(70) 여자—그것은 남자의 활동에 있어 크게 걸리는 돌이다. 여자를 사랑하면서 무엇인가를 한다는 것은 어렵다. 그러나 여기 사랑이 방해가 되지 않는 유일한 방법이 있다. 그것은 연애하는 여자와 결혼하는 일이다.

〈L. N. 톨스토이 / 안나 카레니나〉

(71) 대체로 결혼을 해서 이로운 점은, 첫째로 가정생활의 즐거움 이외에 성생활의 부정(不正)을 제거하고 도덕적인 생활을 가능하게 하며, 둘째로는 특히 네프류도프가 이전부터 기대하고 있었던 것으로 가족, 즉 아이들이 그의 현재의 무의미한 생활에 의의(意義)를 준다는 데 있었다. 대체로 이러한 것이 결혼이 이롭다고 생각되는 점이었다. 동시에 결혼의 이롭지 못한 점이란 첫째로 독신 생활을 하는 노총각 층에 공통되는 것으로, 지위를 박탈당하리라는 공포심과 둘째로는 여성의 신비로운 존재에 대한 무의식적인 공포였다.

〈L. N. 톨스토이 / 부활〉

(72) 결혼에 대하여 긴요한 것은 스무 번이고 백 번이고 깊이 생각해 보는 것이다. 사람은 항상 어찌할 수 없을 때 죽음에 임하듯, 다시 말하면 그렇게 할 수밖에 별도리 없을 때에만 결혼할 것이다.

〈L. N. 톨스토이〉

(73) 결혼도 일반의 약속과 같이 성(性)을 달리하는 두 사람이 "나와

당신 사이에서만 자식(子息)을 얻읍시다"라고 하는 계약이다. 이 계약을 어기는 것은 기만이며, 배신이며, 죄악이다.

〈L. N. 톨스토이〉

⑺ 결혼의 유일한 매력은 쌍방의 허위 생활을 절대로 필요하게 해 준다는 사실이다.

〈O. F. O. W. 와일드 / 도리언 그레이의 초상〉

(75) 결혼이라는 것을 해서는 안 돼. 남자는 지쳐서 결혼하고 여자는 호기심에서 하는데 양편이 다 실망해.

〈O. F. O. W. 와일드 / 도리언 그레이의 초상〉

(76) 여자가 재혼하는 이유는 먼저 남편이 싫었기 때문입니다. 남자의 재혼은 전처를 열렬히 사랑한 까닭이고요. 여자는 결혼에서 운을 시험하고 남자는 그것을 걸고요.

〈O. F. O. W. 와일드 / 도리언 그레이의 초상〉

(77) 결혼 – 공동 생활체의 하나의 경우로서, 한 사람의 주인과 한 사람의 주부와 두 사람의 노예로부터 이루어지고, 그리고는 전부 합쳐도 두 사람밖에 안 되는 상태 혹은 경우.

〈A. G. 비어스 / 악마의 사전(辭典)〉

(78) 행복한 결혼을 했다고 의식적으로 생각하고 질문서에 회답하는 사람들의 숫자는 결혼 생활이 실제로 행복한 사람의 숫자보다 항상 많이 나온다.

〈E. 프롬 / 건전한 사회〉

(79) 결혼은 많은 것을 뜻한다. 그것은 결연(結椽)이고 성사(聖事)이고 희극적이고 착오이다. 그러나 결코 제휴만은 아니다. 제휴는 쌍방 동등한 이득을 의미하기 때문이다. 옳은 판단의 모든 여

성들이 아는바 결혼 생활은 어떻게 보더라도 이득이 여성 쪽에
있는 것이다.

〈P. 매킨리 / 애정의 영역〉

⑧⓪ 그는 저에게 언제나 큰 힘이었음을 깨달았어야 했다고 지금 와서
저는 생각하게 되었습니다. 알고는 있었습니다. 그러나 그것이 영
원히 저에게 주어지지 못할 수도 있다는 것을 알았어야 했습니다.
제가 그이와 함께 늙으며, 아이들이 자라는 것을 함께 지켜본다는
것이 너무나 큰 것을 바라는 일이 된다는 것을 알아야 했습니다.

〈재클린 케네디 / 「룩」誌에〉

⑧① 결혼은 이성에 의해서 창조된 제도이다.

〈B. S. 라즈니시 / 마음으로 가는 길〉

⑧② 사람들은 여러 가지 이유로 결혼을 하고 여러 가지 결과는 낳았
지만, 사랑을 위한 결혼은 불가피하게 비극을 초래한다.

〈J. B. 캐벌 / 농담의 정확〉

⑧③ 저는 급히 결혼식을 올리고 시간이 나면 다시 하겠습니다.

〈J. B. 캐벌〉

⑧④ 결혼은 상반(相反)의 협력 관계이다. 그러한 상황하에서는 불가피
하게 구심력과 원심력이 항상 작용하고 있게 마련이다. 결혼성공
의 척도는 구심력이 어느 만큼 지배적인가에 달려 있다.

〈J. M. 울시〉

⑧⑤ 행복한 결혼이 되려면 남편은 귀머거리, 아내는 장님이어야 한다.

〈R. 태버너 / 지혜의 정원〉

⑧⑥ 동양인은 먼저 결혼하고 그리고 사랑으로 발전하는 데 비하여
서양인은 먼저 사랑에 빠지고 그리고 결혼을 한다고 동양 사람

들은 지적한다. 동양인들의 일의 순서가 더 좋은 결과를 낳고
있다는 것은 많은 서양인들의 상상 이상인 것 같다.

〈E. 해프만 / 남자와 여자의 결혼〉

⑧⑦ 결혼해서 행복하게 사는 사람들이란 결국 결혼도 인간의 다른 모
든 제도에 비하여 유별나게 더 좋거나 나쁜 것도 없다는 것을
알아차린 사람들이다. 그리고 또 더 중요하게는 그들이 자기 자
신과 배우자를 크게 기대하지 않고, 있는 그대로 받아들이는 것
을 익힌 사람들일 것이다.

〈E. 해프만 / 남자와 여자의 결혼〉

⑧⑧ 결혼 생활은 모든 문화의 시작이며 정상(頂上)이다. 그것은 난
폭한 자를 온화하게 하고, 교양이 높은 사람에게 있어서는 그
온정을 증명하는 최상의 기회이다.

〈J. W. 괴테 / 친화력〉

⑧⑨ 결혼 생활은 참다운 뜻에서 연애의 시작이다.

〈J. W. 괴테〉

⑨⓪ 결혼 생활—그 험한 해원(海原)을 넘어가는 나침반은 아직 발견
되어 있지 않다.

〈H. 하이네〉

⑨① 3주 동안 서로 연구하고, 3개월 동안 서로 사랑하고, 3년 동안
시작한다.

〈H. A. 텐 / 토마 그랭도르주의 생활과 의견〉

⑨② 많은 결혼 생활은 단테의 신곡(神曲)과 반대다. 천국에서 시작
하여 연옥으로 옮겨 지옥(地獄)에서 끝난다.

〈피히라〉

⑨③ 어떠한 남자도 일생에 한 번은 우행(愚行)을 범하지만 전 생애를 통한 우행은 결혼 생활이다.

〈W. 콩그리브 / 늙은 도살자〉

⑨④ 결혼이란 상대를 이해하는 극한점이다.

〈팔만대장경〉

⑨⑤ 결혼이란 구차스런 사치다.

〈팔만대장경〉

⑨⑥ 이상적인 결혼은 눈 먼 여자와 귀머거리의 결혼이다.

〈팔만대장정〉

⑨⑦ 혼인은 만복(萬福)의 근원이요, 생민(生民)의 비롯이다.

〈자사〉

⑨⑧ 혼인을 부귀(富貴)에 치중하면 장차 가정의 화근(禍根)이 되는 것이다.

〈사마온공(司馬溫公)〉

⑨⑨ 부모의 명령, 중매인의 말에 의한 구식 결혼의 밑에서는 남자는 영원히 그리고 종신의 산 재산을 획득한다. 그녀에게는 값을 교섭할 자유조차도 없다.

〈노신(魯迅) / 회풍월담(淮風月談)〉

⑩⑩ 나라라 하는 것은 여러 가정을 합한 것이라. 좋은 가정이 합하면 그 나라도 좋고, 좋지 못한 가정이 합하면 그 나라도 좋지 못하나니, 이러므로 나라를 다스리는 도(道)는 반드시 가정에서 시작할 것이요, 가정을 다스리는 도는 실로 혼인에서 시작할 것이라. 어찜이뇨. 사람의 일은 다 혼인에서 근원되어 여러 가지로 흘러가는 연고라.

〈주시경 / 일찍이 혼인하는 폐〉

⑩ 연애나 결혼이나 이혼이나 간음이나 재혼이나 모두가 남녀간의
수수께끼 같은 본능의 숨바꼭질이다.

〈정인보 / 아담과 이브〉

⑩ 결혼이란 사람을 속박하고, 특별히 정신을 구속하며, 사람의 정
력을 허비하는 일이다.

〈이광수 / 흙〉

⑩ 결혼은 연애의 무덤이라 하나 사랑을 창조하는 첫걸음에 불과하
다.

〈나도향 / 내가 믿는 문구 몇 개〉

⑩ 결혼이란 것도 결론은 인간 생활에 있어서 일종의 열병 이외에
아무것도 아닐 것이다. 동방화촉의 열이 식을 때 그것은 남녀에
게 있어서 한 개의 무서운 부채요, 짐이요, 괴로운 의무가 축적
되는 타성으로 변해 버릴 뿐이다.

〈김광주 / 석방인〉

⑩ 결혼은 작은 이야기들이 계속되는 긴긴 대화다. 고답(高踏)할
것도 없고 심오할 것도 없는 그런 이야기들…….

〈피천득 / 시집가는 친구의 딸에게〉

⑩ 결혼은 애정의 구속이 아니라 애정의 보장이고, 평범의 연속이
아니라 깊은 안정과 조화 속에서 이루어지는 무한한 변화, 청신
하고 생명적인 애정의 창조 형태일 수 있다.

〈박두진 / 행복의 조건〉

⑩ 일언이폐지(一言以蔽之)하고 이제 참다운 결혼을 하려거든 모든
과대망상적인 결혼 생활의 기대를 보류하여야 한다. …… 결코
결혼에서는 행복이 궁극적 목적이 아니다. 덤덤하게 그저 같이

생의 험한 길을 여행하다 보면 행복이란 문패도 없이 곁들여서 오는 것으로서, 자기 자신은 인식 못하나 제삼자가 가만히 귀엣말로, "당신은 행복하오"라고 귀띔을 해주는 정도의 것이다.

〈김은우 / 행복의 문패를 단다〉

⑩ 결혼이나 회갑을 경사로서 축하하는 관습이 결국은 그날을 위로하며 얼버무리고자 하는 동기의 산물이 아닌가 하는 별난 해석마저 고개를 들었다.

〈김태길 / 나이〉

3. 결혼에 대한 시·고사·격언(詩·古事·格言)

(가) 시로 묘사된 결혼

⑩ 장가를 들 때는 어찌하는가. / 반드시 부모에게 여쭈어야지. / 부모에게 이미 아뢴 다음 얻은 처 / 어찌하여 멋대로 버려두는가.

* 取妻如之何 必告父母 旣曰告止 曷又鞠止

〈시경〉

⑩ 결혼은 촛불 꽃 앞에서 맹세한 평생 고락 / 시집이 무어 / 설워 눈물을 흘린다. / 아내는 그 지아비를 따라가야 하나니.

* 論心細雨香燈下 聯袂閒花百草前 于歸莫墮傷心淚 女心從夫認是天

〈고양촌녀(高陽村女) / 시집가는 딸에게〉

⑪ 시집온 지 사흘 만에 부엌에 들어가 손 씻고 음식을 장만한다. 시어머니 식성을 모르는 신부는 먼저 시누이를 시켜 맛을 보이네.

* 三日人廚裏 洗手作 湯 未諳姑食性 先遣小姑嘗

〈왕건(王建) / 신가시(新嫁詩)〉

⑫ 신부가 시집올 때 시누이는 겨우 상을 붙들 만했다. 내가 쫓겨
나는 오늘엔 시누인 벌써 나만큼 자랐네. 머리를 돌려 시누이에
게 말한다. 부디 오빠 같은 사람에겐 시집가지 말라고.

* 新婦初來時 小姑始扶床 今日被驅遣 小姑始我長 廻頭語小姑勿
  嫁似兄夫

〈고락부(古樂府)〉

⑬ 문 밖에서 퉁소, 피리, 징 등의 소리가 나기에 급히 나가 보니,
신행 가는 행차다. 채색 그림 그린 사등롱(紗燈籠)이 여섯 쌍,
푸른 일산(日傘)이 한 쌍, 붉은 일산이 한 쌍이요, 퉁소 한 쌍,
초금 한 쌍, 날나리 두 쌍, 진경 한 쌍이 있고, 가운데 푸른 가
마 한 채를 교군 넷이 메고 간다. 사면에 유리를 끼워서 창을
내었고, 네모에는 통나무를 받쳐서 푸른 밧줄로 가로 묶고, 그
통나무 앞뒤로 다시 짧은 막대를 가로지르며 얽어매어서 그 양
쪽 머리를 네 사람이 메었는데, 여덟 발자국이 꼭꼭 발맞추어
한 줄로 가므로, 흔들리거나 출렁거리거나 하지 않고 그저 허공
에 떠서 가는 폭이다. 그 법이 아주 묘하다.

〈박지원 / 열하일기〉

⑭ 개남땅 강뚜꺼비 / 부놈땅 월례한테 / 장가간다 하옵시고 / 쪽닥이
가 뺍시들고 / 쫑지콜랑 홀제끼고 / 제비눈을 뺍시들고 / 곰베판
랑 뽕스리고 / 짱체다리 후리치고 / 가가호호 댕기면서 / 자랑한
다 하였도다 / 월례가 하는 말이 / 깨어진 툭사리는 / 태를 매어
쓰것마는 / 사발같은 내 팔자야 / 아이고 아이고 / 어이할꼬

〈경남 지방 민요〉

⑮ 동래땅 원의 아들 / 밀양땅에 장가오니 / 겉 대문에 용 그리고 / 안 대문에 범 그리고 / 오죽 댄가 자지 댄가 / 그 꽃에라 써린나무 / 동 네 어른 모다 놓고 열두 폭 채일 치고 / 금천주를 부어들고 / 은상 반에 받쳐놓고 / 조그마는 첨사뻐서 / 각반 보소 / 그 날 왔던 새 서 방님 / 실끝 같은 이내 목숨 / 떨어질까 염려하소 / 너거집에 천석하 면 / 천석보고 내가 왔나 / 봉숭화 꽃 같은 주절 보고 내가 왔나

〈하동 지방 민요〉

⑯ 금슬(琴瑟)은 구구 비둘기…… // 열두 병풍 / 첩첩 산곡인데 / 칠 보(七寶) 황홀이 오롯한 나의 방석 // 오오 어느 나라 공주오이 까? / 다소곳 내 앞에 받들었소이다. 어른일사 원삼을 입혔는데 / 수실단 부적 향낭이 애릿해라. // 황촉 갈고 갈아 첫닭이 우는데 / 깨알 같은 정화(情話)가 스스로워 // 눈을 당기면 고즈넉이 끌려 다 혀끝에 떨어지는 이름 / 사르르 휘감기는 비단이라. / 내사 스 사로 의(義)의 장검(長劍)을 찬 왕자(王子) // 어느새 누님 같은 아내여. / 쇠갈쿠리 손을 잡고 세월이 원통해 눈을 감으면 // 그대 다시 살포시 찾아오는 아직 신부고녀 // 금슬은 구구 비둘기.

〈이동주 / 혼야〉

(나) 결혼에 대한 격언

⑰ 시집가는 데 강아지 따르른 것이 제격이라.
   (* 서로 어울리어 격에 맞는다는 뜻)

〈한국〉

⑱ 남편을 잘못 만나면 당대 원수. 아내를 잘못 만나도 당대 원수.
   (* 결혼을 잘못하면 일생 동안 불행하다는 말)

〈한국〉

⑪⑨ 삼대(三代) 적선(積善)을 해야 동네 혼사를 한다.
  (* 한 동네 이웃끼리는 서로 집안 내용을 샅샅이 알기 때문에
    혼사가 매우 어렵다는 말)
〈한국〉

⑫⓪ 될수록 빨리 재산을 만들고 될수록 늦게 결혼을 해라.
〈중국〉

⑫① 결혼은 포위당한 성채와 같으며 밖의 사람은 안으로 들어가려고
  하고 안의 사람은 나오려고 한다.
〈중국〉

⑫② 늙은이가 젊은 여자와 결혼하는 것은 독과 짝을 맺는 거나 같다.
〈인도〉

⑫③ 젊은 남자와 젊은 여자는 천국에서, 젊은 남자와 늙은 여자는
  지옥에서, 늙은 남자와 젊은 여자는 이 세상에서 결혼한다.
〈영국〉

⑫④ 지참금은 가시침대.
〈영국〉

⑫⑤ 서둘러서 결혼하는 사람은 서서히 후회한다.
〈영국〉

⑫⑥ 돈 때문에 결혼할 것은 아니다. 그것보다는 더 유리하게 돈을
  꿀 수가 있다.
〈스코틀랜드〉

⑫⑦ 부모가 죽은 자식과 결혼한 여인은 행복하다.
〈스코틀랜드〉

⑫ 연애 결혼하는 사람은 즐거운 밤과 유쾌하지 못한 낮을 보낸다.

〈프랑스〉

⑫ 결혼은 최고 아니면 최악 어느 한쪽일 것이다.

〈프랑스〉

⑬ 멀리서 조망한 결혼 생활은 탑과 성(城)밖에 눈에 보이지 않는다.

〈프랑스〉

⑬ 애정 때문에 결혼하는 자는 분노 때문에 죽는다.

〈이탈리아〉

⑬ 결혼은 천국 같을 때도 있고 지옥 같을 때도 있다.

〈독일〉

⑬ 자네가 아내와 결혼하는 날, 자네는 자네 아이들과도 결혼하는 것이다.

〈아일랜드〉

⑬ 바가지 긁는 소리를 듣고 싶으면 결혼하라. 칭찬을 듣고 싶으면 죽어라.

〈아일랜드〉

⑬ 불행한 결혼은 지옥에의 전도금을 받은 거나 마찬가지다.

〈스웨덴〉

⑬ 초혼은 의무, 재혼은 바보, 세 번째 결혼하는 자는 미치광이다.

〈네덜란드〉

⑬ 결혼 전에는 공작, 약혼을 하면 사자, 결혼을 하면 당나귀.

〈스페인〉

⑬ 결혼과 수박은 어쩌다 맛있는 것이 걸릴 때가 있다.

〈스페인〉

⑬⑨ 결혼하는 사람의 수효도 많지만 그것을 후회하는 사람도 적은 숫자는 아니다.

〈스페인〉

⑭⓪ 한 가마의 빵을 잘못 구우면 일주일간, 수확이 나쁘면 일 년 동안, 불행한 결혼을 하면 일생을 망쳐버린다.

〈에스토니아〉

⑭① 연애는 꽃이 한창인 정원, 결혼은 쐐기풀 돋은 밭이다.

〈핀란드〉

⑭② 새로운 것은 모두가 아름답다. 하지만 결혼은 그 반대이다.

〈터키〉

⑭③ 결혼은 아흔아홉 마리의 뱀과 한 마리의 뱀장어가 들어 있는 주머니다. 그런 주머니에 일부러 손을 넣는 사람이 있을까.

〈아라비아〉

⑭④ 땅을 사려거든 서둘러라. 그러나 결혼을 하려거든 시간의 여유를 가져라.

〈이스라엘〉

⑭⑤ 자식이 결혼할 때는 우선 어머니에게 이혼장을 내지 않으면 안 된다.

〈유태인〉

⑭⑥ 인생에 있어서 늦어도 상관없는 것이 두 가지가 있다. 결혼과 죽음.

〈유태인〉

⑭⑦ 어떤 신부라도 아름답게 보이며 어떤 사자(死者)도 거룩해 보인다. 그렇다고 하여 모든 결혼이 경사롭고 모든 죽음이 경건한

것은 아니다.

〈유태인〉

⑭⑧ 남자는 우선 집을 세우고 들판에 포도를 심어 포도원을 만들고 그리고는 아내를 맞이할 일이다. 이 순서를 거꾸로 해서는 안 된다.

〈유태인〉

⑭⑨ 결혼하는 데는 하룻밤, 생각은 일 년.

〈무어인〉

⑮⓪ 여자는 결혼하기 전에, 남자는 결혼 후에 눈물을 흘린다.

〈폴란드〉

⑮① 싸움터에 나갈 때에는 한 번 기도하라. 바다에 갈 때에는 두 번 기도하라. 그리고 결혼을 할 때에는 세 번 기도하라.

〈러시아〉

⑮② 아침 일찍 일어난 것을 후회하지 말라. 일찍 결혼한 것을 후회하라.

〈러시아〉

(다) 결혼에 대한 고사

⑮③ 유명한 영국의 법학자 러셀 경에게 어떤 이가 이중 결혼에 대하여 합당한 형벌이 무엇인가 물었더니 경은 한 마디로 말했다. "그것은 장인이 두 사람 되는 것이지." 장인은 시어머니 못지않은 귀찮은 존재인 모양이다.

⑮④ 어느 날 기자가 버나드 쇼에게 물었다. "금요일에 결혼한 사람은 평생 불행하다는 말을 믿으십니까?" 쇼는 즉각적으로, "물론입니다. 금요일이라고 예외일 수야 있겠습니까?"

⑮ 벨기에의 브루게에 사는 아드리안 귀오라는 부인은 23년 동안
652회나 약혼을 하였고 53회나 결혼하였다. 꼭 열이틀 만에
마음이 변한 셈이다. …… 아마, 이것이 세계에서 가장 엉덩이가
가벼운 여자의 기록이겠다.

⑯ 동부 자바 토인의 청년은 가슴에 봄이 찾아 들고 결혼하고 싶은
생각이 나도 결코 마음에 든 처녀에게 곧바로 청혼하지 않는다.
그렇게 한다면 너무나 간단하고 산문적(散文的)이다. 시정(詩
情)이 풍부한 자바 청년들은 장차 사랑의 보금자리로 쓸 벽을
통처럼 만들어 어깨에 메고 마음에 있는 처녀의 집 문 앞에다
두고 온다. 처녀에게는 확실한 대답을 결정하는 데 24시간을
준다. 결혼할 의사가 있으면 갖다 놓은 벽에다 두 개의 구멍을
뚫는다. 이것은 미래의 '꿈의 보금자리'의 창이 된다. 그러나 청
년이 이튿날 그 집으로 가서 벽에 구멍이 없으면 처녀가 뜻이
없는 줄 알고 집으로 가져간다. 다시 좋은 기회를 기다리기 위
해서이다.

⑰ 클레오파트라는 4대나 계속된 혈족 결혼의 직계 자손으로, 두
사람의 오빠와 결혼하였으나 얼마 안 있어 모조리 죽였다. 즉
전부(前夫)인 프톨레마이오스 14세는 물에 빠뜨려 죽이고, 15
세는 독살시켰다. 고대 이집트 왕가에 내려오던 근친결혼은 프
톨레마이오스 왕조 시대에는 관례가 되었다. 그 당시의 지배자
는 태양신 '라'의 자손들이라고 하여, 왕은 지배자인 국왕의 아
버지의 딸, 곧 친자매에게만 장가들어야 했다.

〈R. L. 리플레 / 믿거나 말거나〉

⑱ 간디는 13세 때 결혼했다. 이에 앞서 그는 세 번 약혼을 했었
는데, 약혼한 소녀들이 모두 죽었다. 그의 10세 된 아내는 이

웃에서 골랐고, 그의 형, 그리고 사촌과 합동결혼식을 올려서 결혼했다. 힌두족에게 있어서는 결혼이란 복잡한 행사이기 때문에 세 쌍의 신랑신부가 한꺼번에 결혼하는 것이 더욱 비용이 덜 들고 편리한 것이었다. 이에 관해 간디는 이렇게 기술하고 있다. "내가 장차 나를 어려서 결혼시켰다고 해서 아버지를 비난하게 되리라고는 꿈에도 생각지 못했다. 그 날에 있던 일은 모두가 옳고 타당하며 기분이 좋은 듯했다. 나 자신이 결혼하기를 열망하기도 했다." 그는 흥분하고 겁을 집어먹은 두 아이가 서로 만난 광경에 관해서는 말하기를 꺼리고 있지만 그가 처음부터 남편으로서의 권력 행사를 했다는 것은 말해 두고 있다. 그의 아내 카스투르바이는 무식한 여자였다. "나는 그녀에게 글을 가르치려고 애썼다. 그러나 호색적인 사랑으로 시간이 없어서……." 그 결과 카스투르바이는 그로부터 50년 후에야 겨우 글을 읽고 쓸 수 있을 정도였다. "그녀에 대한 나의 사랑이 호색적인 욕구로 물들어 있지 않았던들 그녀는 오늘날 유식한 부인이 됐을 것이다. 왜냐하면 나는 공부를 싫어하는 그녀의 성격을 고쳐 놓았을 수도 있었을 것이기 때문이다."

⑮⑨ 스웨덴의 베르세리우스라는 화학자는 연구에 몰두한 나머지 나이 50이 넘도록 독신으로 있었다. 그러나 53세가 되어 자신의 생애를 돌이켜 보니, 자신의 인생에 채워지지 못한 무엇이 있는 듯하여—가정의 재미를 맛보지 못한 듯하여—24살 되는 친구의 딸과 결혼하였다 한다.

⑯⓪ 대원군(大院君)은 풍류와 농담을 잘해서 가끔 소인배와 썩고 궁한 선비를 골려 주는 일이 많았다. 어느 날 문안 온 선비에게 친절히, "처자가 있는가?" 하고 물으니, 선비는 아무 집에 장가들었습

니다 하였으면 좋았을 것을 유식한 체, "황문(黃門)에 취처(娶妻)하였습니다" 하였다. 대원군은 특유한 풍자로, "황문이라니, 똥구멍에 장가를 갔단 말인가?" 시골 선비는 얼굴이 붉어지며 말이 없었다.

제3절 결혼의 사회적 규범(規範)

결혼은 사회적 체계 내에서 두 사람 이상이 맺고 있는 여러 사회적 관계 중의 하나로, 사회적으로 공인된 남녀의 성적(性的) 결합 관계의 제도, 또 그 결합을 발생시키는 계약이라 할 수 있다.

근대법은 일부일처제를 기본으로 하여 법률의 요건을 갖춘 남녀 관계만을 혼인으로서 보호하는 법률혼 제도를 취하고 있다.

혼인 성립에는,

호적법에 의한 신고가 필요하다.

결혼식을 거행하고 동거 생활을 하고 있어도 신고를 하지 않으면 혼인으로 인정되지 않는다.

당사자의 합의, 남자는 만 18세, 여자는 만 16세에 달해야 한다.

동성동본의 혼인이 아니어야 한다.

중혼이 아니어야 한다.

여자는 전혼(前婚) 관계가 종료한 날부터 6개월을 경과하여야 한다.

미성년자는 부모의 동의를 얻어야 한다.

혼인에 의하여 부부가 되면, 배우자의 신분을 가지고 친족이 되며, 상대방의 혈족과 인척 관계가 생긴다.

처는 남편의 호적에 입적하는 것이 원칙이다.

입적은 하나 부부는 각각 본래의 성을 가진다.

동거, 부양, 협조의 의무와 정조의 의무를 진다.

일상의 가사에 관하여 서로 대리권이 있다.

자(子)는 친자의 추정(推定)을 받는다는 등의 효과가 있다.(민법 제807 812조)

이상의 법제를 통하여 본 사회적 의의를 지니는 결혼은 다음의 기준이 적용된다.

첫째, 사회적 관계의 기초로서 혹은 상징으로서 성적인 접촉을 하고 있으며, 또한 기대되어지는 사람들의 관계이다. 만약 이러한 일반화된 특성에서 벗어났다면 그것은 사회적 규정이 아니라 개인적인 독특성으로 간주되어진다.

둘째, 경제적 공유를 하는 사람들의 관계이다.

셋째, 상호간의 정서적 감정 충족에 어떠한 방식이든지 기여하게 되는 상호 의존적이며 상호 지지적인 관계이다.

넷째, 이러한 특성들이 기간이 지속됨에 따라 안정화되는 경향이 있는 관계이다.

이의 기준은 비교 문화적인 관점에서 보면 부족한 개념이지만 보편적으로 우리 사회에서 적용되는 기준이라 할 수 있다.

다음은 이러한 결혼 관계의 기본적인 사회적 기준과 더불어 우리 사회에서 통용되는 결혼의 개념으로 규정짓게 되는 7가지 특성에 대해 알아보자.

첫째, 이성애적인(heterosexual) 특성을 갖는다. 동성으로 형성된

관계를 대부분의 사람들이 합법적인 결혼 체계로 받아들이는 것을 거부한다.

둘째, 일처일부제의 특성을 갖는다. 현재 우리 사회에서는 중복되는 배우자를 인정하고 있지 않다.

셋째, 결혼을 통해서 가족을 형성한다. 특히 자녀는 생산하거나 입양을 통해서 이루어진다. 이의 개념은 현재 우리 사회에서 변화되고 있는 것이지만 여전히 일반적인 양상으로 나타나고 있다.

넷째, 특정한 방법으로 조직화된 과업의 분담이 있다.

다섯째, 서로 '사랑'이라는 관계에 있다.

여섯째, 결혼으로 묶인 사람들은 공동의 거주지를 갖는다.

일곱째, 어떤 특정한 친족 관계에 있는 사람들은 결혼의 상대로서 선택될 수 없다. 우리 사회의 법제도는 '근친상간'으로 규정된 결혼을 금하고 있다.

결혼은 사회적으로 인정된 남녀간의 성적·경제적 결합이다. 결혼의 보편성은 네 가지 설로 설명될 수 있다.

① 비교적 긴 기간 동안의 유아 양육을 위해 결혼이 적합하다.

② 성적 경쟁을 해소시켜 준다.

③ 노동 분업의 기초가 되어 경제적 적응 수단이 된다.

④ 혼인에 의한 집단 간의 유대를 강화시켜 집단의 생존을 도모한다.

레비-스트로스(Levi-Strauss)에 의하면 결혼은 집단 간에 여자를 교환하는 일반 교환 체계라는 것이다.

이 교환 체계의 바탕이 되는 것이 외혼제(外婚制, exogamy)이다. 외혼제는 일정한 범위 밖에 있는 사람과 혼인할 수 있다는 혼인규정이다. 그 일정한 범위 내에서 혼인이나 성관계를 갖게 되면 그것을 인세스트(incest)라 하며, 외혼제는 근친혼을 금하는 인세스트 터부에 근거한다. 외혼제의 반대가 되는, 즉 특정한 범위 내에서의 혼인을 우선적으로 하는 것을 내혼제(內婚制, endogamy)라 한다. 내혼제는 신분제 사회에서 동계급 내에 한정하여 배우자를 선정하는 것으로서 인도의 카스트 제도가 그 예이다. 내혼제와 외혼제 이외에 문화마다 여러 가지 다른 혼인규정이 있다.

한 남자가 한 여자와 결혼하는 것은 단혼제(單婚制, monogamy), 한 번에 여러 명의 배우자를 갖는 것은 복혼제(複婚制, polygamy)라 한다. 복혼제에는 일부다처제(一夫多妻制, polygyny)와 일처다부제(一妻多夫制, polyandry)가 있다. 어떤 문화에서는 결혼 조건으로 신부대(新婚代, bride price)를 신랑 측 집안에서 신부 측 집안으로 보내야 하며, 이와 반대로 어떤 문화에서는 신부 측에서 혼자금(婚資金, dowry)를 지참해야 한다. 또한 혼인에 앞서 일정 기간 남자가 여자의 가족에게 노역을 제공하는 것을 봉사혼(奉仕婚, bride service)이라고 한다. 혼인 후에도 주거 규정(postmantal residence rule)이 있다. 부계사회는 신혼부부가 남편의 부가(父家)에 거주하는 부처거주(父處居住, patrilocal residence), 모계사회는 그 반대의 모처거주(母處居住, matrilocal residence), 또는 남편의 외삼촌 집에서 거주하는 외숙처거주(外淑處居住, neolocal residence)를 행한다. 핵가족이 새로운 거처를 갖는 것은 신처거주(新居處住, neolocal residence)라 하며, 선계출계(選系出系) 사회에서는 신혼부부가 자유의사로 거주지를 정하는 선처거주(選處居住, amilocal residence)를 행한다.

제3장 결혼형태의 변화와 역사

제3장
결혼(結婚)형태의 변화와 역사

제1절 부부개념(夫婦槪念)의 도입(導入)

결혼이란 일종의 거래 및 그 결과로서의 계약이다. 이 계약에 의해 혼인 당사자는(남자이건 여자이건, 집단이건, 개인이건, 본인이건, 대리인이건) 여자에 대한 성적 접근의 권리―이 권리는 계약이 종료될 때까지는 다른 사람들이 현재 그녀에 대해 갖고 있는 혹은 앞으로 그녀와 관계하면서 갖게 되는 성적 접근의 권리보나 우월하다―를 지속적으로 주장할 수 있게 되며, 여자는 아이를 낳을 자격이 있게 된다.

이렇듯 모든 사회에서 결혼이라는 과정을 거쳐 새로운 가족이 창설되고, 기존의 가족이 확대되어 간다. 남녀 두 사람의 결합은 새로운 가족의 출범이라는 점에서 혼인식을 하고 축하해 주며 사회적으로 인정을 받게 된다. 어떤 점에서 결혼이란 함께 살며, 성행위를 독점하고, 자녀를 낳을 수 있는 사회적인 허가장을 얻는 것이라고 보아도 좋겠다. 부부 중 어느 한 사람이 상대방을 저버린다든가 배우자 이외의 어떤 사람과 성관계를 맺는 것은 이혼의 정당한 사유가 되기도 하고, 혼외에 낳은 아이는 사생아라고 규정되기도 한다. 또한 혼인은 부부간의 호혜적인 경제적 의무 관계를 수립한다. 전통적으로 부인은 가사를 돌보고 남편은 가족을 부양할 것이 요구되었다.

그중에서도 가장 널리 받아들여지고 있는 것으로 "결혼이란 한 남자와 한 여자의 결합으로, 그 여자에게서 태어난 아이는 그 부부의 합법적인 자녀로 된다."는 「인류학 연구 지침서(Note and Queries on Anthropology, 1951)」의 정의를 들 수 있다. 또 흔히 사용되고 있는 간단한 정의에 의하면 "혼인이란 남녀 두 사람의 사회적으로 인정된 성적 및 경제적인 결합"으로 규정되어 있다.

우리나라의 혼인을 염두에 둔다면 위의 두 가지 정의는 별로 문제가 없다. 즉, 첫째로 혼인은 한 남자와 한 여자의 결합이며, 둘째로 이 결합성에서 태어난 자녀에게 합법성이 부여되고, 셋째로 부부는 성적으로뿐만 아니라 경제적으로 결합되며, 마지막으로 이런 결합은 사회적으로 인정된 것이라야 한다. 여기서 우리는 결혼, 즉 결혼이 미치는 인류 문화학적 영향을 그 의의와 인식, 각 민족의 결혼풍습으로 연구해 보자.

사람은 누구나 일생에 한 번은 결혼을 하게 마련이다. 물론 스님들 중 비구니나 신부, 수녀 또는 독신주의자들은 여기서 제외되겠지만 대개 한 번은 결혼을 하여 가정을 가지게 된다. 혼인이란 위와 같이 "남녀 두 사람의 사회적으로 안정된 성적 및 경제적 결합"(Murdock. 1949)이라고 정의된다.

그러나 만약 우리가 이런 전형적인 혼인을 표준으로 삼고 정의를 내린다면 혼인 제도를 결여하고 있다고 간주될 수 있는 사회는 적지 않다. 혼인의 개념에서 가장 중심적인 부분이라고 볼 수 있는 "한 남자와 한 여자의 결합"이라는 점마저 어떤 사회에서는 지켜지지 않는 예가 있다. 이의 전형적인 예를 아프리카의 수단에 있는 누어(Nuer)족에서 찾아볼 수 있다. 비록 예외적이긴 하지만 누어족에서는 한 남자가 실제로 혼인을 하지 않으면서도 어떤 미혼모에서 신부값(bride-price)을 치르고 그 여자가 연인과의 사이에서 낳은 아이를 합법적인 자식으로 맞이하는 풍습이 있다. 때로는 신부값을 치르고 젊은 부인은 '아내'로 맞아들여, 그 젊은 부인이 연인들과의 성관계로 아이를 낳으면 그를 합법적인 자식으로 받아들이고 재산 상속권을 부여하는 관습이 있다. 이와 같이 누어족의 관습에도 한 남자가 혼인하지 않고 어떤 부인이 낳은 아이에게 합법성을 부여하기도 하고, 남녀 두 사람이 아닌 두 여자 간에 '혼인'이 일어나기도 한다.

누어족의 이런 관습은 그 사회의 지배적인 혼인 형태가 아니라 단지 예외적인 사례에 불과하다. 그러나 어떤 사회에서는 지배적인 관습이 부부간의 영속적인 결합, 성적 및 경제적인 결합 등의 일반적으로 인정되고 있는 혼인의 기본적인 속성들을 결여하고 있어서, 흔히 결혼이 모든 사회에서 보편적으로 나타나는 제도체가 아니라는 증거로 제시되기도 하였다. 그런 관습은 네이어(Nayer)족의 사례에서도 나타나고 있다.

네이어족은 남부 인도의 한 카스트 집단으로, 성인 남자들은 주로 전사(戰士)들로서 전쟁에 동원되어 집을 떠나 많은 시간을 보낸다. 지금은 많이 약화되었지만 19세기 말까지만 해도 네이어족은 남녀간의 성관계와 경제적인 관계는 혼인과는 별개의 것으로 간주하는 관습이 있었다. 이 사회의 기본적인 친족 집단은 한 여자 조상의 모계(母系) 자손인 남녀들로 구성되어 있고 어린이들은 그들의 아버지의 친족 집단이 아니라 어머니의 성원으로 남아 있게 된다.

네이어의 소녀들은 사춘기에 이르기 전에 '혼인식'에 해당하는 하나의 의식을 거치게 된다. 즉, 몇 년마다 한 번씩 친족 집단별로 아직 의식을 거치지 않은 약 3세에서부터 12세의 소녀들을 대상으로 각기 다른 친족 집단에서 신랑감을 골라 '혼인식'을 거행한다. 이 의식에서는 신랑이 금장식품을 신부의 목에다 걸어주고 나서 3일간 한적한 방에서 같이 지낸다. 이때에는 성관계를 맺을 수도 있으나 그렇지 않은 경우가 많다고 한다.

그러나 이 한 쌍의 '부부간'에는 이 의식을 끝으로 더 이상 아무런 권리와 의무 관계도 없어진다. 보통 이 '부부'는 그 후로 일생에 다시는 만나는 적도 없다고 한다. 이 의식은 그 소녀의 사회적인 지위의 변동, 즉 사회적으로 성숙했고 이제는 성관계를 맺고 자식을 낳을 수도 있음을 집단의 성원들로부터 인정받는 계기가 된다. 이후로 그녀는 수많은 '연인들'과 성관계를 맺을 수가 있다. 그러나 여기에도 제한은 있다. 그녀는 반드시 모계친족집단(母系親族集團)에 속하는 카스트의 남자와 성관계를 맺을 수가 있지, 만약 이를 어기고 같은 모계친족집단에 속한 여자가 다른 카스트 출신의 남자와 성관계를 맺는다면 그녀의 친족 집단으로부터 쫓겨나는 벌을 받게 된다.

이와 같은 자격이 있는 남자라면 누구나 여자가 동의하는 한 성관계를 맺을 수가 있고, 단지 남자가 여자를 방문할 때 머릿기름, 목욕기름 등의 작은 선물을 제공하는 것 이외에는 아무런 책임도 의무도 없이 성적인 욕구의 충족에만 그친다. 그러나 여자가 임신을 했을 때는 친족 집단 밖의 카스트 출신의 남자(또는 한 사람 이상인 경우도

있다)가 '아버지'임을 인정하고 출산의 비용과 아기 옷을 구입할 비용
을 지불해야만 한다. 만약 '아버지'라고 나설 사람이 없는 경우에도 그
아이의 생물학적 아버지가 다른 카스트의 사람이거나, 기독교도 또는
회교도이기 때문이라고 간주되어 임산부는 친족 집단으로부터 쫓겨나
거나 심하게는 살해되기도 한다는 것이다.

이렇게 하여 네이어족의 어린이들은 그들의 생물학적인 아버지가
누구인지도 모른 채 어머니의 친족 집단에 편입되어 살게 된다. 이런
관습으로 네이어족의 가족은 한 남자와 그의 누이 및 누이들의 자녀
들로 구성되고, 부인의 형제들이 아이들의 양육을 돕는 형식을 취하고
있다.

이와 같은 네이어족의 사례는 그것이 과연 혼인이라고 부를 수 있
을 것인가라는 의문을 끊임없이 제기하겠지만, 다음과 같은 두 가지
측면에서 혼인에 넣어야 한다는 주장도 넓게 받아들여지고 있다. 즉,
남녀의 성적인 결합이 독점적이지도 배타적이지도 않지만, 그렇다고
해서 여자는 무질서하게 누구와도 성관계를 맺을 수 있는 것은 아니
다. 그 대신에 성관계를 맺을 수 있는 사람과 그럴 수 없는 사람의 구
분은 엄격하고, 이런 규칙을 어긴 자는 심한 벌을 받게 된다. 둘째로,
부인은 비록 의례적으로나마 '혼인식'에 해당하는 과정을 거쳐 '의례적
인 남편'을 가져야만 하고 임신했을 때에는 누군가 아이의 '아버지'라
고 나서야만 출생한 아이의 합법적인 자식으로 모계 집단의 성원이
될 수 있다는 점이다. 이 두 가지의 측면에서 네이어족의 사례도 넓은
의미의 혼인으로 규정되고 있다. 이렇게 보면 네이어족을 포함해서 지
금까지 알려진 모든 사회들이 혼인관습을 가지고 있다.

모든 혼인은 하나의 체계로서 존재한다. 예를 들면 일부일처혼(一
夫一妻婚)의 형식을 취하고 있는 특정 개인의 혼인은 그것이 동업자

사이에서의 내혼(內婚)을 강요당한 것인지도 모르며, 자처혼일지도 모른다. 또 개인적 의지에 의한 이혼의 자유가 인정되지 않았는지도 모른다.

혼인이 모든 사회에서 나타날 수 있는 보편적인 관습이라면, 분명히 어떤 적응적인 이점을 가지고 있는 것이 아닐까. 혼인이 그렇게도 중요한 것으로 간주되는 이유는 무엇일까. 네이어족의 경우와 같이 혼인이 부부간의 독점적인 성관계의 확립을 의미하지 않는 예외적인 것도 있기는 하지만, 대체로 혼인을 거쳐 부부가 된 두 사람은 상호간에 성적인 욕구를 충족시킬 수 있는 권리를 사회적으로 인정받게 된다. 그러나 혼인은 분명히 성적인 욕구 이상의 것이다.

혼인으로 각 당사자는 배우자를 얻게 될 뿐만 아니라 장인, 장모, 처남, 처제 또는 시부모, 시동생, 시누이 등의 집단을 얻게 된다. 이와 같이 혼인은 당사자의 결합뿐만 아니라 그들이 소속한 두 가족의 결합을 가져오게 된다. 예로부터 혼인을 통한 가족 간의 결합은 사회 집단의 유지, 존속에 아주 중요한 '적응메카니즘'으로서의 기능을 맡고 있어서, 기독교의 구약성서에도 "우리 딸을 너희에게 주며, 너희 딸을 우리가 취하며, 너희와 함께 살면서 우리는 모두 한 민족이 될 것이다."(창세기 34장 16절)이라 기록하고 있다.

혼인을 통해서 집단 간에 결합 또는 동맹 관계가 성립되고, 여러 집단들의 체계적인 양식으로 배우자를 교혼하고 있다는 점에 유의하여, 인류학자들은 오랫동안 혼인을 하나의 교환 체계로 파악하여 왔다. 극히 드물기는 하지만 서부 아프리카의 티브족에서와 같이 두 가족 간에 신부감을 직접 교환하는 관습도 있다. 그러나 많은 경우에는 한 친족 집단이 하나 또는 그 이상의 친족 집단들과 혼인 관계를 맺어 동맹 체계를 넓혀 나간다.

흔히 혼인에는 재화와 노력 봉사 등의 물질적인 보상이 뒤따르고 이것으로 결연 관계를 더욱 공고히 하는 뒷받침이 되기도 한다. 가장 흔히 나타나는 것으로서 신랑 쪽에서는 신부의 가족에게 지불하는 '신부값'(bride-price 또는 bride-wealth)을 들 수 있다. 돈이나 재화의 형식으로 신부값을 지불함으로써 신랑은 신부와 결혼할 권리 및 신부가 낳은 아이에 대한 권리를 허락받게 된다. 지불되는 품목에 있어서도 화폐, 소, 돼지, 말 등의 가축, 음식, 담요 등 사회에 따라서 다양하고, 그 규모에 있어서도 차이가 많다. 또 그 지불 방법도 혼인 이전에 끝내야 하는 사회가 많지만 또 어떤 사회에서는 혼인하고 나서 수년 내로 지불을 마쳐야 할 것이 요구되기도 한다.

이런 관습은 여자의 지위가 낮은 사회에서 마치 시장의 물건을 사듯이 신부값을 치르고 여자를 구입하는 것 같아 보일지도 모른다. 그러나 사실 신부값은 혼인으로 한 사람의 일손을 잃게 되는 신부집에 대한 물질적인 보상이기도 하며, 이것은 앞으로 며느리를 볼 때 지불해야 하는 신부값에 충당하기도 한다. 또한 이런 신부값을 받음으로써 신부는 그 자신과 그 가족의 우세를 얻기도 한다. 다른 한편으로는 신부값은 결혼 생활을 보장하는 기능도 하고 있다. 만약 신부의 잘못이 아닌 어떤 이유로 결혼 생활에 파탄이 생긴다면, 신부는 신부값을 되돌려 줄 필요 없이 친정으로 되돌아올 것이며 혹시 신부에게 잘못이 있었다면 신부값을 되돌려주지 않기 위해서라도 친정 식구들은 신부에게 시집으로 돌아가게끔 압력을 넣게 된다.

신부값을 지불하는 관습은 비슷하지만 단지 노력 봉사에만 그치는 관습을 가진 사회도 있다. 북부 알래스카의 에스키모 사회에서는 혼처가 정해지면 신랑감은 장래의 장인 될 분을 위하여 일정한 봉사를 해야 한다. 또 어떤 사회에서는 신부값 대신에 노력 봉사를 하기도 하고, 신부값의 양을 줄이기 위해 노력 봉사를 해 주기도 한다.

이와는 반대로 혼인과 함께 신부의 가족에서 신랑 쪽으로 재화 또는 돈을 지불해야 하는 관습도 있다. 이것을 일반적으로 지참금(dowry)이라고 하지만 반드시 돈에만 한정된 것이 아니라 보석, 가재도구, 의복, 침구 또는 심지어는 토지 및 노예도 포함된다. 이런 관습은 중세 및 르네상스기의 유럽에서 성했고 지금도 동부 유럽의 일부 지역과 남부 이탈리아 및 프랑스의 일부 지역에 남아 있다. 이런 관습도 신부값의 경우와 비슷한 기능을 하고 있다. 즉 만약 신랑이 신부를 학대했다든가 저버릴 경우에 그는 신부의 지참금을 모두 되돌려 주어야 한다. 또한 이런 관습은 오늘날까지도 부자들이 돈 없는 집안 출신이면서도 장래가 촉망되는 신랑감을 구해 사위를 보는 데 효과적으로 이용되고 있다고 한다.

또 많은 인류학자들은 혼인이 가져다주는 경제적인 이점을 강조하면서 혼인의 기능을 논하기도 한다. 이 견해에 의하면, 혼인은 경제적으로 상호적인 관계에 있는 남녀 두 사람을 결합시킨다는 것이다. 성적인 욕구 충족의 결과로 여자는 임신, 출산, 산후조리, 자녀 양육의 과정을 거치면서 육체적으로 활동의 제한을 겪게 된다. 그러나 남자는 이러한 제약을 받지 않고 식량 채취, 식량 생산, 교역을 위한 장거리 여행 등의 온갖 힘을 해낼 수 있어서, 남녀간의 성적인 분업으로 상보적인 관계에 있는 두 사람의 결합은 경제적인 협동이라는 이점을 가지게 된다. 물론 이러한 성적인 분업은 출산과 관련된 것을 제외하고는 불가피한 것도 아니고, 오늘날에는 급속도로 변해가고 있기는 하다. 그러나 과거에는 혼인이 이런 경제적 협동을 위한 편리한 제도적인 장치로서의 기능을 맡아 왔었다.

제2절 결혼형태(形態)의 변화

다윈의 진화론과 바호펜의 원시난교제와 모권제 이론은 인류학 분
야에 큰 영향을 끼쳐 많은 학자들이 지지하고 그 학설을 발전시켰다.
이들의 인류학설을 '진화주의'라 부른다. 진화주의 학파에서 가장 두드
러진 사람은 모르간(Lewis H. Morgan)이었다. 인류학계의 고전이
라 불리는 모르간의 「고대사회」는 가장 원시적 단계에서 그리스 로마
의 고대 문명사회에 이르기까지의 사회사를 저술했다. 이 책을 중심으
로 한 결혼의 형태를 살펴보자.

1) 집단혼

모르간이 말한 결혼의 역사는 식(食)과 성(性)을 토대로 한다고 했
다. 남성의 단백질과 여성의 탄수화물을 교환하는 과정 위에서 생긴
것이 성의 교환이며 이것이 결혼의 시작이라고 하였다. 인류는 먹을
것을 확보하기 위하여 상당히 일찍부터 연령 단체를 만들어 젊은이는
젊은이끼리 성관계를 한 것으로 생각된다. 인류의 가장 오래된 결혼형
태라고 하는 소위 같은 혈족 마을 중의 분류법에서 말하는 형제의 일
단과 자매의 일단과의 집단혼이었다.

형제들이 자식을 모두 자기 자식이라 부를 수 있는 것은 형제의 처
가 자신의 처도 되는 까닭이다. 형제가 처를 공유함으로써 자기 자식
과 형제의 자식을 구별할 수 없기 때문이다. 그리고 인류는 아이의 양
육을 위해서 식물의 채집에도 고생하지 않으면 안 되었다. 본능으로
성욕을 식물 채집에 이용하여 결혼에 의하여 비로소 딴 혈족 사람들
과의 선물 교환에 의해서 식량을 교환하게 되었다. 이것이 족외혼의

시작이다. 따라서 인류의 결혼은 남녀의 애정의 문제가 아니라 집단과
집단의 경제 문제가 되었다.

2) 통근혼

집단혼에서는 부부 관계의 상대가 일정하지 않았으므로 아이가 생
기면 자매는 같은 주거 속에서 공동으로 자기네 아이들을 길렀다. 이
러한 모계 가족은 공동의 어머니들과 아이들도 뭉쳐져 있었다. 여자의
정착성이란 본능적인 요구와 같은 것이었다. 여기에 남자가 여자 있는
곳에 찾아다니지 않으면 안 될 이유가 있는 것이다. 이 통근혼은 인류
가 난혼시대를 빠져 나온 후의 가장 오래된 결혼모습이다.

3) 동거하지 않는 데릴사위

아이를 기르기 위해 농업을 발달시키기 위하여 정착 생활을 필요로
하였고 여자의 농업을 중심으로 마을이 이루어졌다. 농업으로 인한 식
량 소유 면에서 여자들은 자신감을 갖게 되었고 모계제는 경제적으로
더욱 강화하여 여자의 권리도 증대되었다. 한편 아들은 딴 혈족의 처
녀집에 데릴사위로 다니게 되면서 처가의 밭을 경작하였다. 이런 경우
남자는 아이를 낳아서 기르는 여자의 정착성에 대하여 성의 상대이며
경제적으로는 농업의 주요한 노동력이었다. 이러한 데릴사위혼에도 모
계 가족은 경제적인 기반은 아직 미약했으므로 사위는 처가에 동거할
형편이 되지 못하였다.

4) 봉사혼 · 시험혼

베트남이나 캄보디아 농민 사이에는 남자는 결혼한 다음 1년 동안
은 처가에 동거하는 습관이 보인다. 이는 하나의 의무로 북부 베트남

에서는 이 습관이 엄중히 지켜지고 있다. 모계 가족 측에선 남편이 부지런한 일꾼인가 아닌가, 그의 일하는 능력을 남자와 함께 살아보고 여자 측에서 살펴볼 필요가 있다. 동거혼의 시초로 시험혼의 물질적 토대이다. 이런 시험혼은 남자 측에서 보면 봉사혼이다. 모계제에서 부계제로 바뀌면서 이 시험혼은 반대로 아내를 얻기 위한 봉사혼으로 그대로 남아 있다. 우리나라에도 고구려 때 이와 비슷한 혼인 풍속이 있었다. 후한서나 위지동이전에 의하면 남자는 여자의 집에 들어가 살면서 처가를 위해 일하고 봉사하다가 아이를 낳고 장성하면 아내와 아이를 데리고 비로소 자기 집으로 돌아간다.

5) 봉사 후의 동거혼

고대 오리엔트에서도 아내를 얻기 위하여 봉사혼이 행하여졌다. 여기에 대해서는 구약성서의 '창세기' 제29장에 봉사혼의 기록이 있다. 이런 결혼의 형식은 근세까지 동남아시아에 많이 남아 있다. 앗셈에서는 줄곧 모계제였으나 보드족과 디마르족만은 근세에 들어와 봉사혼에 의하여 아내를 얻은 혼인으로 변했다. 인도네시아, 말라야 그리고 아프리카 반트족에서도 많이 행하여졌다.

그러나 그 후 돈이 있는 사람은 신부값을 치르고 노동의 책임에서 벗어났으며 돈이 없는 사람만이 봉사혼을 하게 되었다. 이처럼 데릴사위혼이라 해도 간단히 될 수 있는 것이 아니고, 통근혼의 오랜 관습으로 봉사혼이나 시험혼의 단계를 거쳐 남자들은 점점 처의 모계 가족에 동거하게 되었다. 북앗셈의 코쥬족에서는 남자는 데릴사위가 되어 장모와 함께 살면서 처가를 위하여 논밭을 경작했고 처는 집안일과 함께 농사일을 거들었다. 그러나 처가 죽으면 집 재산은 딸이 계승한다. 이러한 데릴사위혼은 결국 농업이 남자의 손을 빌리지 않으면 이제는 여자의 힘으로는 짊어질 수 없는 결과가 되었다. 이에서 모계제의 물질적 토대는 점점 무너져 갔는데 데릴사위의 동거혼은 그 과정을 보이는 산 모습이었다.

6) 며느리를 데려오는 혼인

데릴사위에서 며느리를 데려오는 혼인에로 옮기는 일이다. 이 단계에서 소위 매매혼이 나타나는데 이 매매혼은 돈으로 신부를 사는 인신매매의 상행위가 아니고 선물 제도의 계속으로 사위 또는 사위의 아버지가 상대편 여자의 아버지에게 지불하는 보상금과 같은 것이다. 동남아시아에서는 옛날부터 모계 가족을 토대로 한 데릴사위의 동거혼이 계속하여 행해져서 근세에 이르러 소위 매매혼이 나타났으나 이때의 신부값 또는 납폐금은 남편이 아내와 아이들을 자기네 마을로 데리고 오는 권리를 사는 대금과 같은 것이다. 만일 남편이 계속해서 처가에 동거할 셈이라면 별로 신부값을 낼 필요는 없었다. 아프리카 콩고의 반쓰족에서는 신부값이 확실하게 되어 있다. 그들은 미개의 목축민으로서 결혼은 며느리를 데려오는 혼인이며 따라서 부계제이다. 그중 로고리족은 신부값이 한 마리에서 두 마리다. 부그스족은 5~15마리, 랑고족은 4~10마리, 누에르족은 20마리이다. 이처럼 신부값이 비싸므로 반쓰족 청년들은 장래의 신부값을 벌기 위해서 매우 부지런하며 또 신부값이 마련될 상당한 나이에 차지 않으면 결혼하지 않는다. 이들은 신부값이 비싼 훌륭한 처녀를 얻으려고 하고 결혼에 의해 자기네 일족에게 많은 재산이 들어왔다는 것은 신부의 자랑이며 신부값이 비싼 까닭에 남편은 아내를 소중히 여겨 학대하는 일이 없다. 따라서 반쓰족에서는 이혼이란 볼 수 없다. 더욱이 신부값의 대부분을 딸의 어머니 측 가족에게 나눈다는 것은 만일 딸이 이혼하여 아이를 데리고 친정에 왔을 경우 일족에게 딸과 아이들의 생활을 맡아달라는 보험과 같은 것이다.

7) 일부일처제의 성립

원시부족사회의 질서가 무너지자 부족보다는 가족이 사회생활의 중요한 역할을 맡게 되었다. 공동소유로 경작되었던 토지는 가족 단위로 재산의 상속이 이루어졌는데, 즉 장남에서 장남으로 이어지는 상속의 뜻을 가졌다. 이것이 가부장제의 시작이다. 가부장제가 확립되면서 가족 내에서 아내의 지위는 노예와 비교될 수 있을 정도로 지극히 낮아졌다. 그리고 아내는 남편의 돈으로 사들이는 존재로 이해되기 시작했다. 부유한 사람은 그 재력에 어울리게 여러 아내를 거느리고, 거꾸로 가난한 사람은 한 명의 아내로 만족하지 않으면 안 된다.

구약성서에서 신명기 제21장 15절에 "어떤 사람이 두 아내를 두었는데……"라고 하여 일부다처제가 있었음을 명시하였고, 솔로몬 왕은 처첩을 합하여 1천여 명의 아내를 거느렸다고 나와 있다. 또 서아프리카 가나의 아샨티 왕은 구천 명이 넘는 여자들을 할렘에서 거느리고 있었으며 동아프리카 우간다의 므테사 왕은 7천 명의 아내를 거느렸다고 한다. 마호멧은 남자가 네 명까지 아내를 거느릴 수 있다고 인정했다. 다만 네 명의 아내를 거느릴 경우 남편이 그 아내들에게 부와 사랑을 공평하게 베풀어 주는 것이 조건으로 되어 있다. 최근 회교국가에서도 일부다처제를 타파하려는 운동이 일어나고 있는데 전술한 것처럼 일부다처제를 인정했을 뿐이지 꼭 그렇게 해야만 된다는 것은 아니었다.

로마에서는 일찍이 일부일처제가 받아들여졌는데 이에 대해서는 두가지 견해가 있다. 엥겔스의 설명에 의하면 아버지의 피를 이어받는 자식에게 재산을 상속시키기 위해 부자의 관계가 명확하게 되는 일부일처제가 받아들여졌다는 것이다. 크랑슈에 의하면 로마인의 결혼식은 신부가 친정을 떠나가는 '넘겨주는 의식'과 신부가 친정에서 시집으로 옮겨올 때의 '신부 환영식', 신부가 신랑과 함께 신랑의 집안신에게 빵을 바치고 함께 먹는 '나눠먹는 의식' 등 세 단계로 이뤄졌는데 신 앞에서의 '나눠먹는 의식'은 부부의 신성한 결합을 만들고 이들을 같은 종교로 연결시키는 것이었다.

일부일처제가 성립된 요인에는 결혼 지참금이 큰 영향을 미친다고 보는 막스 베버의 설명을 들어보자. 유력한 집안에서 딸을 시집보낼 때에는 딸이 시집에서 가축처럼 일하지 않게 해줄 것과 돈을 받고 팔아서는 안 될 것, 또 딸의 신변이 보장되고 그녀가 낳은 자식은 다른 여자나 노예의 자식보다 우월한 지위를 누려야 한다는 조건을 달았다. 이렇게 지참금으로 시집을 보내는 대가로 신부는 '본처'의 지위를 얻고 또한 그 자식이 '적자'로서 남편의 유일한 상속인이 될 수 있는 지위를 얻는다고 하는 하나의 계약이 맺어진다. 이에 따라 이제는 남편의 가장으로서의 권력도 계약에 속박되어 아내에 대한 무제한적인 권력 남용은 불가능해질 수밖에 없었다. 그러나 무제한적인 권력을 제한한 것뿐이지 가장의 권력을 빼앗은 것은 아니다. 결국 신부는 지참금으로 겨우 '본처'로서의 일정한 지위를 누릴 수 있는 것에 지나지 않으며 그 서러운 위치에는 아무런 변화가 없는 것이다. 이렇게 일부일처제는 여자의 서러운 운명을 안고 출발했다.

8) 일부일처제에서의 성의 타락

고대 문명이 화려하게 전개된 시대에도 남자가 아내를 맞이하는 최대의 이유는 실제로 자기들의 후손을 얻기 위한 것이며, 아내는 '자식을 낳는 도구'인 셈이었다. 본처가 아이를 못 낳을 경우에 둘째 부인이나 첩을 얻는 것은 당연하게 받아들여졌다.

남자는 자기의 진짜 자식에게 자기의 재산을 상속시키려고 아내에게 정조를 가혹하게 요구했다. 그래서 아내의 간통을 엄중하게 다스렸다. 남자는 첩을 거느리고 남의 아내와 관계하고 창녀와 즐겨도 아내로부터 아무런 힐책을 받지 않았으나 아내에게는 일방적인 정절을 요구했던 것이다. 실제로 '정절' 또는 '정조', '정숙'이란 어휘는 모두 아내에게만 요구되는 말들이지 남자 쪽의 '결혼 외의 관계'를 비난하는 도덕적인 용어는 원래부터 없었던 것이 아닐까?

한편 아내에게 일방적으로 정조의 의무를 강요하는 가장 잔혹한 수단은 정조대라는 것이었다. 십자군의 기사들이 오랜 기간의 원정 중 자기 아내의 간통을 막고자 고안해 낸 것이 시초였다고 한다. 남편들은 십자군 원정 중 곳곳의 여인들과 육체관계를 즐기면서도 집에 남아 있는 아내에게는 정조대를 채웠던 것이다. 남자들은 자기의 간통권리를 유보하기도 하며 또 자기가 불능일 때에는 아내의 간통을 허용해서라도 후계자를 얻으려 하고 그렇지 않을 때에는 아내의 간통을 엄중하게 단속했던 것이다. 아니 어떻게 보면 남자들은 '첩은 아내가 아니다'는 이유로서 일부일처라는 자랑스런 도덕에 공공연하게 반역한 셈이었다. 그것도 결코 교양 없는 남자에게만 한정되어진 것이 아니다. 특히 성직자 세계의 성의 타락은 놀랄 만했다. 일찍이 예수는 금욕을 가르쳤건만 중세의 신부들은 여러 아내들을 거느리고 그리스도의 어린양에게까지 유혹의 손길을 뻗쳤다. 또 자신의 양녀를 첩으로 삼았던 교황(알렉산더 6세)도 있었고, 중세의 수녀들 또한 성적으로 타락했었다. 프랑크 왕 카알대제가 802년에 내린 포교를 보면 여성감화원이란 생각이 들 정도이다.

이와 같이 축첩이나 다첩은 물론이고 문명인은 계급 관계에 근거하

여 자기가 지배하는 사람들에게 성적 착취를 하였던 것이다. 중세 영
주들이 지녔던 초야권이 대표적인 것이다. 그리고 화려한 귀족 사회의
용감한 기사와 귀부인은 물욕으로 맺어진 사랑으로 서로의 정절을 중
요시하지 않았다.

이와 같은 문명인의 성적 타락은 '매음제'와 비교하면 가벼운 셈이
다. 매음제를 합리화시키는 사고방식을 지녔던 대표적인 사람들을 찾
아보면 교부 아우구스티누스가 있다. "만일 매음이 폐지된다면 여러분
은 풍기 문란한 사태에 직면할 것이다." 성토마스는 "도시의 매음은
궁전의 변소와 같은 것이다. 변소를 없애버린다면 궁전은 더럽혀지고
악취로 꽉 찰 것이다." 독일의 위대한 철인 쇼펜하우어도 "창녀는 일
부일처를 위한 제단의 희생자"라 했으며 프랑스의 소설가 발자크도
"창녀들은 훌륭한 가정을 지키는 성벽으로 자기의 육체를 바친다"고
말했다. 영국의 국회의원들도 국회에서 성토마스와 같은 발언을 했고
일본의 국회의원들도 주간지에서 솔론의 찬사에서 시작도 '방파제론'과
다를 바 없었다.

양가 규수의 방파제로서 매춘이 필요하다는 공공기관이나 권력자들,
성직자들은 매춘업을 운영하고 시설 임대를 하여 수입을 올릴 뿐 아니
라 사창가에 가서 스스로 쾌락을 즐기기도 하였다. 이것은 매음의 합법
화이며 돈을 벌기 위한 수단이었다. 문명인은 결혼이 현 상태로 존재하
는 한 그리고 자신의 육체를 팔아서라도 살아갈 수밖에 없는 가난한 여
인들을 사회가 방치하는 한 매춘도 결코 사라질 수 없을 것이다.

9) 근대인의 결혼

문명사회는 결혼과 성관계란 측면에서 볼 때 장밋빛으로 물든 사회
는 결코 아님을 알 수 있다. 적어도 자유·평등·박애의 기치를 내걸

고 등장한 근대 시민사회에서는 결혼이 '남녀 서로의 의사에 근거해서 성립되어야 하며 부부는 깊은 애정과 굳건한 정절을 기초로 결합'되어야 한다는 이상적인 결혼관이 일반적으로 받아들여진다고 할 수 있겠다. 실제로 우리가 그러한 결혼을 꿈꾸는 것도 사실이다. 그러나 근대인의 결혼도 남편과 아내 사이의 전인격적인 지배와 복종의 관계에 의해 성립되었다. 여성들이 사회에 진출해 스스로 일하고 그것으로 독자적인 생계를 꾸려 나가지 못하는 한 여성들은 경제적으로 남편에게 의존하고 지배받게 된다. 오늘날 상당한 여성들이 직장을 다니지만 남편과 평등한 지위와 소득을 올리기란 어렵다. 이런 상태가 지속되는 한 수천 년에 걸친 남성지배와 여성의 노예적 복종은 계속될 것이다. 그러나 여성들은 깨닫기 시작했다. 여성들은 근대의 부권적인 사회질서야말로 모든 분야에서 여성을 속박하고 노예의 위치로 떨어뜨린다는 것을 이해했다. 원시사회에는 모권제가 있었고 사유재산 이전에는 일부일처제가 생기지도 않았다는 인류학설과 이론은 여성의 용기를 북돋워 주었고 여성해방운동은 궁핍한 남성과 함께 공동의 적인 사회구조 타도를 목표로 삼게 되었다.

제3절 난교에 대한 이설(異說)

1. 모르간(L. H. Morgan : 1818~1881)의 입장

바호펜의 원시난교제와 모권제 이론은 그 후 인류학 분야에 큰 영향을 끼쳤다. 많은 학자들이 지지하고 그 학설을 발전시켰다. 다윈이 생물의 진화 과정을 하등 동물에서 고등 동물로의 진화로 설명했듯이 이들은 난교제 단계에서 문명시대 일부일처제까지의 변화를 결혼의 진화로 설명했다. 그래서 19세기 후반에 나온 이들의 인류학설을 '진화주의'라고 부른다.

진화주의 학파에서 가장 두르러진 활약을 했던 이는 모르간(L.H.Morgan)이었다.

그가 1877년 저술한 「고대사회」라는 책에는, 그때까지 모르간이 모았던 원시 종족에 대한 모든 인류학 문헌 자료가 총망라되어 있다. 모르간은 가장 원시적 단계에서 그리스 로마의 고대 문명사회에 이르기까지의 사회사를 체계적으로 서술했기 때문에 인류학계에서는 이 책을 고전으로 생각하고 있다.

원시난교제로부터 일부일처제까지의 결혼형태와 가족 구조의 변화를 연구한 그는 친족 명칭을 근거로 해서 이상한 관습이 있는 것을 찾아내었다.

'친족 명칭'은 '아버지'나 '어머니'같이 친족의 중심에 있는 사람들을 관계에 의해 구분, 표현하는 단어인데, 모르간에 의하면 원시 미개 민족에게는 이러한 명칭이 특이하다는 것이었다. 우리들의 친족 호칭에서는 숙모가 어머니가 될 수 없으며 조카를 아들이라고 하지 않는다. 아버지, 어머니, 아들의 관계 외에도 각각의 호칭이 있다. 당숙, 사촌 형제, 고모, 이모 등이 그것이다.

그러나 대개의 미개종족에서는 종형제를 그냥 형제라 하고 조카도 아들이며 숙부는 아버지, 숙모는 어머니라 불러 원래의 관계가 구별되지 않으며 한 단어로 여러 문제를 호칭한다는 것이었다. 모르간은 이런 기이한 습속에 착안하여 이것을 '유별식(類別式) 친족 명칭'이라 하고, 현재 우리 사회에서 하는 친족 호칭을 '기술식(記述式)'이라는 표현을 써서 구별하였다.

1) 집단혼과 형제자매혼

유별식 친족 명칭 가운데 그가 특별히 관심을 가졌던 것은 폴리네시아의 하와이 군대에서 발견된 풍습이었는데, 그는 하와이의 친족 명칭 유형을 따로 분류하여 '말레이식 체계'라고 불렀다.

여기 원주민 사이에서는 모든 친족들이 다만 조부모, 부모, 형제자매, 자식, 손자의 다섯 가지 호칭만이 쓰이고 있었다. 세대를 나타내는 다섯 단어로 모든 친족을 호칭할 수 있다는 게 흥미 있다.

따라서 형제자매에는 종형제자매나 6촌인 재종형제자매, 8촌간인 재재종형제자매가 모두 포함되어 일괄적으로 '형제자매'라 불린다. 그리고 형제자매로 호칭되는 이들의 자식, 즉 자기보다 한 세대 후의 친족은 자기의 자식과 구별하지 않고 그냥 '자식'이라 부른다. 같은 이야기로 그들의 자식, 그러니까 자기들보다 두 세대 밑의 친족은 모두 '손자'라고 부른다.

그러면 어떻게 되어서 하와이 원주민들은 이처럼 기묘한 친족 명칭을 가지게 되었을까. 모르간은 다음과 같이 답하였다.

어떤 남자가 그 형제들의 자식(조카)을 모두 자기 자식이라고 부를 수 있는 것은 형제의 처가 자신의 처도 되는 까닭이다. 형제들이 모두 각자 자기의 처가 있는 것이 아니고 공유하고 있다는 것이다. 형제가 처를 공유하는 집단혼이 있는 곳에는 자기 자식과 형제의 자식을 구별할 수 없으며 이런 이유로 해서 모두 '아들'이라 부를 수밖에 없게 된다. 형제의 처가 낳은 자식은 형제의 자식일 수도 있지만 그와 똑같이 자기 자식일 가능성도 배제할 수 없었던 것이다.

마찬가지로 종형제자매나 재종형제자매의 자식도 자기 아들이라고 부르는 것은 그들 사이에도 집단혼이 행해지고 있었음을 말해 준다. 모르간은 동세대의 친족 집단혼 때문에 이와 같은 기묘한 친족 명칭 체계가 생겼다고 해석할 것이다.

자식이 태어나도 어느 남자의 자식인지 알 수 없는 결혼형태에서 유별식 친족 명칭 체계가 생긴 것은 조부모, 부모, 형제자매, 자식, 손자의 다섯 세대가 각각 그 세대 내부에서 집단혼을 하여 전체 남자들과 여자들 전체가 공동으로 결혼했으리라는 것이다. 여기서 다섯 세대로 명칭이 구별되었던 것은 서로 다른 세대 간에는 결혼이 금지되었던 때문이라고 생각된다.

모르간은 세대 간에 집단혼이 성행하던 가족을 혈연가족이라 명명하고, 이것을 인류 가족제도의 초기 형태로 간주했다.

이 혈연가족은 같은 세대에서는 성관계가 규제 없이 행해졌음을 말해 주는 것으로서 다만 한정된 범위 내에서의 난교를 인정한 것에 불과하다. 그러나 이 경우에 다른 세대와의 관계를 금지하는 제한이 없다면 그 사회 전체는 혼란스러운 난교 상태가 될 것이 틀림없다.

여기서 모르간은 혈연가족 이전의 상태를 추측하였다. 같은 세대 안에서만의 관계를 국한하는 제약이 처음부터 있었다고 할 만한 것은 발견되지 않았다. 원시인들은 결혼과는 무관하게 관계를 즐겼으리라는 추측은 얼마든지 가능하다. 최초의 인류 군집에서는 다른 동물들과 거의 구별할 수 없는 규율 없는 교합이 있었으리라는 것이다.

2) 형제자매의 금혼

모르간은 혈연가족에서 소급하여 제한 없는 난교 상태를 추정했지만 또한 혈연가족에서 발전된 형태로 '프나루아 가족' 단계를 상정했다. 모르간이 '프나루아 가족' 단계를 상정해 낸 것은 친족 명칭 체계를 분석함으로써 가능했다. 모르간은 말레이시아 체계와는 다른 유별식 친족 명칭의 체계를 발견하고 이것을 '파나식 체계'라 하였다. 두 체계가 구분되는 것은 말레이식은 다섯 계대로 구분해서 호칭하는 데 비해 이 파나식에서는 부계와 모계의 조부모가 친족 명칭상 구분이 되고 아버지의 누이는 숙모, 어머니의 남자 형제는 숙부로 불렀다. 자신이 남자일 때 누이동생 아들은 생질, 자신이 여자이면 남자 형제의 아들도 생질이라 불렀다.

그런데 여기서도 말레이식과 같은 것은 형이 동생의 아들을 아들이라고 부르고, 동생이 형의 아들을 역시 아들이라 하였으며, 언니는 동생의 아들을, 동생은 언니의 아들을 아들이라고 하였다는 점이다. 다만 자매가 친형제의 아들을 부를 때 그리고 형제가 친자매의 아들을 부를 때는 아들이라고 하지 않고 생질이라고 부르는 것이 중요한 차이점이다.

모르간은 이런 친족 명칭에서 '형제와 그들의 처 사이, 자매와 그들의 남편 사이에 집단적인 잡혼이 있었다'고 생각하면서 형제 · 자매 사이의 결혼은 금지되고 있었음을 지적했다. 그러니까 친형제 · 자매의 결혼이 금지되고 있는 이런 상태에서는 친족 명칭 체계도 달라지는 것이다.

3) 아내의 자매도 아내

이런 체계의 집단혼을 자세히 살펴보면 남자들은 자기 처의 자매도 처라고 부른다. 그러나 자매들의 남편은 서로를 프나루아라고 부르는데 그것은 '친밀한 친구'라는 뜻이다. 여자들도 남편 형제들을 남편이라고 하고 그 형제의 처들은 서로를 프나루아라고 부른다. 이렇게 해서 모르간은 여러 명의 자매와 남편들이 프나루아 집단이 되고, 여러 형제와 그 아내들이 프나루아 집단이 되어 각각의 집단에서 '공동으로 통혼'했다고 생각하였다.

여기서 아내나 남편들을 공유하는 집단혼 형태를 '프나루아혼'이라 하였고 이런 결혼 관계에 있는 가족을 프나루아 가족이라고 하였다.

프나루아 가족에서 '친형제·자매 사이의 결혼이 금지'된 것은 외혼제의 시작으로서 이 외혼제가 확고한 규칙으로 되었을 때 드디어 씨족제도가 발생한다.

4) 대우혼 가족

모르간은 난교적 집단을 기초로 '혈연 가족'에서 '프나루아 가족'에 이르는 발전 단계를 추적하고 여기서 계속 발전된 단계로 '대우혼 가족'이라는 가족 형태를 상정했다.

'대우혼'이라는 생소한 말로서 모르간이 지칭하려고 한 결혼형태는 어떤 것이었을까?

외관상으로만 본다면 그것은 일부일처제적인 결혼과 거의 유사하다. 한 쌍의 부부가 개별적으로 하나의 가족을 이루고 있기 때문이다. 앞에서 살펴본 집단혼의 경우와는 달리 이런 형태의 결혼에서 남편은 아내가 낳은 자식에 대하여 '어느 정도 확신을 가지고' 자기 아들이라고 생각할 수 있다. 또한 부부는 그들 두 사람만의 성관계에 의하여 자식을 낳고 기르게 됨으로써 부부로서 피차간의 결합을 강화시킬 수 있었다.

그러나 '대우혼 가족'은 일반적으로 독립된 가옥에 거주하지 않고 여러 가족이 한 채의 가옥(씨족의 가옥)에서 거주했기 때문에 그곳에서는 생활상 집단생활의 원칙이 실행되고 있었다. 이러한 양상을 나타내게 된 이유는 아직도 가족 단위가 단독으로 생활의 곤란을 대처하기에는 '너무나 취약한 조직'이었기 때문이다.

그러면 어떻게 해서 '프나루아혼'의 단계에서 '대우혼'의 단계가 나타날 수 있었을까? 모르간에 의하면 프나루아혼 안에도 이미 한 사람의 남자와 한 사람의 여자 사이에 '대우적 관계'가 포함되어 있었다는 것이다.

즉 '한 남자가 거느리고 있는 여러 명의 아내 가운데 한 사람의 주된 아내가 있고, 한 여자가 거느리고 있는 여러 명의 남편 가운데 한 사람의 주된 남편이 있었다'는 것이다.

결국 모르간은 다음과 같이 생각했다. 즉, "주가 된 남편이나 아내가 씨족 내부에서 결혼 관계를 가진 부부로 인정되고, 그 이외의 부차적인 남편이나 아내들은 쇠퇴하기 시작하였다. 그렇지만 실제로 대우혼에서도 그때까지는 '사랑의 정열'이 통한다거나 남편이 애정으로 아내를 맞이한 것은 아니었다. '결혼은 편의에 의한 것'이었다"라고.

이 같은 부부 관계는 당연히 '당사자들의 마음에 내키는 상대와 성관계를 갖는 것'이 되어야 함에도 불구하고 남편의 성관계는 현재의 일부일처제처럼 제약받는 것이 아니었다. 여자 역시 마찬가지였다.

부부라는 것은 다만 씨족 내부의 편의상 존재하는 것이었고 모든 관계는 아직도 집단혼의 성격을 갖고 있었다. 이 점이 바로 '대우혼'과 '일부일처제'의 중요한 차이점이다.

'대우혼'에 있어서 부부 관계가 냉각되어 헤어지게 될 때, 아내만이 집을 나가거나 쫓겨나는 것은 아니다. 오히려 남편들이 집을 나가거나 쫓겨나는 경우가 많았다. 왜냐하면 아직도 모권제는 일반적으로 통하고 있었던 시기였기 때문이다.

결혼할 때도 마찬가지였다. 남편이 아내의 주거지로 이주하는 형식

-이런 형태의 결혼을 인류학자들은 '모처거주혼(母處居住婚)'이라고 부른다-을 취하는 경우가 많았으므로 집에서 쫓겨나는 것은 남편 쪽이었다.

모르간은 오랜 세월 인디언의 일파인 세네카족과 함께 생활하며 선교 활동을 했던 라이트 씨로부터 다음과 같은 말을 들었다.

세네카족의 가족에 대해서 말하자면, 그들은 아직도 옛날의 기다란 곰들이 가옥에 살고 있는데 그곳에서는 언제나 씨족이 큰 비중을 차지하고 있었다. 여자들은 자기의 남편을 다른 씨족에서 맞아들였다. …… 물은 공동소유였다. 그러나 지나치게 나태하거나 또는 무능력하여 공동의 저장물에 자기의 분담량을 낼 수 없는 불운한 남편은 아내에게서 버림받았다. 그 남자가 아무리 자식이 많고 아무리 개인적인 소유물을 많이 갖고 있어도 언제, 어느 때 추방 명령을 받게 될지는 모르는 일이었다. 이 가혹한 처벌에 반항하는 것은 용납되지 않았다. 다행히 '할머니'나 '아내의 숙모'가 중재하여 처벌을 보류하지 않는 한, 자기 집을 쫓겨나 옛날의 씨족에게 돌아가든지 아니면 대부분의 경우가 그렇듯이 다른 씨족에서 새로운 결혼 상대자를 찾았다.

5) 일부일처제로의 발전

대우혼에서 발전하여 일부일처제로 발전해 가는 단계를 모르간은 명쾌하게 설명하였다. 여기서 우리가 간과할 수 없는 사실은 일부일처제가 남자의 필요에 의해서가 아니라 여자 자신들 즉 아내의 욕구에서 시작되었다고 지적한 점이다. 현재까지 살펴본 바와 현재의 부부관계를 고려해 보면 일부일처제가 현재까지는 가장 발전된 최후의 단계라는 데 의심의 여지가 없다.

난교에서 시작하여 혈연가족이 나타나고 더 나아가서는 친형제자매

들의 결혼을 금지하는 프나루아 가족으로 발전하면서 집단혼이 해체
되어 한 남자와 한 여자의 결합이 나타나고 대우혼이 탄생하고, 마지
막으로 일부일처제가 등장한 것이다.

모르간은 이와 같이 몇 단계에 걸친 인류의 결혼 발전사를 제시하
면서 이런 일련의 발전 단계가 어디에서나 항상 추적될 수 있는 것이
라고는 생각하지 않았다.

그는 몇 개의 부족이, 그들보다 진보한 다른 부족에 앞서 보다 진
화된 가족 형태를 가졌다는 점을 부정하지 않았다. 이를테면 이로코이
족은 미개시대의 하층 상태에서 대우혼 가족 형태를 취하고 있었으나,
이미 중간 발전 단계에까지 진보했던 브리튼족은 그때 프나루아 가족
형태에 머물러 있었다는 사실이다.

즉 모르간의 발전 단계 이론은 어떤 지역과 종족에 따라 상이한 발
전 상태를 갖는 점을 인정하면서도 결혼과 가족의 갖가지 형태는 역
사적 발전 단계에 따라 위치할 수 있음을 설명한 것이었다.

모르간은 이런 단계를 설명하고 결론을 내리면서 현재의 인류가 행
하고 있는 일부일처제가 결혼과 가족애 형태로 볼 때 아직은 가장 새
롭고 진보적인 제도라는 점을 분명히 하였다.

2. 엥겔스(F. Engels : 1820~1895)의 견해

모르간의 「고대사회」에는 아직도 가치 있는 많은 이론들이 수록되
어 있지만 일단 여기서 멈추기로 한다.

모르간의 난교와 집단혼에 대한 학설은 그 후 진화주의 학파의 인류
학자들에 의해서 계승되었는데, 인류학을 특별히 전문적으로 연구하지

않던 사회주의 학자들에 의해서도 높은 평가를 받았다. 공산주의 시조로 알려진 마르크스(Marx, Karl Heinrich, 1818~1883: 독일의 사상가)나 엥겔스(Engels, Friedrich, 1820~1895), 독일의 정치가였던 베벨(Bebel, Ferdinand August, 1840~1913: 저서에 「부인론」이 있다) 등이 대표적 인물이다.

마르크스는 1880년 12월부터 다음해 3월에 걸쳐 모르간의 「고대사회」를 읽고, 그 책에 대한 상세한 축약판을 만들려고 시도했다. 그러나 그는 이 축약판을 완전히 집필하지 못하고 그만 죽고 말았다.

그 후 엥겔스가 친구의 일을 계속하였다. 그리하여 나온 책이 「가족, 사유재산 및 국가의 기원 ─ 루이스 H. 모르간의 연구에 덧붙여서」였다.

엥겔스는 그 책에서 모르간의 이론 ─ 난교로부터 시작되는 결혼의 역사 ─ 을 충실히 따르고 있다. 그런데 엥겔스가 모르간의 원시난교와 집단혼설을 따르기 위해서는 어떤 일단의 학자들과 논쟁을 해야만 했다.

당시 난교제의 이론을 부정하려는 움직임이 일어났기 때문이다. 이 난교제를 부정하는 학자들은, 아득한 옛날이라 할지라도 우리의 선조들이 난교적인 성생활에 탐닉되어 있었다는 것이 인류에게는 크나큰 오점이라고 생각하여 인류 역사에서 이것을 없애고자 시도한 것이다.

이런 의도에서 바호펜이나 모르간의 이론에 반대하려는 사람들은 동물의 예를 들었다. "하등 동물은 그렇다 치더라도 적어도 고등 동물은 암·수간에 질서 있는 성생활을 영위하고 있다. 아무리 원시 단계라고 할지라도 인간들은 하등 동물과 달리 확고한 결혼제도가 있었을 것이다." 즉 성관계가 질서 정연히 일부일처제처럼 행해졌을 것이라는 논리였다.

그러자 엥겔스는 이렇게 말했다.

척추동물에게 있어서 비교적 장기간에 걸친 암·수의 배우 관계는 생리학적인 원인으로 충분히 설명되는 것이다. 예를 들면 조류에 있어서 암컷이 알을 품어 부화하는 동안 수컷의 도움을 필요로 한다는 점에 의해서 설명된다. 물론 조류의 이와 같은 일부일처제 사례는 인간의 원시 상태를 추측하는 데 아무런 도움이 안 된다. 그 이유는 인간이 조류로부터 진화한 것은 아니기 때문이다.

만약 엄격한 일부일처제가 이른바 도덕적임과 동시에 최고의 암·수 교접 상태라면 그 최대의 영예는 촌충에게 주어야 한다. 촌충은 50개에서 200개에 이르는 편절을 갖고 있는데, 각 편절은 암수의 생식기를 지니고 자체 내에서 교접하여 생식을 하며 그 일생을 살아가기 때문이다.

엥겔스는 이 책에서 직접적으로는 원시시대의 인간사회 형태를 규정하지는 않는다. 그러나 책을 저술하기 일년 전에 카우츠키에게 보낸 편지에서, "공유가 존재하는 곳에서는 그것이 토지의 공유든 여자의 공유든, 그 어느 것의 공유이든지 반드시 원시적이며 동물 세계로부터 전수받았다는 것입니다"라고 썼던 사실을 주목해 볼 필요가 있다.

1) 여자의 공유와 남자의 공유

결국 여자의 공유는 토지의 공유처럼 동물계로부터 인류가 받아들인 것이라고 저술하였던 것이다. 그러니까 이 입장에서 본다면 엥겔스가 주장하는 것은 동물에게 난교적 성관계가 있고 인류도 가장 원시적인 단계에서는 동물계의 난교적 습성을 이어받았다는 것이다.

여기서 우리가 지적해 보고 싶은 것은 엥겔스가 난교라는 표현을 사용하지 않고 여자의 공유라는 단어를 사용했다는 점이다. 이런 경향은 19세기(특히 독일에서) 인류학자들에게 일반적으로 발견된다.

'여자의 공유'라고만 말할 경우, 마치 남자들이 몇 명의 여자를 거느리고 있었던 것처럼 생각할 수 있으나 난교 상태에서는 여자이건 남자이건 간에 서로를 공동으로 소유하고 있었음을 알아야 한다.

즉, '여자의 공유'라는 말의 또 다른 측면에는 '남자의 공유'라는 사실이 포함되어 있는 것이다. 엥겔스도 이 점을 정확하게 지적하고 있다. 카우츠키에게 보낸 편지에서 그는 "성적 공유가 성 상호간에 억압을 기반으로 하고 있다는 논의는 잘못이다. 성적 공유는 원시시대에 있어서 양성 모두에게 자유스러운 것이었다"고 쓰고 있다.

그러나 주의해야 할 것은 엥겔스가 난교라는 것에 대하여 결코 뒤범벅이 된 난잡한 성관계를 염두에 두지 않았다는 사실이다. 이미 앞에서 말했듯이 그는 가능한 한 '난교'라는 말을 피하고 '완전히 무제한적인 성교'라든가 '규율 없는 성교'라든가 하는 표현을 사용했다.

실제 엥겔스는 '규율 없는 성교가 도대체 무엇일까?' 하는 문제에 대하여 설명하고 있다.

> 규율이 없다는 것은 훗날 도덕에 의해서 설정된 갖가지 제한이 존재하기 이전까지의 문제지만, 그렇다고 해서 실생활에서 난잡함이 자행되고 있다는 것은 결코 아니다. 일시적인 개별적 배우도 사실상 집단혼에서조차 오늘날 대개의 경우에서 볼 수 있듯이(이 규율 없는 성교에서도) 결코 배치되는 것은 아니었기 때문이다.

엥겔스의 이 완곡하고 난해한 문장은 다음의 한 마디로 요약될 수 있다. 즉 '일시적인 개별적 배우', 다시 말하면 남녀가 1대 1로 결합하는 관계가 성립했다고 보고 따라서 난교를 난잡한 성관계라고 보는 통속적 견해를 배격했던 것이다.

이제부터 원시 사회의 '모권제'에 관한 논의를 살펴보자. 앞에서도 언급했듯이 바호펜은 부권제가 성립하기 이전에 모권제가 존재했다는 '원시모권제설'을 제창한 최초의 학자였다.

이미 살펴보았듯이 인류의 가장 원시적인 단계에서 '창부제'라고 불리는 난교적인 성생활이 영위되고 있었다고 했는데 이런 무절제한 성생활은 당연한 귀결로 아이들의 아버지가 누구인지 모르게 되는 결과를 초래했다. 즉, 난교의 상태에서 태어난 아이는 누가 아버지일까를 알려고 해도 자기 어머니가 수많은 남성과 '무차별하게 성교를 즐겼기 때문에' 그 아이는 아버지가 누군지 알 수가 없었다. 바꾸어 말하면 부자 관계를 확인하는 일은 난교제 사회에서 도저히 불가능한 일이었다.

그러나 아버지를 확인한다는 작업은 반드시 난교제나 집단혼 사회에서가 아니라도 즉, 일부일처제 사회에서도 때로는 극히 곤란한 것이다. 왜냐하면 베벨이 말했듯이 "부자 관계라는 것은 일부일처제가 실시되고 있는 오늘날에도, 일찍이 제네가 그의 「수업시대」-'빌헬름 마이스터'의 제1부-에서 프리드리히의 입을 통해 말한 바처럼 '단지 선의에만' 기반을 둘 때 성립하는 것"이기 때문이다.

아이들의 확실한 성(姓)은 일부일처제가 성립된 후에도 여전히 기껏해야 어머니의 도덕적 신념 위에 서 있는 것에 불과하고, 이 해결할 수 없는 모순을 해결하기 위해서 나폴레옹 법칙(나폴레옹이 제정한 민법)의 제312조는 "여자가 결혼 중에 임신한 아이는 그 남편을 아버지로 한다"고 규정하였다.

아내가 간통을 하면 일부일처제 사회에서도 부자 관계는 매우 묘하게 되어버린다. 그렇기 때문에 노골적으로 수많은 남자를 남편으로 하는 난교, 집단혼 또는 일처다부제 사회에서 부계를 묻는다는 것은 도대체가 성립할 수 없는 일이었다.

2) 확실한 모자 관계

그러나 모자 관계에 대해서는 사정이 다르다. 난교의 사회에서도 누가 어머니인가는 명백하다. 아이를 낳은 여자가 그 어머니이기 때문이다. 따라서 난교제나 집단혼 사회에서 혈연적 계보를 따질 경우에는 아버지에서 아들로, 즉 부계로서가 아니라 '어머니에서 아들로'라는 모계에 의한 것이었다.

이리하여 원시 단계에 난교제와 집단혼이 존재했었다고 생각한 학자들은 그 당연한 논리의 귀결로 그 시대의 혈연관계는 오직 모자 관계로 일관된 '모계 사회'로 간주했다.

더구나 바흐펜은 이 경우 어머니는 아이들이 확실히 알 수 있는 단 한 명의 부모이기 때문에 그들로부터 높은 존경을 받았다고 생각했다. 여성은 어머니인 까닭에 숭배되었다. 그리고 이러한 여성에 대한 존경 때문에 여성이 사회적 정치적으로 권위를 과시하는 사회—즉 그의 말을 빌리면 '여인 정치제'가 성립되었다는 것이다.

부자라 해도 친족은 아니다.

이와 같이 원시 단계에서 부권제에 앞서 모권제가 성립하였다는 견해를 씨족과 관련지어 말한다면, 그리스나 로마사회에서 볼 수 있는 부계적인 씨족 이전에 모계 씨족이 있었다는 결론을 가능하게 만든다.

모계 씨족은 앞서 말한 바처럼 모르간의 '프나루아 집단혼' 상태에서 혈연관계가 의당 모계적으로 맺어지기 때문에 씨족도 모계로 성립하였을 것이다.

모계 귀족의 구성은 어떤 여성 ⓐ가 결혼해서 낳은 아들 ⓑ와 딸 ⓒ는 어머니 ⓐ에 귀속하고, 나아가서 딸 ⓒ가 결혼해서 낳은 자식 ⓓ와 ⓔ도 마찬가지로 어머니 ⓐ가 속한 씨족의 성원이 되었다.

그러나 아들 ⓑ가 얻은 자식 ⓕ나 ⓖ는 그의 씨족에 속하는 것이 아니라 아들 ⓑ의 처 ⓗ에 속하는 씨족의 성원이 되었다.

이렇게 볼 때 씨족이 '혈연적 집단'이라고는 해도 우리가 간과할 수 없는 것은, 그것이 공통의 선조로부터 출생한 모든 자손을 포함시키는 것이 아니라 '모계 씨족이라는 반쪽의 혈통'만을 갖는다는 사실이다.

3) 웨스터마크(E. A. Westermarck)의 난교설 반박

웨스터마크(Westermarck, E. A. 1862~1939: 핀란드 출생의 영국 인류학자. 미개 민족에 있어서 도덕 생활의 실증적 연구는 획기적인 것임. 모르간과는 반대로 원시단혼계를 주장했다. 저서에는 「인류 결혼의 역사」, 「도덕관념의 기원과 발달」이 있다)가 1918년 영문판 「인류 결혼의 역사」를 저술하여 방대한 미개 민족의 자료를 분석함으로써 이제부터 웨스터마크의 일부일처제설을 살펴보겠다. 그는 미개 민족 사회에서 일찍이 난교적인 결혼 생활이 발견된 예는 없으며, 바호펜이나 모르간이 주장하는 난교제는 터무니없는 것일 뿐이라고 밝혔다. 더 나아가서 원시인류의 난교제는 전혀 가능할 수 없었음을 예시하였다.

웨스터마크는 오히려 진화주의자가 문화의 최저 단계라고 생각한 '수렵어로 사회'에서도 의심할 나위 없이 일부일처제가 시행되었다고 했다.

원시인류에 있어서 결혼이라는 것이 존재하기 이전이란 말은 적절치 않다. 인류라는 말 자체가 이미 결혼이란 테두리 안에서 가능한 말이다. 따라서 남녀가 공동으로 생활하여 성관계를 맺고 공동의 자식을 양육하며, 남자는 가족을 보호하고 생활을 유지하기 위하여 노동을 하였다. 여자는 아이들을 길렀다. 어린 공동생활이라고 해서 난혼제를 뜻하는 것은 아니다. 공동생활 속에서도 한 남자와 한 여자의 가족은 보호받았으며, 자식들과 더불어 가정생활을 했다.

인류의 가장 원시적인 단계와 이와 같은 일부일처제 가족이 존재했으리라는 추정을 뒷받침하기 위해 웨스터마크는 동물계에 있어서 암·수의 관계를 관찰하였다.

어떤 동물에 있어서도, 교미기에만 암·수가 동거하는 것이 아니라 교미기가 지난 후에도 함께 지낸다는 사실에 주목하였다. 그것은 수컷이 암컷과 새끼를 보호하고 자신의 종족 보존을 도모하기 위해서라는 점에 착안했다.

유인원의 생활을 살펴본 웨스터마크는, "유인원의 경우, 암컷이 한 번에 많은 새끼를 낳아도 그중에서 한 마리밖에 기르려고 하지 않기 때문에 자연히 새끼의 수효는 줄어들게 된다. 또 새끼, 즉 종을 보호하기 위하여 유년기에서부터 장기 어미의 도움을 받아야 한다. 한 마리의 새끼는 종족 보존의 가치를 더욱 높일 것임에 틀림없다. 이런 사정 때문에 수컷이 암컷 몇 새끼와 함께 지낸다는 것이 습관이 된 것이다"라고 하였다.

이와 같이 이른바 동물의 종족 본능에 의해 암·수가 동거한다는 습관이 동물계에서 시작된 것이지만 당연히 인류에게도 승계되었음이 틀림없다는 것이다. 인류의 원시 단계에서 남자들도 이 유인원들처럼 아내, 자식들과 함께 가족생활을 했으리라고 그는 해석한 것이다.

웨스터마크는 원시 일부일처제를 주장하는 또 하나의 근거로 남성의 질투심을 제시하였다.

그는 다윈이 동물을 관찰하면서 밝혀낸 자웅 도태의 관계를 응용하였다. 즉, 수컷은 암컷을 얻기 위해서 당당히 싸움터(?)에 나선다. 몇 마리의 수컷이 암컷을 쟁취하기 위하여 싸움을 하면 암컷은 최후의 승리자가 나타날 때까지 옆에서 구경할 뿐이다. 이윽고 승자는 암컷의 애무를 받고 관계를 맺는다는 것이다.

이처럼 수컷의 본능 속에는 암컷을 독점하려는 욕망이 있어 암컷에 대한 강한 질투심을 갖고 있는데, 웨스터마크에 의하면 '수컷의 질투심'은 동물 세계뿐만 아니라 여러 지역에 걸친 미개 부족의 남자에게도 일반적으로 나타나는 것이라고 했다.

이렇게 암컷을 독점하려고 하는 수컷의 성적 질투심은 모든 수컷과 암컷이 공동으로 성관계를 맺는 성적 공유 관계를 결코 용납할 수 없는 것이다. 따라서 유인원처럼 남자의 성적 질투심이 강한 원시사회에서 난교나 집단혼이 존재했을 리는 없고, 남자가 여자를 독점하는 일부일처제적인 가족생활이 영위되고 있었음에도 틀림없다고 웨스터마크는 생각했던 것이다.

웨스터마크가 다윈의 연구에 근거를 두고 심리학, 생물학자인 입장에서 "원시사회의 인류에게도 부모 자식으로 이루어진 가족이 사회의 단위였다"는 학설을 받아들인 것은 앞서 살펴본 바와 같다.

그는 여기서 한 걸음 더 나아가 모계제가 일반적이었던 사회에서도 남편이 아내나 자식을 보호하는 가족 형태가 있었으며, 거기에서도 아버지는 가족의 지배자였다고 주장했다.

이 같은 생각은 모권제에 대한 종래의 견해를 완전히 뒤집어엎은 것이었다. 종래의 견해는 모계제 부적에서 외척 중의 한 남자—보통 모계의 수부(어머니의 오빠나 남동생)—가 아이들의 양육권을 갖고 생부는 아이들의 양육에 대해 어떤 참견도 할 수 없었다고 생각되었다. 앞서 말한 대로 모계사회에서 아버지는 아이들에게 있어서 '전혀 타인'으로 간주되고 있었기 때문이다.

그러나 웨스터마크는 부계 사회에서는 물론이고 모계 사회에서도 아버지가 아이들의 양육을 책임지고 있었기 때문에 궁극적으로 가장은 아버지라고 주장하였다. 그는 그의 연구 보고서에서, "토지를 경작하거나 가축을 사육하지 않는, 대부분 수렵이나 채취에 의해 생활하는 가장 저급한 미개 사회에서도 부모-자식으로 성립된 가족이 사회적 단위였음은 지극히 명백하다. 그러므로 저급한 상태이지만 아버지는 가장으로서 가족의 보호자였으며 자식들을 양육하였다"라고 말했다.

결국 웨스터마크는 부권인 가족-아니면 적어도 '쌍계적 모계와 부계가 공존하는' 가족-이 원시시대 존재했다고 설명하고 이것에 의하여 '원시 모권제설'을 비판했던 것이다.

이상과 같이 우리는 결혼의 기원에 대한 학자들의 견해가 어떤 변화 과정을 통하여 계속되어 왔는지 살펴보았다. 특히 19세기 중엽부터 20세기 초까지를 경계로 하여 '아담과 이브의 신학에서 벗어나 인간 역사를 통해서 본 결혼'의 괄목할 만한 변화를 알게 되었다.

첫 번째는 1861년 바호펜 교수의 「모권론」을 기점으로 하는 변화이다. 그것은 그때까지 일반사람들은 물론이고 학자들조차 의심하지 않았던 '구약성서'적 결혼관이 동료로서 어쩌면 인류의 초기 상태는 난교제나 집단혼이 있었는데 이것이 진화하여 일부일처제를 성립시켰다는 것이다.

두 번째는 원시난교제나 집단혼을 비판하면서 생겨난 일부일처제설이다. 이것은 구약성서의 일부일부처제가 아니라는 점을 독자들은 이해할 것이다. 이때부터의 논쟁은 흥미로운 과제로서 인류학계의 커다란 발전을 가져왔고, 사람들에게 결혼의 진정한 모습과 그간 어떤 변화가 이루어져 왔는지 관심을 불러일으켰다.

이 관심의 초점은 분명 '여자의 예속'을 강화시키는 오늘날의 부권적 일부일처제에 대한 것이다.

여자의 예속을 주장하는 보수주의자들의 견해라고 해서 무시할 수는 없다. 그러나 그것이 인간의 반쪽, 전 인류의 반을 차지하는 여성에 대하여 온당한 것인가?

여하튼 이 논쟁의 결말은 사회학자들이 결정할 문제다. 나는 이 책에서 가능한 한 '인류의 결혼'에 대하여 망라할 수 있는 자료와 참고할 가치가 있는 사례들을 모두 모으려 한다. 그리고 여성이나 남성이나 결혼에 있어서는 정확히 1/2에 불과하다는 것을 독자들이 인식해 주기를 기대한다.

제4장 한국혼인 풍속의 전례

제4장
한국혼인 풍속의 전례(傳禮)

제1절 6례(六禮)에 의한 혼례(婚禮)

우리나라 전통혼례는 중국의 「예기(禮記)」에 기록되어 있는 고례(古禮)에서 뿌리를 찾을 수 있다. 「예기」에 의하면 혼례를 아내를 맞는 예라 했고 아내를 맞는 데는 반드시 일몰 때를 택하여 예를 올렸으므로 혼례라고도 하였다.

① 납채(納采): 혼인의 말이 있어 여자집에서 이를 허락하면 남자집에서 기러기를 보내어 채택지례를 행하고 혼약을 청한다.

② 문명(問名): 납채가 끝난 다음에는 장차 이 납채의 길흉을 점치고 여자집 어머니의 이름을 묻는다. 어머니 이름을 물었던 이유는 딸의 교육에 있어서는 아버지보다 어머니가 더 중요한 위치에 있다는 사상에서 어머니 쪽 집안의 가풍을 살피는 것이며 모계 중심 사회의 한 유습이기도 하다.

③ 납길(納吉): 집안을 살펴서 좋고 합당하면 점을 친 결과를 여자

의 집에 알린다.

④ 납징(納徵): 납길이 끝나면 남자의 집에서 폐백을 보내어 혼약의 징표로 삼는다. 이를 납징 또는 납폐라고도 한다.

⑤ 청기(請記): 납징의 절차가 끝난 다음 남자집에서 여자집에 혼례 날짜를 청한다.

⑥ 친영(親迎): 혼례날이 되면 신랑은 신부를 맞으러 간다.

1. 궁중혼속(宮中婚俗)

왕실의 혼례는 국혼이라 말할 수 있으며, 크게는 가례(嘉禮)와 길례(吉禮)로 구분되어진다.

가례는 왕의 혼례를 비롯하여 왕통과 직접 관계있는 분인 세자·세손의 혼례를 말하며, 길례는 일반 왕자녀의 혼례로 왕자군·왕손·공주·옹주·군주·현주(왕세자의 서녀) 등의 혼례를 말한다.

1) 간 택

가례와 길례의 구별 없이 행하는 것으로, 문헌 비교에는 선조 때 시작되었다고 하였으며 '성호사설'에는 태종 때부터 시작하였다고 한다. ① 사대부의 자녀들을 대궐 안으로 모여들게 하여 간택하게 하는 방식 ② 雜記에 의하여 사대부집으로부터 연세단자를 거두어 대궐로 들어오게 하여 조종조(祖宗朝)에서 오직 대전과 동궁빈 선택 ③ 상궁이나 감찰을 시켜 성씨를 묻고 문염(問閣)의 본가에 나아가 선택 의논하여 결정 ④ 모두 단자를 거두어서 대궐로 나오게 하여 임금이 친히 간택 (1) 금혼령: 국혼의 선행되는 간택에 있어서 가장 먼저 금혼령을 내렸

다. 이것은 국혼에 앞서 민간의 혼사부터 금하고 나서 처자봉단(處子
捧單)을 걷어 들이기 위한 전제 절차로 그 기간에 혼인할 수 있는 범위
와 절대로 할 수 없는 행위를 밝히고 국혼에 응할 자격이 있는 자녀를
가진 집을 대상으로 하여 자진 신고를 강요하는 명령 (2) 가례청(嘉禮
廳): 국가에 대사가 있을 때 길흉을 막론하고 이를 전적으로 맡아서 가
행하는 기구가 임시로 구성되는데, 가례의 경우 설치되는 기구를 가례
청 또는 가례도감이라 하여 설치되는 기구를 길례청 또는 가례도감(嘉
禮都監)이라 한다. (3) 간택의 절차: ① 초간택(궁 문턱을 넘어설 때
미리 준비해 둔 솥뚜껑의 꼭지를 밟고 넘어가는 특이한 풍속), 간택 순
서는 신분이 높은 딸의 순서로 30명 내외 처자, 심사는 왕 포함한 왕족
② 재간택(초간택을 한 지 2주일 후 정도 5내지 7인이 입궁) 세 사람
을 뽑는다. ③ 삼간택(재간택을 한 지 15일 내지 20일 만에 행해진다.)

2) 국혼의 절차(國婚의 節次)

국혼 절차	납비의 (納妃儀)	납빈의 (納嬪儀)	왕자혼례 (王子婚禮)	왕녀혼례 (王女婚禮)
1	납채(納采)	납채(納采)	납채(納采)	납채(納采)
2	납징(納徵)	납징(納徵)	납폐(納弊)	납폐(納弊)
3	고기(告期)	고기(告期)	친영(親迎)	친영(親迎)
4	책비(册妃)	책비(册妃)	같음	같음
5	명봉영 (命奉迎)	친영 (親迎)	부인조견례 (夫人朝見禮)	공주견구고 (公主見舅姑)
6	동뢰 (同牢)	동뢰 (同牢)	대군견부인지부 (大君見夫人之父)	공주견구고 (公主見舅姑)
7		빈조견 (嬪朝見)		

2. 민가혼속(民家婚俗)

왕실의 국혼을 제외한 정일품 관직에서부터 천민에 이르기까지 모든 백성의 혼인 풍속을 포함하는 것으로 그 범위가 매우 광범위하고 다양하다. 유교사상을 바탕, 예를 주시했다. 예서에서의 혼례 절차(민가의 혼례 절차)

(1) 의혼(議婚): 중매인이 남녀의 양가를 왕래 왕가의 의견을 알아보고 서로 전달하여 합의하게 되는 과정, (2) 납채(納采): 양가에서 혼인할 것을 합의한 후에 신랑집에 공식적으로 혼인을 청하는 예로 납채서를 신부집에 보내는 것이다. ① 납채서식 ② 가조(시가당)에 고하는 판서식 ③ 복서식 (3) 납폐(혼인의 구체적인 증표로서 혼례날이 결정된 후에 신랑집에서 혼서와 폐백을 함에 담아 보내는 것), ④ 친영(신랑이 신부집에 가서 신부를 맞아들이는 것), ⑤ 부견구고(婦見舅姑 ; 시아버지 시어머니를 뵙는 것), ⑥ 견가묘(見家廟), ⑦ 서견부지부모(壻見婦之父母 ; 사위가 신부의 부모를 뵙는 의식)

1) 중국의 혼례 의식절차

육례를 바탕. 근세에는 혼례를 통상육례라 불렀다. 중국에 있어서의 혼인 풍속은 상고시대부터 내려왔다.

① 납채라 함은 남자집에서 청혼을 하고 여자집에서 허혼을 하는 혼약에 관한 의례이다. 중매쟁이를 통해 남자집의 구혼 의사를 말하고 처녀의 나이 등을 확실히 물어 문자로써 받아와서 점쟁이를 찾아 사주를 맞춰본다. ② 문명은 장가들려고 하는 여자의 이름을 묻는 것인데 이는 어릴 때의 이름이 아니라 여자의 성씨, 더 자세히 여자 모친의 성씨를 묻는 것이다. 양가의 가족 내력도 묻는다.

③ 남길: 길한지 어떤지에 대해 점을 치는 것으로 문명이 끝난 다음 그 이름을 사당에 가서 조상에게 점을 쳐 물음으로써 혼인의 적부를 결정하여 여자집에 사자를 보내어 알리는 것을 말한다. ④ 납징: 납길의 예를 마친 후 길일을 택하여 납징의 예가 정해진다. 남자집에서 결혼의 성립을 확실하게 하기 위해 여자에 물품을 보내는 의례이다. ⑤ 청기: 길일을 택하여 상례일을 정하고 그에 따라 성례를 거행하여야 되는데, 이 두 단계의 과정이 성혼을 이루는 청기와 친영이다. 청기는 혼약이 성립된 후 남자집에서 여자집으로 혼인날을 상담하러 가는 날을 말한다. ⑥ 친영의 예는 가장 복잡하여 이에 대한 고금의 명칭도 다 일치하지 않지만, 고인이 혼례를 중시했기 때문에 가서 예로 맞아들인다 하여 친영이라 했다.

3. 시대별 혼인의 특징

우리나라의 결혼 풍속을 시대별로 살펴보면 몇 단계로 나눌 수 있다. 삼국지, 동이전에 보면 부여의 가족 형태는 일부일처제였지만 실제에 있어서는 일부다처제였고, 투부와 간부는 죽이는 습관이 있었다. 옥저에서는 여자가 10세가 되면 장차 남편이 될 소년의 집으로 가 그곳에서 성장한 뒤 일단 집으로 돌아와 일정한 가격의 돈을 받고 혼인하여 부부가 되는 일종의 매매결혼에 의한 민며느리제였다.

이 민며느리 제도는 아직도 농촌의 빈궁한 사람들 사이에서 혼인비용의 절약을 위한, 노동력의 필요를 위한 풍속으로 찾아볼 수 있다. 옥저시대에 남자가 여자 측에 여자의 대가로 지불했는지는 모르나 여하튼 돈을 지불해야만 했고 또 지불이 끝난 다음에야 비로소 자기 집에 데리고 올 수 있었던 것이다.

같은 문헌은 마한, 진한조에 보면 삼한시대에는 몇 쌍의 부부가 공동 세대를 이루었다고 하는데, 이것은 원시부족국가로서의 사회적 특징이라 하겠다.

한편 고구려에서는 혼인이 결정되면 신부 집에서는 뒤뜰에 소실을 짓고 신랑이 밤에 찾아와 여자의 부모에게 유숙을 애걸하고 허락받고 거처했다가 낳은 아이가 크면 비로소 아내를 데리고 돌아간다는 소위 모처제(母處制, matriarchal system)가 이루어졌던 것이다.

삼국시대에는 일반적으로 풍속이 호음(好淫)인 듯하여 축제 때에는 밤에 남녀가 모여 밤새도록 가무음주(歌舞飲酒)를 즐겼으며, 고구려에서는 일정한 남편이 없다고 주서, 이역전(周書, 異域傳)이 말한 것으로 보아 그 혼인 풍속을 엿볼 수 있으니 잡혼시대(雜婚時代)를 이루었던 것이다.

그러나 이렇게 일정한 남편이 없는 사람을 유녀(遊女)라고 한 것으로 미루어 일반 가정에서까지 그러했다기보다는 특수 여인에 한했던 것으로 본다.

형이 사망했을 때 형수를 아내로 맞이하는 풍습은 지금도 일본이나 티베트에서 발견할 수 있거니와 부여, 고구려에서도 형이 죽으면 그의 아우가 형수를 아내로 맞이했었다. 부여족의 이러한 풍속이 흉노족과 같았다고 기록한 것으로 보아 고대 동북아시아에 있었던 일반적인 일로 생각된다.

삼국시대의 결혼 방식으로 남자가 장가들면 처갓집에서 첫아이를 낳을 때까지 봉사를 하다가 첫아이를 낳으면 비로소 제 집으로 돌아오는 일도 있었으며, 고구려에서는 딸 있는 집에서는 집 뒤에 서옥(壻屋)을 짓고 사위는 밤이 되면 여자의 집 문 앞에서 이름을 대며 무릎을 꿇고

취숙할 것을 애걸한다.

이렇게 거듭해서 부모의 승낙을 받아야 비로소 동침했던 것이니 통근혼의 흔적을 찾아볼 수 있다.

신라에서는 근친혼을 하였으니 귀골들끼리 서로 혼인하였고, 예에서는 그와 반대로 동성(同性)들 사이에 혼인하는 것이 금지되어 있었다.

고대의 혼례식에는 많은 비용을 낭비하지 않았던 것이다. 신라에서는 술과 음식만으로 예를 갖추었으나 경중은 빈부에 따라 차이가 있었으며 혼인한 날 저녁에 며느리는 시부모에게 처음으로 인사들이고 그 다음에 형들에게 인사했다. 고구려에서는 혼인에 있어 남자 측에서 여자 측에 도주를 보낼 뿐이고 재물이나 금품을 증여하는 일은 없었다. 재물을 받은 것을 오히려 쑥스러운 일로 여기고 사람들은 모두 그런 일을 부끄럽게 여기고 있었다. 혹 재물을 받는 일이 있으면 이것을 매비라고 하여 자랑스럽지 못한 일로 생각했다.

이처럼 다양한 혼인 풍속이 고려를 거쳐 조선시대로 들어와서는 유교에 의한 윤리관에 의해 통제를 받고 사례(四禮) 중의 하나로서 혼례가 성립하게 되었다. 이때의 혼인은 당사자의 주관적인 의사가 고려되는 일이 전혀 없고, 오직 일방적으로 부모들이 정해 놓으면 의무적으로 순종해야 했으며, 부모의 명을 거역한다는 것은 있을 수 없었다. 이러한 부모에 의한 일방적인 결혼제도는 개화 이후 많은 변천을 가져와 지금은 거의 당사자에 의한 의견의 합일이 결혼의 중심이 되었다.

4. 혼례식의 절차

신랑이 대례청에 들어서면서 혼인 중에서 가장 중요한 혼례식이 시작된다.

혼례식의 순서는 전국적으로 거의 같다. 그리고 식순을 잘 아는 부락의 노인이 예식을 지휘한다. 노인은 식순을 분명하게 알리기 위하여 홀기(笏記)를 부르는 경우가 많다. 홀기는 지방에 따라 또는 개인에 따라 약간 다르기도 하다. 경북 안동군에서 행하는 홀기에 따르면 다음과 같다.

- 서지부가(壻至婦家) — 신랑이 신부집에 도착하여 예식이 시작되는 것을 말한다.
- 준우차(竣于次) — 신랑이 잠시 멈추어 선다.
- 주인출영(主人出迎) — 신부집 주인이 문 앞으로 가서 신랑을 맞아 안으로 들게 한다.
- 행전안례(行奠雁禮) — 이제 전안의 예를 행하라는 것이다.
- 북향궤(北向) — 북쪽을 향하고 전안상 앞에 꿇어앉는다.
- 치안우지(置雁于地) — 雁夫가 나무오리를 신랑에게 주면 신랑은 이것을 받는다.
- 주인시자수지(主人侍者受之) — 신부 측에서 한 사람이 나와 이것을 상 위에 놓는다.
- 면복흥(免伏興) — 신랑이 허리를 구부리고 일어선다.
- 소퇴재배(少退再拜) — 약간 뒤로 물러서 재배한다. 재배가 끝나면 신랑 측에서 한 사람이 나와 나무오리를 안아다 신부가 있는 안방에 던진다. 지방에 따라서는 사배 하는 곳도 있고 신부 어머니가 치마에 나무오리를 싸서 안방에 가져다 던지기도 한다.
- 행교배례(行交拜禮) — 이제부터 신랑 신부의 교배례가 행해진다.
- 서동부서(壻東婦西) — 신랑은 동쪽, 신부는 서쪽에 대례상을 마주 보고 선다. 타지방에서는 신부출을 따로 부르는 곳도 있다. 원래

신랑이 대례청에 들어서는 것을 보고 신부의 큰머리를 올리는 것
이라 신부가 나올 때까지 상당한 시간이 걸린다. 따라서 신랑이
전안례를 마치고 대례상 앞에서 기다리는 시간이 길다. 신부가
흰 광목포를 깐 위로 나와 제자리에 서면 다음 절차로 간다.

- 부선재배(婦先再拜) — 신부가 큰 절을 두 번 한다.
- 서답일배(壻答一拜) — 신랑이 큰 절을 한 번 한다.
- 부우선재배(婦又先再拜) — 신부가 큰 절을 두 번 한다.
- 서우답일배(壻又答一拜) — 신랑이 큰 절을 한 번 한다.
- 행합근례(行合禮) — 술잔을 나누는 예를 행한다.
- 취근분치서부지전(取分置壻婦之前) — 술잔 또는 표주박을 신랑 신
  부 앞에 각각 하나씩 놓는다.
- 서읍부취좌(壻揖婦取座) — 신랑이 허리를 굽혀 읍을 하고 신부는
  자리에 앉는다.
- 서부관세(壻婦洗) — 시자가 대야에 물을 떠오고 신랑 신부는 각기
  손을 닦는 시늉을 한다.
- 시자짐주(侍者斟酒) — 시자가 술을 따른다.
- 서읍부거음(壻揖婦擧飮) — 신랑이 자기의 술을 마시고 신부에게
  읍을 하면 신부는 술잔을 들어 읍에 대었다 물린다.
- 시자우짐주(侍者又斟酒) — 시자가 둘째 잔을 따른다.
- 서읍부제주(壻揖婦祭酒) — 둘째 잔을 마시고 비운다.
- 진찬(進饌) — 안주를 내놓아 먹게 한다.
- 서읍부졸주(壻揖婦卒飮) — 신랑이 술을 마시고 읍하면 신부도 마
  신다.
- 거찬(擧饌) — 안주를 둔다.
- 철찬(徹饌) — 찬을 물린다.

● 예필(禮畢)—이로써 예식이 끝났다.

지방에 따라서는 셋째 잔을 따르되 잔을 신랑 신부가 청실 홍실로 연결한 쪽바가지와 바꾸어 마시기도 한다.

대례가 끝나면 신부가 먼저 안방에 들어가고 신랑이 들어간다. 신랑이 신부와 같은 방에 있게 되면 병풍을 쳐 서로 보지 못하게 한다. 방안에 들어오면 신랑은 〈관대벽금〉이라 하여 사모관대(紗帽官帶)를 벗고 신부집에서 만든 옷을 입는다.

관대벽금에 이어 신랑은 간단한 요기상을 받는다. 요기상을 물리고 나면 얼마 후에 신랑과 상객에게 별도로 큰상을 차려 올린다. 큰상은 신부집에서 신랑과 상객에게 올리는 최대의 선물이기에 갖은 정성을 다하여 차린 것이다. 신랑이나 상객은 몇 가지 맛만 보고 상을 물리며 물린 상은 고스란히 신랑집에 보내진다.

상객이 사랑방에서 큰상을 받는 시간을 전후하여 신부 측 윗사람들이 사랑방에 와서 인사를 나눈다. 옛날에는 상객도 신부집에서 하루를 묵고 갔으나 근년에는 당일 돌아간다. 지방에 따라서는 상객이 귀가하기 전에 신부를 보고 가는 곳이 있다. 신부를 본다는 것은 신부가 큰절을 하는 것이다. 지방에 따라서는 상객이 다음날 동상례(東床禮)에 쓰라고 돈을 놓고 가는 곳도 있다.

저녁이 되고 잔치에 왔던 손님들이 대부분 돌아가고 나면 신랑과 신부가 신방에 든다. 신방에는 주안상이 들어가는데 이 주안상을 근록상(近綠床)이라고도 한다. 신랑 신부가 근록상에 마주 앉아 요기를 하고 신랑이 신부의 족두리와 예복을 벗기고 잠자리에 든다. 이때 '신방엿보기'라 하여 가까운 친척, 특히 젊은이들이 신방의 창문을 뚫고 구경한다.

제2절 여자 중심의 혼인 풍속

1. 여자가 주인인 사회

기원전 1세기경 그리스의 역사가 디오도로스는 아마존국에서는 여자가 남자를 지배했으므로 아들을 낳으면 모두 불구자로 만들고 여자에게만 승마, 수렵, 무술을 가르쳐 훌륭한 군대를 만들었다고 한다. 그래서 남자는 여자 앞에서 머리를 들지 못한다고 했다.

멕시코를 정복한 페르난도 코르테스(Fernando Cortez, 1485~1540)도 서인제도 중의 카게타라는 섬은 여자의 나라였으며, 씨를 얻기 위해 가끔 근처의 섬에서 남자를 데려다가 동침하여 낳은 아이가 딸이면 길렀고 아들이면 남자한테 돌려보내는 습관이 있었다는 이야기를 스페인에 전했다. 우리 한국에도 고대에는 여인국이 있었다는 기록이나 전설이 있다.

1) 모권시대의 남자와 여자

기원전의 그리스의 식민지에도 아직 모권제의 풍습이 많이 남아 있었는데 류키아국(오늘날 터키의 서남부)에 대하여 말하자면, 류키아인의 풍속은 일부는 크레타풍이고 일부는 카리아풍이다.

류키아인은 어머니 쪽 성을 가지며 아버지의 성을 부르지 않는다.

류키아는 아직 여자의 세력이 강한 나라여서 아이들은 모두 어머니에 속해 있고 아버지에 속하지 않았으므로 류키아인의 아버지는 자기 아이가 죽었을 때도 슬퍼할 권리가 없었다. 류키아인의 여인들은 도리아식의 의상을 입었다.

2) 중국의 모계사회

한족(漢族)은 청동기 덕분으로 세계에 앞서 부권제로 들어갔다. 그때까지는 여자가 역시 집주인으로 남자는 모두 여자네 집에 데릴사위로 들어가기로 되어 있었다. 아들은 어디에서나 데릴사위제였으므로 아버지와 아들의 성이 틀리다.

한편 고대 최대의 문명인으로서 한인(漢人)이나 그리스인에게는 뒤바뀐 세계로밖에 보이지 않았던 이러한 모계사회가 근세까지 아시아의 도작권(稻作圈)의 여기서 그대로 보존된 것은 이상하다. 그 까닭은 벼농사가 계속해서 여자의 손으로 행해졌으며 주식으로서의 쌀이 여자에 의해서 보관되었기 때문이다.

3) 청혼은 여자 측에서

모계사회에서는 처녀들은 모두 자기와 다른 현실 속에서 자기의 발을 부지런히 경작해 줄 힘센 일꾼을 찾았다. 따라서 결혼은 지금과는 정반대로 처녀 측에서 남자에게 청혼하는 관습이었다. 〈수마트라의 미낭카바우족〉에서는 자기가 눈여겨 준 상대가 생기면 여자는 이것을 모계 가족의 회의에 상정한다.

일동이 찬성하면 그들의 옛 풍속에 의하여 외숙이 가족의 총대표로서 상대방 청년 집에 가서 정식으로 결혼 신청을 하기로 되어 있다. 〈인도지나의 라데족〉에서도 근세까지 처녀가 우선 좋은 상대를 발견하고 다음에 남자의 친구에게 부탁하여 상대방에게 가 청혼하기로 되어 있다. 〈인도의 드라비다계〉의 고리족에서도 처녀가 좋아하는 상대가 생기면 처녀 스스로가 청년의 집에 찾아가서 주저앉아 청년이 청혼을 승낙할 때까지 한 발도 움직이지 않는다고 한다. 미개사회는 어디까지나 민주적이었다. 남녀동권이라는 것은 남녀의 본성을 잃지 않고 남자는 남자의 일을, 여자는 여자가 타고난 것을 충분히 발전시키는 데 있다. 이런 의미에서 고대의 모권제나 여왕국은 여성이 남성에 의해 눌리지 않고 자기의 타고난 천분 (天分)을 뜻대로 기른 놀랄 만한 시대였다고 할 수 있다.

2. 여자시대의 결혼

인류는 우선 친족끼리 선물을 주고받았으며 답례로서 음식물을 보장하고 성의 교환, 즉 결혼도 그러한 연결에서 행하는 등 음식물의 보장을 단단히 하면서 인간 최초의 사회를 쌓아 왔다.

1) 집단혼(集團婚)

혈족마을 속에서는 남자와 여자는 식량을 교환하는 친족끼리는 선물과 답례의 경제생활하고 있다. 그래서 같은 혈족마을 중의 젊은이 집과 처녀 집은 선물 제도의 식량교환의 구조에 의하여 장래의 결혼 상대도 얻어지는 것이다. 이것이 인류의 가장 오랜 결혼 형태라고 하는 소위 같은 혈족마을 중의 분류법에서 말하는 형제의 일단(一團)과 자매의 일단과의 집단혼이다.

2) 통근혼(通勤婚)

연령 단체를 토대로 하여 같은 혈족마을 속의 갑의 모계의 형제와 을의 모계의 자매끼리 짝을 지어 결혼해서 남자가 여자의 잠자리와 오두막집을 찾아다니며 부부 관계를 맺었다. 이것이 통근혼이라 불리는 결혼의 조형이었으며, 또 인류가 난혼시대를 빠져나온 후의 가장 오래된 결혼모습이었다.

3) 동거하지 않는 데릴사위

여자는 집과 농업을 지키고 아이의 출산과 농업의 생산에 한층 더 힘을 썼으므로 이제까지의 여자의 본성을 토대로 한 모계제는 경제적으로도 더욱 강화하여 그에 따라서 여자의 권리도 증대되었다. 이것이 통근혼에서 데릴사위에의 발전한 길이다. 이런 경우에 남자는 아이를 낳아서 기르는 여자의 정착성에 대하여 성의 상대이며 경제적으로는 농업의 주요한 노동력이었다.

이러한 데릴사위혼에서도 모계 가족의 경제적인 기반이 아직 빈약했으므로 사위는 처가에 동거한 형편이 되지 못했다.

4) 봉사혼(奉仕婚) 시험혼(試驗婚)

인도의 앗셈에서는 매우 오랜 모계제가 남아 있다. 이곳은 통근혼으로서의 데릴사위제를 볼 수 있다. 그런데 좀더 진보한 베트남이나 캄보디아의 농민사회에는 남자는 결혼한 다음 1년 동안은 처가에 동거하는 습관이 보였다. 1년, 2년, 3년이라는 동거 기간을 만들어 놓고 경작한다는 점, 이것은 일종의 봉사혼으로 또 기간은 시험론이었다고 한다.

5) 봉사 후의 동거혼(同居婚)

고대 오리엔트에서도 아내를 얻기 위하여 봉사혼이 행하여졌다. 여기에 대해서는 구약성서의 '창세기' 제29장에 봉사혼의 기록이 있다.

청년이 여자집에 머슴살이를 해서 대개 2년, 5년, 7년 동안 장인의 밭을 경작하고 그 기간이 지나면 비로소 딸을 자기 집으로 데려오게 되어 있었다.

6) 며느리를 데려오는 혼인

데릴사위에서 며느리를 데려오는 혼인에로 옮기는 일이다. 이 단계에서 소위 매매혼이 나타나는데, 이 매매라는 것은 오늘날에 말하는 돈으로 신부를 사는 인신매매의 상행위가 아니고 역사적으로 말하면 선물 제도의 계속으로 사위 또는 아버지가 상대편 여자의 아버지에게 지불하는 보상금과 같은 것이었다.

며느리를 데려오는 혼인은 부계제이다.

제3절 탈규정적(脫規定的)인 혼사(婚事)

1. 약탈혼

우리나라의 결혼풍습이란 현재 많이 알려져 있는 조선시대로부터의 관행이다.

조선시대에 결혼의 특징 중의 하나가 바로 '조혼'인데, 이 조혼의 원인으로 볼 수 있는 것이 몇 가지 있다. 당시의 가족제도상 선조의 제사를 받들 후손을 빨리 얻기 위함이었으며, 가장은 대가족을 다복한 것으로 여겼으므로 자손을 일찍 결혼시켜 손자 증손자를 많이 얻기 위함이었다.

한편 장유(長幼)의 서(序)가 엄하여 미성년이라도 결혼한 자는 성인의 대우를 받았으며, 수염이 가지가 벌어져도 빈곤하여 장가를 가지 못하고 머리를 땋고 있으면 경어를 쓰지 않고 하대를 하였기 때문이다. 또한 미신적 신앙에도 기인된 바가 적지 않으니, 즉 처녀가 죽으면 손말병이라는 귀신이 되어서 저승에게 못 가고 공중에서 방황하며 일가친척에게 침범하여 괴롭힌다고 믿어 처녀 총각이 죽었다는 집을 매우 꺼려서 혼인에 지장이 있었다. 계급사상이 극성하던 조선에서는 결혼이 일가의 흥망에 관계가 있으므로 상류 계급에서는 부모 된 자기의 권세를 얻기 위하여, 또 문벌을 높이기 위하여 자녀의 결혼을 일찍 시켰던 것이다. 조혼 풍속의 기원은 고려의 원(元)에 대한 공녀에서 비롯되어 조선에서는 명(明)에 대한 공녀로 인하여 조혼이 행하여졌다.

이와 같이 조혼이 있는 반면 늦도록 결혼을 못하는 경우도 있다. 집이 극도로 궁핍하거나 가난하여 결혼을 하지 못하는 경우도 많았다.

조선시대에 있어서 재혼은 남자의 경우는 그 처가 사망하였거나, 칠거(七去)를 범하였을 경우 출처(出妻)하고 재혼할 수 있었다. 그러나 여자의 경우는 재혼이 법으로 금지되어 있었으며, 그 자손에게까지 누를 미쳤다.

데릴사위와 민며느리제가 있었는데 먼저 데릴사위는 처가에서 어린 남자를 데려다가 노역을 돕게 하였다가 장성하면서 사위로 삼는 것을 말한다. 그리고 민며느리란 즉 머리를 올리지 않았다는 뜻이며 또한 며느리가 될 '밑지'라는 뜻으로 말하는 것이다. 이 풍습 중 데릴사위는 귀족들도 행했던 모양인데 민며느리는 상가(常家)에서만 했던 것으로 알려져 있다.

약탈혼이라는 것이 있는데 주로 상가(常家)사회에서 행하여졌던 이 약탈혼은 공인된 혼속은 아니었으나 조선 전역에 퍼져 있었으며 이것을 범죄라기보다는 하나의 결혼 형식으로서 묵인하고 있었던 것이다. 약탈의 주 대상은 과부였으며, 대체로 홀아비와 과부 사이에 있는 것이었으나 때로는 무산 미혼자인 노총각이나 또는 처자가 있으면서 첩으로 탐내어 그 짓을 하는 자도 있었다. 처녀 약탈(掠奪), 총각 약탈(掠奪), 과부 약탈(掠奪) 등이 있었다.

조선 사회에 있어서 이혼은 남자 측의 일방적인 의사에서 행하여졌으며 이혼의 원인은 대체로 처에게만 있었으니 처가 남편을 이혼할 이유나 권리는 인정치 않았다.

주로 상민사회에서 행하여졌던 이 약탈혼은 공인된 혼속은 아니었으나 조선 전역에 퍼져 있었으며, 이것을 범죄라기보다는 하나의 결혼형식으로서 묵인하고 있었던 것이다.

약탈의 주 대상은 과부였으며 대체로 홀아비와 과부 사이에 있는 것이었으나 때로는 무산미혼자인 노총각이나 또는 처자가 있으면서도 첩으로 탐내어서 약탈혼을 하는 자도 있었다.

연려실기술 권18에 이르기를 노수신이 진도에 귀양 가니, 섬의 풍속이 본래 혼례라는 것이 없고 남의 집에 여자가 있으면 중매를 통하지 않고 칼날을 빼들고 쟁탈하였다. 선생이 예로써 일깨워 혼인에 예식이 있게 되고 드디어 야만의 풍속이 없어졌다고 한다.

또 길주, 명주 회령지방의 벽촌에서는 '몽둥이 혼인'을 행하고 있었는데, 이것은 이 지방의 노총각이 처녀집에 통혼을 청하였다가 거절당한 남자 측 부락의 청년들이 작당하여 처녀를 조적해다가 방에 구금하고는 문을 꼭 닫아 놓고 온돌의 구들장을 뺀 주 아궁이에 청송을 때면 연기가 방안에 가득 차서 처녀는 그만 기절한 지경에 이르게 되니, 처녀의 부모는 할 수 없이 혼인을 승낙하는 일종의 강제결혼으로 이것은 대체로 빈곤층에서 행해졌다.

세칭 '보쌈'이라고 하는 것은 장차 과부될 사주를 가진 처녀집에서 노예로 하여금 심야에 거리의 총각을 폭력으로써 자루에 넣어 업어 온다. 이때 처녀의 집에서는 신방을 꾸미고 남자와 동침하게 하고 밤이 밝기 전에 그 남자를 다시 자루에 넣어서 업어다 강에 던져 죽게 한다.

이로서 처녀는 과부가 되었으니 액운을 면하였다고 생각하고 안심하고 처녀를 적당한 곳으로 시집을 보내었다.

이 보쌈은 서울의 양반사회에서 주로 행해졌으며, 남자들이 많이 모여드는 과거시를 이용하였다.

한편, 과부가 사람을 시켜 총각을 약탈하는 경우도 있었다.

2. 영혼결혼

영혼(靈魂)도 결혼을 하고 첫날밤 행사를 치른다. 신혼여행지는 영계(靈界), 혹은 우주(?)ㅡ. 그러나 확실한 것은 이 모든 의식이 이승에서 이뤄지며 대부분 스님이나 무당이 집전하고 있다는 것. 다만 산 사람들의 결혼식이 화려하고 기쁨이 넘쳐흐르는 반면 죽은 이들은 그 반대로 장례식만큼이나 비통하고 주위 사람들의 눈시울을 적시게 한다. 또 사주·궁합을 무시한 채 올린 영혼결혼식은 죽은 이가 직계비속의 꿈속에 나타나 '속았다'며 다른 짝을 찾아줄 것을 간절히 애원, 가족들의 가슴을 또 한 번 치게 한다. 첨단과학시대에 영혼 운운하는 자체가 한편의 코미디 같지만 지금 이 시간에도 영혼결혼식을 준비하는 스님이 있다는 사실은 우리 모두를 깜짝 놀라게 한다.

지금으로부터 7~8년 전 재능과 미모를 겸비한 S여대생이 사고사(死)했다. 부모는 억장이 무너지는 가슴을 안고 딸의 왕생극락을 위해 49재까지 올려 줬다. 그러나 늘 처녀로 죽은 딸의 모습이 눈에 걸려 아무 일도 손에 잡히지 않았다. 이때 생각난 것이 영혼결혼식. 결혼도 못하고 죽은 딸의 원한을 풀어주기 위해 근처 박수무당을 찾았다.

당시 죽은 처녀 엄마는 영혼결혼식의 모든 것을 무당에게 일임했고, 며칠 후 식이 잘 끝났다는 통보만 받았다. 너무 반가워 딸에게 달려가자 딸은 뒤로 물러서며 "어머님 속았어요"를 연발한 뒤 흐느끼며 달아나더라는 것.

그 뒤에도 죽은 딸은 계속 꿈속에 나타나 결혼식을 다시 올려달라고 애원, 할 수 없이 수소문 끝에 영혼결혼식 전문가인 백련사의 이설산 스님을 찾아오게 됐다고ㅡ. 결국 죽은 처녀의 사주·궁합과 어울리는 신랑감(死者)을 찾지 못해 아직 대기 중인 상태나 마땅한 사자(死者)가 나타나면 식을 올릴 예정이다.

우리나라에서 영혼결혼식 주례(?)를 가장 많이 한 사람은 백련사의 이설산 스님. 지금까지 1백여 쌍은 족히 맺어왔다고 밝히는 설산 스님은 "영혼결혼식을 갖는 사자(死者)는 그래도 다행"이라며 "아직 몰라서 혹은 미신이라는 이유 때문에 숱한 처녀 총각 영혼들이 구천을 맴돌고 있다"고 주장한다.

스님은 십수 년 전 젊은 선남선녀의 짧은 삶이 너무 안타까워 순전한 동정심으로 영혼결혼의 주례를 자청했던 것이 그만 전문인이 돼버렸다며 너털웃음을 짓지만 음산한 기분이 들 때도 한두 번이 아니라는 것. 그런가 하면 전혀 엉뚱한 영혼결혼식 주문이 들어올 때면 내심 웃음까지 나올 때가 있다고 그 심정을 털어 놓는다.

서울 구로구 구로동 소재 K병원. 죽은 처녀·총각이 베옷으로 염한 채 관 속에 뉘어 있고 그 얼굴들만 내놓은 상태. 그 옆에는 구식 결혼식에 사용되는 사모관대를 비롯 밤·대추 등의 과일과 심지어는 산닭까지 놓여 있었다. 이때 초청받은 이가 설산 스님.

스님은 두 개의 관 앞에서 장례식이 아닌 결혼식을 치른 것. 예식이 끝나자마자 장례절차에 들어가 이승(육신상태)에서의 가장 짧은 결혼기간이란 기록도 갖게 된 이들 부부지만 결혼식만큼은 엄숙하고 진지하게 진행됐다고. 이날의 신랑은 화물차 운전수였으나 짐을 묶던 중 옆에서 달려온 차에 치어 죽었고 처녀 역시 전날 밤 연탄가스에 의해 생명을 잃게 됐던 것.

병원 영안실에서 만난 이들은 양가 부모들이 '처녀 총각 원혼이나 풀어주자'는 데 동의, 이날 영혼결혼식을 올리게 된 케이스.

반면 H대 부속병원에서 치러진 영혼결혼식은 결혼식 하객들이 한순간에 장례식 손님으로 바뀌었던 사건. 밑도 끝도 없이 급히 와 달라는 전화를 받고 설산 스님이 달려간 곳은 병원 영안실.

수백 명의 사람들이 둘러싸여 있는 곳을 뚫고 가보니 관 속에 젊은 남자가 누워 있고 그 옆에는 처녀가 울고 있더라는 것. 사연을 물어보기도 전에 영혼결혼식을 맘속으로 준비하고 있는데 남자 측 부모가 꼭 12시 정각에 식을 진행해 달라고 통사정하더라는 것.

결국 나중에 알게 됐지만 그날 12시는 바로 죽은 남자가 결혼식을 올리기로 했던 그날 그 시각이었던 것. 결혼식을 하루 앞두고 교통사고로 자식이 죽자 양가 부모는 영혼결혼식이라도 올려 주자고 합의 마침 예식장으로 몰려 온 하객들을 병원으로 인도해 영혼결혼식과 장례식을 동시에 치른 셈이 됐다.

한편 안암동에 있었던 K대 부속병원에서 있었던 영혼결혼식은 비통과 애절함 대신 코믹연기의 한 장면에 출연했던 그런 기분을 갖게 했다고 소개.

이미 전날부터 영혼결혼식 의뢰를 받은 터라 서둘러 병원 영안실에 도착하고 보니 의외로 결혼 당사자가 환갑을 넘어 고희가 가까운 노인이더라는 것.

설마 했지만 사실로 들어나 영혼결혼식 준비를 하자 노인 역시 상당히 쑥스러워 하는 눈치더라고. 이때 장성한 아들·딸들, 특히 큰딸이 성화를 내자 아버지인 노인이 할 수 없다는 듯이 예식에 참가하더라고.

사연인즉 어머님이 면사포를 제대로 써보지 못하고 돌아가시자 자식, 그중에서도 큰딸이 "어머님이 한이 된다"며 기어이 영혼결혼식이라도 올려드려야 한다고 주장, 할아버지(?)가 결혼식을 올리게 됐던 것. 이 경우는 호상(好喪)이었고 자녀들이 부모의 한을 풀어드리기 위해 마련한 영혼결혼식이었던 만큼 가장 부담 없고 뒷맛까지 개운했던 주례였다고 회상.

그렇다면 영혼결혼식은 어떻게 할까. 물론 산 사람들의 예식과는 차이가 있다. 그러나 아직 특별하게 순서가 마련돼 있는 것도 아니다. 대부분 경험 있는 자가 스스로 방식과 순서를 마련, 그때그때 응용하고 있는 정도다.

설산 스님의 경우 영혼결혼식의 유형을 크게 3가지로 나눈다. 첫째는 처녀·총각 영혼결혼과 둘째는 죽은 남자와 살아있는 처녀, 마지막으로는 결혼식을 올리지 못하고 살다 죽은 이들이 해당된다. 이때 남자가 죽고 여자가 살아 있는 경우가 여자가 죽고 남자가 살아 있을 때보다 영혼결혼식을 올리는 확률이 훨씬 높다고 한다.

또 영혼결혼식 형태가 시신을 옆에 놓고 하는 때와 위패, 혹은 영정을 마련해 하는 경우가 가장 흔하며 간혹 고인이 즐겨 쓰던 유품, 모형 등을 마련해 결혼식을 갖는 때도 있다고 한다.

설산 스님의 예식순서는 △삼귀의례 △위패 혹은 사진의 상견례 △주례사 △발원 △천도재 △사홍서원순(順). 이때 스님은 영혼들에게 결혼 못한 한을 풀고 왕생극락하기를 당부하는 주례사를 하게 되며 식이 끝난 후에는 병풍 뒤에 이부자리를 깔아 놓아 총각·처녀 영혼들이 합방할 수 있도록 해 준다고.

모든 예식이 끝나면 들러리들이 처녀·총각 영혼들이 쉬었을(?) 이부자리와 옷가지 등을 태우고 그 위패는 명부전에 봉안하는 것으로 영혼결혼식이 끝나게 된다.

1백여 쌍의 영혼결혼식을 올려주다 보니 죽은 자식이지만 짝을 맺어준 뒤 인연이 돼 떼려야 뗄 수 없는 사돈지간도 많이 나오고 어떤 이는 자녀가 살아 있을 때처럼 온갖 예물을 마련, 시댁 혹은 처가에 보내는 이들도 종종 있다고 한다.

부슬비 내리는 깊은 여름밤. 하얀 소복차림의 여인이 머리를 풀어 젖힌 채 나타나 "내 결혼식 물려줘. 안 물리면 그때는 그땐……" 하고 나서는 영혼이 없는 걸 보면 지금까지의 영혼결혼식이 "술 석 잔은 얻어 마실 수 있을 만큼은 했나 보다"는 생각이 든다는 게 설산 스님의 변. 어쨌든 영혼결혼식은 교계서 크게 인정을 하든 안든 간에 널리 퍼져 있는 것만은 틀림없는 사실이다.

제5장 각 국가별의 결혼풍속

제5장
각 국가별의 결혼풍속

제1절 아시아의 결혼풍속

1. 일 본

① 와까모노구미

와까모노란 젊은이 즉, 청년을 말하는 것이다. 따라서 와까모노구미는 마을의 청춘남녀들로 조직된 연령집단을 말한다. 그것은 원래 마을단위의 독립된 집단으로서 촌제(村祭)나 혼인과 밀접한 관계가 있다. 이 점이 현재의 청년단이나 청년회와 크게 다른 점이다. 과거 일본에는 남녀 모두 14~15세가 되어 성년식을 마치면 결혼하여 일가를 이룰 때까지 부모를 떠나 약자조(若者組)라고 하는 야도에서 머무르는 것이 일상적인 관습이었다.

② 무즈메구미

촌의 미혼모들의 모임을 무즈메나가마, 온나구미, 죠시와까슈, 온나와까슈 등으로 불리는 무즈메구미가 있다. 일본 서구지대에서는 근년까지는 무즈메구미가 존속되었으며 그것은 다른 지역에서도 종종 찾아볼 수가 있다. 근래에 이와 비슷한 조직으로 여성청년단이나 처녀회가 있지만 이런 조직에 비해 무즈메구미는 그들의 집회소인 숙(宿)이 혼인에 대해 여러 가지 관여해 왔고 혼인에 관한 자주성을 지녀왔다는 점이 크게 다르다. 명치 이전까지만 하더라도 남녀동숙이 곳곳에 있어 무즈메구미도 와까모노구미와 마찬가지로 뒤에 혼인의 개시를 위하여 편의를 제공하는 곳이었지만 최초의 목적은 젊은 여성들이 개개의 가장의 관장을 벗어나 성의 사항을 해결하게 해주는 곳이었음을 짐작케 한다. 많은 마을 여성들은 그곳에서 이성관을 배우고 스스로의 결혼 상대자를 선택하였다는 사실은 일본여성을 생각하는 데 잊을 수 없는 것이다.

일본에서의 결혼은 우선 혼담부터 시작하여 약혼, 예식 순으로 진행된다.

결혼의식은 신전식(神前式)을 비롯해 불전식(佛前式)·기독교식·인전식(人前式) 등 다양한 형태가 있다. 현재 가장 많이 행해지고 있는 것은 신전 결혼식으로 명치 33년 대정천황(大正天皇)의 성혼을 기념하여 시작된 예식 형태를 말한다.

신전 결혼식에는 3·3·9도(度)라 하여 신랑 신부가 잔을 아홉 번 돌려가며 술을 마시는 '합환주' 의식이 따른다. 종족보존과 자손번창을 기원하는 의미에서 오래전부터 전해 내려온 이 의식은 암수의 한 쌍의 나비가 정을 주고받아 드디어 누에고치를 만든다는 것을 상징하기 위해 신랑 신부가 잔을 돌려가며 마시는 것이다.

불전 결혼식은 주로 사원에서 행해지나 경우에 따라서는 승려를 초
대하여 가정 내에 있는 불전에서 행해지기도 한다. 승려가 성혼 선언
문과 같은 경백문을 낭독한 다음 신랑 신부에게 염주를 수여한다. 이
어서 승려의 주례사와 중매인의 서약서 낭독이 있은 후 신랑 신부가
분향을 하고 맹세의 뜻으로 3·3·9도의 술 음복을 하는 순으로 진행
된다.

기독교에서는 결혼은 두 사람의 애정에 의해 성립되며 반드시 신의
축복을 받는 것이어야 한다고 믿기 때문에 신랑 신부가 모두 크리스천
이어야만 교회에서 결혼식을 할 수 있다. 또한 옛날식에 준해서 자택에
서 행하는 가정 결혼식도 지방에 따라 다소 형식의 차이는 있지만 오늘
날에도 널리 행해지고 있다.

한편 최근에는 신식 결혼식, 또는 인전 결혼식이라 하여 종교 의식
이나 관습에 의하지 않고 새로운 형식으로 결혼식을 올리는 사람들도
많아졌다.

인전 결혼식은 사람들 앞에서 친형제나 친척, 친구 등을 증인으로
하여 식을 올리는 것으로 비용도 저렴하고 번거롭지 않다는 이점이
있다.

이 결혼식은 공민관(公民館)과 같은 공적인 집회장을 주로 이용하
기 때문에 공민관 결혼식이라고도 불린다.

2. 中國(중국)의 혼례(婚禮)

양가(兩家)는 혼인하기로 합의를 본 다음 수년이 지나서야 혼례(婚
禮)를 올린다. 그동안 남자와 여자가 길에서 만나는 일이 있어도 남과

같이 모른 척하고 지나간다. 부모들은 신년이나 큰 명절날에 서로 방문하여 인척(姻戚)의 예를 갖춘다.

신랑집에서 결혼하기로 결정하면 남가(男家)에서 여가(女家)로 연길(涓吉)을 보낸다.

결혼 약 1개월 전이 되면 양가(兩家)는 각기 적지(赤紙)에 결혼일을 적어 친구(親舊)와 친척(親戚)에게 보낸다. 이것이 말하자면 청첩장(請牒狀)이며 빨간 종이를 사용하는 것이 특색이다.

친척들은 결혼일 며칠 전부터 신랑집 또는 신부집에 와서 머물면서 일을 도와준다. 혼가(婚家)에 오는 사람들은 쌀, 옷, 귀금속, 명주, 돈 등을 가져와 결혼 당사자의 아버지에게 전한다.

결혼일 아침 일찍이 남가(男家)에서는 신부를 데리러 가는 것이 큰일이다. 남가 측(男家側)에서 가마, 악사, 이용사를 보낸다. 가마는 4인이 메는 것 2개가 간다. 하나는 중매인이 타고, 하나는 신랑이 탄다. 악사(樂士)는 피리장이 2명, 북장이 1명 정도이다. 이외에 힘센 사람이 말을 타고 행렬(行列)을 따른다. 타지방의 보고에 의하면 부잣집이나 악사를 동원하는 것으로 되어 있다.

신랑 일행이 여가(女家)에 가까이 오면 여가에서 인접이 나와 일행을 맞는다. 신랑은 잠시 쉬었다가 신부집 사당(祠堂)에 고한다. 신랑이 사당에 들어가 분향(焚香)하고 삼배(三拜)하면 신부의 친척이 사당에 들어와 신랑과 같이 조상에 삼배한다. 신랑이 사당을 나오면 식사를 하고 신부를 동반하고 귀가한다. 신랑이 탔던 가마에 신부가 타고 신랑은 말을 타고 신부가 탄 가마를 앞서 간다.

신랑 행렬이 남가에 가까이 오면 사람들이 악기(樂器)를 불고 치며 나와 권양(歡迎)한다. 신부 가마가 남가에 가까워 오면 불딱총을 쏘아 잡귀(雜鬼)를 멀리한다.

신랑이 문 앞에서 말을 내려 안으로 들어서면 대문 안쪽에 향(香)과 초를 놓은 제상이 놓여 있어, 신랑은 그 앞에서 삼배한다. 신랑의 귀가가 알려지면 신랑 측에서 한 여자가 빨간 꽃으로 장식한 신부의 모자(帽子)를 들고 나와 신부에게 씌워준다. 이어 신부는 자기 방에 안내된다. 잠시 쉬었다가 신랑 신부는 제상 앞에 나와 향삼배(香三拜)하여 조상에 부부가 되었음을 고하고 이어 신랑의 일가친척에게 삼배하면 그들에게 답배(答拜)가 있다. 신랑집에서 행한 이 의례가 바로 결혼식이다. 그리고 곧이어 신랑집에서는 큰 잔치가 벌어지고 신방을 치르는 것이다. 다음날 신부의 형제 중 한 사람이 와서 신랑 신부를 초청하여 여자집에 가는 의례가 있다.

신랑집이 바빠서 이날 갈 수 없으면 며칠 후 따로 택일하여 간다. 그리고 신부집에서 며칠 머문 후 돌아와 한 달을 지내고 다시 신부집에 간다.

이상 약출(略述)한 중국의 혼례는 우리나라의 혼례와 달리 신랑 신부의 결합 자체보다 신랑 신부가 양가의 조상에 고하는 것이 중심이 되는 혼례이다.

말하자면 중국의 혼례도 결혼 당사자보다 오히려 양가의 인척 관계 형성을 더 중요시하는 의례이다. 그러나 한국과 달리 개인이 가족에 더 종속되어 있음을 반영하는 혼례이기도 하다. 그것은 한국에서 볼 수 있는 대례와 같은 개인 위주의 의례가 없는 것으로 알 수 있다.

3. 방글라데시

결혼 적령기는 여자가 20세, 남자가 28세 정도이며 중매쟁이의 주선으로 전적으로 부모들에게 의해 이루어지며, 종교가 같지 않으면 일단 결혼 상대자에게 제외된다.

결혼식은 보통 신부의 집이나 지역사회의 중심지 또는 호텔에서 화려하게 치러진다. 결혼식 3, 4일 전에는 신랑 측 여자들이 신부의 집을 방문해 날진흙의 일종인 '타르마릭'을 으깬 것으로 신부를 목욕시키는 '가예 할루드'라 불리는 의식을 행한다.

이 의식은 행복한 결혼 생활의 시작과 백년해로를 기원하기 위한 것으로, 다음날 신부 측 여자들이 마찬가지로 신랑에게도 행한다.

결혼식날 신랑은 전통적인 붉은색의 '베네라시 사리'를 입고 보석으로 치장한다.

신부는 긴 소매 셔츠인 '쉐르와니'와 바지인 '파자마'를 입는다. 머리에는 신랑의 모자인 '파그리'를 쓰고 신발 '나그라'를 신는다.

결혼식에서는 두 명의 증인이 참석한 가운데 '서로 존경하며 살아갈 것인가'에 대해 승려의 설교가 있게 되고 이에 신랑 신부가 동의를 표한다.

결혼서약 후에는 승려의 설교가 있게 되고 이어서 하객들은 새로 탄생한 한 쌍을 위해 간구하는 신성한 축복의 기도를 드린다.

결혼식이 끝나면 신랑 신부는 신랑의 집으로 가서 부모에게 인사를 드린 다음 신방으로 인도된다. 신랑집에서는 며칠 동안 결혼 축하 잔치가 계속 열리게 되는데 이를 '보우 브하트'라 한다.

4. 인 도

결혼은 삼스카라스의 마지막 의식으로 결혼 자체가 갖는 사회적 중요성 때문에 모든 의식 가운데 가장 성대하고 화려하게 치러진다.

결혼준비는 부모들 사이에서 혼담이 오가면서 시작된다.

결혼식의 모든 행사는 신부가 있는 곳에서 거행된다. 또한 불의 신인 '아그니'가 지켜봐야 한다는 것이 결혼식의 핵심이기 때문에 식자 중앙에 정방형 '판달'을 세워 신성한 불을 밝혀 놓는다. 신랑이 말을 타고 친구와 친척들의 호위를 받으며 기쁨의 춤을 추는 행렬을 이끌고 신부집에 도착한다. 신부는 베일로 얼굴을 가리고 화려한 예복을 입고 식장에 마련된 의자에 신랑과 나란히 앉는다.

결혼식을 집행하는 승려는 리넨 천으로 한 끝은 신랑의 옷에 묶고 다른 한 끝은 신부의 옷에 묶고는 신성한 시들을 읊조린다. 그런 다음 신랑 신부는 승려의 지시에 따라 쌀이나 코코넛 등을 그들 앞에 놓인 화로 속으로 던지거나, 쌀을 주변에 뿌리거나, 또는 서로의 손을 맞부딪치는 등 일련의 전형적인 힌두 의식들을 반복한다.

그러고는 신성한 불 주위를 신랑이 앞서고 신부가 그 뒤를 따르면서 일곱 번을 돈다. 이 행위는 결혼계약을 봉인하는 것으로 한 세대가 아닌 일곱 세대가 결혼한 것을 의미한다. 결혼식 절차가 끝나면 신부는 신랑과 함께 신랑집으로 가서 남편과 아내로서의 새로운 생활을 시작하게 된다.

5. 인도네시아

인도네시아의 큰 섬 중의 하나인 수마트라 남단에 살고 있는 람풍족의 결혼관습은 먼저 타지역의 남자가 람풍 여자와 결혼하기 위해서는 람풍족이 되는 부족의식을 거쳐야 한다.

'우파카라 테무 디-룬주크 메루느트 아다트'라 불리는 전통적인 결혼식은 결혼 전날 신랑과 신랑의 친척, 친구들이 신부 측의 준비 상황을 알아보기 위해 신부집에 모이는 '느게 추르크 발락' 행사부터 시작된다. 이날 저녁 신부집에서는 연회가 열린다. 다음날은 공식적인 결혼식인 '테무 니 룬주크'가 행해진다.

전통 음악인 '발락'이 연주되는 가운데 사람들의 호위를 받으며 신랑은 전통 집회장에서 신부의 집으로 향한다. 신부의 부모들은 집으로 향하는 계단에서 기다리고 있다가 신랑이 도착하면 '룬주크'라 불리는 혼례석으로 데려간다. 기다리는 동안 친척과 친구들은 '이겔사바이'라는 독특한 춤을 춘다.

신부는 혼례석에 앉기 전에 이날 처음 신랑의 얼굴을 보게 된다. 여기에는 식을 위해 물소가 준비된다. 신랑과 신부는 나란히 서서 신랑은 오른발과 오른쪽 엄지손가락을, 신부의 왼발과 왼쪽 엄지손가락을 각각 내밀어 서로 닿게 하는데 이 의식은 인생에 있어서의 합일을 이루는 부부가 되었음을 상징하는 것이다.

결혼식이 끝나면 신혼부부는 친정에서 여러 날을 보낸 후 신부가 신랑에게 소속됨을 의미하는 전이(轉移) 의식인 '펠리와칼'이 치러진다.

6. 말레이시아

① 회교도들이 모여 사는 말레이인 지역사회

말레이인들 대부분이 회교도이기 때문에 결혼의식은 회교 관습에 따른다. 결혼식은 대개 약혼한 지 1년이나 2년 후에 하는 것이 통례이다. 이는 예비 신랑 신부에게 새로운 삶을 준비할 수 있는 시간을 주기 위한 것으로, 이 기간 동안 신랑은 신부가 혼수감을 준비할 수 있는 돈을 매달 보내 주게 된다.

말레이 인들에게 있어서 결혼식은 음악과 흥분과 호화로움이 넘치는 축제다. 이날 신부는 '막안담(신부화장을 맡아하는 여자)'으로부터 신부화장을 받는다. 결혼식이 시작되면 신랑과 신부가 함께 결혼증명서에 서명을 한다.

그런 다음 신랑이 지참금인 '마스 가윈'을 신부에게 지불하고 신부의 손을 잡으며 인사하는 '살람' 의식을 행한다. 다음날은 신랑 신부의 부모와 친척들이 축복을 내려주는 '베르산딩'이라는 결혼행사가 있다.

이날 신혼부부는 왕위를 모방하여 만든 높은 연단인 '펠라민'에 앉으며 몇몇 중요한 손님들이 이들을 축복하기 위해 쌀을 던진다.

이어서 말레이 인들의 전통적인 춤과 음악이 연주되며 손님들에게는 종이꽃이 달린 삶은 달걀 '붕가 텔로르'가 주어진다.

② 대부분 힌두교도인 인도인 지역사회

인도인들은 자신들의 계층이나 신분에 맞춰 결혼을 하며 근친결혼을 많이 하는 것이 특징이다. 인도 청년은 사촌 간의 고모의 딸이나 외삼촌의 딸과 결혼할 수 있다.

그러나 한 형제지매라 여기는 평행사촌 간인 삼촌의 딸이나 이모의 딸과는 결혼할 수 없다. 인도인의 결혼관습은 지역에 따라 약간씩 차이가 있다. 부계 중심의 남부 인도인들은 아들이 외삼촌의 딸과 결혼하는 것을 더 좋아하는 반면 모계 중심의 말라얄레스 족은 고모의 딸과 결혼하는 것을 더 좋아한다.

또한 남부 인도인들에게 결혼한 여자의 상징은 이마에 있는 빨간점과 결혼식 때 신랑이 목에 걸어주는 목걸이인 '탈리'임에 반해 북부

인도인에게는 팔찌와 여자의 머리 가리마에 있는 빨간 줄이다. 인도인들은 결혼을 신성하고 영원한 것으로 여긴다.

여자는 22~23세, 남자는 25~28세 정도가 결혼 적령기로 부모의 주도하에 매파를 통해 결혼이 진행된다. 근대에는 결혼식 진행 시간을 최소한으로 줄이기 위해 승려만을 초청하는 정도로 매우 간단하게 치르는 게 일반적인 경향이다.

그러나 전통적인 중간에 신혼부부가 새로운 생활을 함께함을 상징하기 위해 어린나무를 심는다. 결혼식에서 주요 의식은 신혼부부가 성화 주위를 도는 것으로, 이는 정화됨을 상징한다. 이 의식이 끝나고 신랑이 신부의 목에 탈리를 걸어줄 때는 시끄러운 소리가 들리지 않을 정도로 북소리가 장중하게 울려 퍼진다. 하객들은 신랑 신부에게 다산을 상징하는 황색 쌀을 던지며 이들이 지나갈 때 선물을 하지 않았던 하객들이 돈이나 보석을 준다.

7. 파키스탄

파키스탄에서는 결혼 전 여러 날에 걸쳐 신부를 중심으로 일련의 의식이 치러진다. 결혼제안에 대한 양가의 합의가 이루어지면 '만그니'라는 행사를 열어 남녀의 모든 사람들에게 알린다. 친척과 친구들을 초대하여 음식을 대접하며 신랑은 신부에게 금반지를 선물한다. 만그니가 치러지고 나면 혼인 날짜가 정해지고 결혼하기 열흘 전부터는 다양한 행사가 열린다. 결혼을 일주일 앞두고는 '마윤'이라는 축제가 열린다.

실제적인 행사들은 결혼 이틀 전 신부의 얼굴과 팔, 다리에 팩을 바르는 '웁탄' 의식과 더불어 시작된다. 그 다음날에는 「멘디(손 위에

흙을 얹어 놓는 것)」의식이 행해진다. 먼저 신랑의 가족들이 신부의 집을 방문하는데, 이때 신부에게 줄 결혼선물로 세 개의 보석류 세트와 함께 신랑 측의 경제적 여건에 따라 홀수 숫자(7・11・21・27・51 등)의 예복을 가져온다. 이 의식에서는 신랑 신부가 손가락 위에 반지 모양으로 얹어놓는 흙인 '히나'를 교환한다.

그런 다음 신부의 가족들이 신랑집을 방문하여 신랑의 양쪽 작은 손가락에 히나를 끼워준다. 이렇게 히나 의식이 이뤄지고 나면 마윤 행사날부터 계속된 결혼 축하 노래와 춤이 절정에 이른다. 멘디의 다음 날이 바로 결혼식이다.

결혼식 자체는 짧고 간단하지만 다채로운 의식들이 펼쳐진다. 이날 신부는 '가라라카메즈'라 부르는 전통의상을 입는데, 이것은 금으로 다양하게 장식된 바지와 블라우스로 붉은색이다. 머리에는 '두파타'를 쓰며 이마에 하는 '티카'와 코걸이를 비롯해 여러 가지 보석류로 몸을 치장한다. 실질적인 결혼계약은 양가의 증인과 변호사가 참석한 가운데 신부가 결혼계약서인 '나카 나마'에 서명함으로써 이루어진다.

결혼계약서에 서명한 후에는 신랑의 부모가 마련한 피로연이 베풀어진다.

여기서 오랜 풍습의 하나인 '문-데카이'가 있게 되는데, 이는 신랑 신부가 남편과 아내로서 처음 바라보는 것이다. 이 연회는 결혼식 축제의 마지막 행사이다.

8. 필리핀

결혼의식은 사회 계층에 따라 다르게 행해진다. 가톨릭 교회에서의 결혼식은 미국에서와 흡사한 형태로 치러진다. 몇몇 시골에서는 결혼하기 전에 신랑이 신부에게 '바가이 카야'라 부르는 지참금을 지불함과 아울러 일정 기간 동안 신부는 부모들에게 봉사한다.

또한 신랑은 신부의 어머니에게는 신부를 기르느라 애쓴 것에 보답한다는 의미에서 '파니무야트'라 불리는 선물을 하며 신랑 측 아버지는 신부에게 '파소노르'라는 선물을 주기도 한다. 결혼을 닷새 앞두고 신부로 하여금 친구들에게 안녕을 고하며 미혼으로서 함께 모이는 마지막 기회를 마련해 주기 위해 신부 들러리들은 공식적인 파티를 열고 모든 친척과 친구들을 초대한다. 또한 특별한 의미를 갖는 결혼식 전통 중의 하나가 결혼식이 끝나면 제일 먼저 신랑이 교회 문을 나서야 한다는 것이다.

이것은 남자가 한 가정의 의사결정을 하는 우두머리이며 부양자로서 결혼 생활 동안 대부분이 그의 규칙에 따라진다는 것을 의미한다.

신랑 신부가 교회 밖으로 나오면 사람들은 이들을 향해 쌀과 꽃을 던진다. 쌀은 생활에서의 모든 번창을 꽃은 달콤하고 영원한 사랑을 상징한다.

9. 홍 콩

중국 사람들의 결혼 관습은 전통적으로 화려한 색조를 띠고 있는 것이 특징이다. 행운을 가져오며 행복한 결혼을 상징하는 붉은 꾸러미들, 화려한 전통적인 복장과 성대한 저녁연회는 이들의 전형적인 결혼식 풍경이다.

홍콩사회는 비교적 개방적이라 남녀가 자유롭게 교제할 기회가 많

으나 일부에서는 여전히 보수적이다. 그래서 어떤 전통적인 가정에서
는 부모들이 자녀의 생일잔치를 이용해 배우자감을 선택하기도 한다.
또 다른 전통적인 결혼 성사 방법은 중매쟁이를 통해 이루어진다. 이
들은 젊은 남녀의 사진을 갖고 다니면서 잘 어울리는 배우자들의 사
진을 양쪽 집안에 보여 주면서 혼인이 성사되도록 중간 역할을 한다.

이들이 어떤 경로를 통해 결혼을 하게 되면 반드시 거쳐야 하는 절
차가 있다. 부모들이 점쟁이한테 가 이들의 사주에 상극이 없는 지 알
아보려는 것이다. 점쟁이는 남녀의 사주가 잘 맞는지 알아보고 만약
이들이 잘 맞지 않으면 생년월일의 숫자를 빼거나 늘려서 맞도록 해
준다. 이렇게 사주까지 보고 나면 신랑 가족이 신부 가족에게 지참금
에 해당하는 선물을 함으로써 공식적인 약혼이 성립된다. 여기에는 값
비싼 것 외에 4개의 행복을 비는 코코넛이 있다. 이외에 카드케이크,
금과 돈 등이 필요하다. 이런 물품들을 친척들이 포장하고 보내준다.
물품을 전달받은 신부 쪽에서는 이렇게 많이 보낼 필요가 없었다는
것을 보이기 위해 일정량을 되돌려 보낸다. 그리고는 신랑에게 옷 한
벌과 신발을 살 수 있는 두 개의 행운 봉투를 보낸다. 이날 신부 가족
들은 성대한 만찬을 준비하고 친척과 친한 친구들을 초대하여 '용과
불사조'의 모양을 한 케이크와 홍차 코코넛 빈랑나무열매들을 접대하
는데 신랑 가족들은 이 자리에 초대되지 않는다.

10. 태 국

태국에서는 음력으로 짝수인 달을 행운의 달이라고 하여 음력 2.
4. 6. 8월에는 결혼 성시를 이룬다. 그러나 음력 짝수 달에 해당되지

않더라도 양력 8월과 음력 9월은 특별한 행운의 달로 여긴다.

전체 인구의 약 94%가 불교도이므로 이들의 문화와 관습을 비롯해 결혼이나 장례와 같은 전통의식에는 불교의 풍습이 깃들어 있다.

태국식 결혼은 별개의 두 부분으로 이루어져 있다. 이른 아침에는 불교 승려에 의한 축복 의식이 있고, 오후에는 브라만교에 따른 의식이 치러진다.

아침 행사는 승려에게 음식을 드리는 것에 목적을 두고 있는데 단지 직계 가족과 몇몇 친한 친구들만이 초대된다.

결혼식 전날에는 집 주위를 실로 장식하는데 결혼식이 거행되는 거실에서부터 창문을 통해 담장과 정원, 다시 집 안에 걸쳐 집 주위를 감싼다. 그리고 결혼식을 주관할 제단 위의 불상 주위까지 실로 장식하고는 태국어로 '사이신'이라고 불리는 '신성한 실 뭉치'를 다음날 승려들이 도착하기를 기다리며 남겨 둔다.

결혼식날은 9가 행운의 숫자라는 의미에서 음력 9월에 맞춰 9명의 승려가 초대된다. 결혼 성수기에는 미리 몇 달 전에 승려들을 예약해야 하며 결혼식날 아침에 택시나 트럭으로 승려들을 모셔온다.

승려들은 약속에 따라 도착해서는 곧장 거실로 가 가족이 준비해 놓은 방석에 앉아 벽에 등을 기대고 조용히 기다린다. 가족과 초대된 손님들은 승려들을 따라 방으로 들어가 그들을 마주보고 바닥에 앉는다.

잠시 후 신랑 신부가 불을 밝힌 두 개의 초와 향을 들고 선임승 앞에 꿇어앉는다. 승려들은 전날 밤 준비해 둔 신성한 실타래를 마지막 승려에게 갈 때까지 서열 순서대로 넘겨준다. 이 의식은 집과 가족들을 보호하고 신랑 신부에게 축복을 내린다는 의미를 담고 있다.

선임승은 불을 밝힌 초를 정화수가 담긴 그릇 가장자리에 고정시키는데 이는 그릇을 신성하게 하는 한편, 의식이 진행되는 동안 촛농이

물속으로 떨어지게 하기 위해서다. 이러한 절차가 끝나면 가족과 하객들은 불교전쟁에 나오는 고대 팔리어로 된 축복의 노래를 부른다.

이 노래는 약 40분 정도 계속되는데 이 시간 동안 신랑 신부는 밖으로 나가 여러 가지 음식으로 승려들을 대접한다. 이렇게 승려들에게 음식을 대접한다는 것은 신랑 신부에게 자랑거리임과 동시에 승려들의 바리에 음식을 놓은 행위를 상징하는 것이다.

노래가 끝난 후에는 하얀 실타래에 다시 감아 선임승에게 넘겨준다. 최고승은 그 일부를 정교한 모양의 두 개의 실뭉치로 솜씨 있게 감아 오후에 있을 브라만 의식에서 사용될 수 있게 한다. 그러면 신랑 신부는 각 승려에게 절의 경비를 위한 돈봉투와 세 송이의 녹색 연꽃, 초 그리고 향이 담긴 작은 은쟁반을 공물로 드린다. 승려들은 공물 접시가 놓이는 신랑의 앞에 작은 오렌지색 천을 펼쳐 놓는다. 다시 노래가 시작되고 각 승려에게 정화수 그릇이 전달되고 나면, 이들은 관목의 가지에 물을 묻혀 신랑 신부에게 뿌려준다. 이로서 불교의식에 따른 결혼식 절차가 끝나게 된다.

오후 행사인 브라만교 의식은 종종 홀을 빌려서 행하는 경우가 많다.

11. 티벳인의 결혼형태

형제일처혼과 자매일부혼이 결합되어 집단적인 성관계가 발생하는 것은 결코 원시적인 부족들에게만 한정되지 않는다. 가부장제가 상당히 고도로 발전한 사회에서도 때로는 그러한 원시적 자취가 다양한 새로운 원인에 의해 잔존하는 경우가 있다. 다음은 그것이 전형적으로 나타나는 티벳인의 결혼을 중심으로 살펴보고자 한다.

그런데 사실상 이 티벳인의 결혼형태에 대해 어떤 학자는 일처다부제라 하고 또 다른 어떤 학자는 일부다처제로 보는 등 사람에 따라 달리 보고되었다. 이러한 보고의 혼란이 어떻게 해서 일어난 것일까는 나중에 설명하기로 하고, 먼저 브리홀트의 설명 즉, "티벳인의 결혼은 형제일처혼과 자매일부혼이 특수한 형태로 결합되었다"는 견해를 살펴보겠다.

브리홀트는 민족지학자(民族誌學者) 사베이지란다의 보고에 따라서 다음과 같이 서술했다. 즉 "만일 장남이 맏딸과 결혼하면 신부의 모든 동생들도 그의 아내로 된다. 그리고 그가 둘째딸과 결혼하면 둘째딸 밑의 동생들만이 그의 아내로 된다. 만약 셋째딸과 결혼하면 그 밑의 동생들이 그의 아내로 된다. 그 나머지도 마찬가지이다. 동시에 신랑의 동생이 있을 때 이 동생들은 모두 형수의 남편이 된다. 그리고 이들은 모두 그녀와 동거하고, 그녀에게 동생이 있으면 그 동생들과도 또한 동거한다.

따라서 티벳인의 결혼은 단순한 일처다부제는 아니고 실제는 완전한 집단혼이며, 한 집단의 남자 전체가 결혼계약에 의해 다른 집단의 여자 전체와 결혼하는 것이다"라고.

이 설명은 약간 어리둥절한 설명이 될 것이다. 그러나 다음의 경우에서 살펴보면 쉽게 이해할 수 있을 것이다. 즉 양가 사이에서 차남 이하의 남자가 둘째딸 이하의 딸과 결혼하면 결혼 관계는 훨씬 단순하게 설명된다. 예를 들어 만약 차남이 둘째딸과 결혼하면 차남의 동생들이 둘째딸의 그 아래 동생들과 집단적으로 결합하게 된다.

그런데 만약 막내아들이 둘째딸과 결혼할 경우에는 둘째딸의 아래 동생들과 일부다처, 즉 '자매일부혼'이 성립되며, 거꾸로 만약 차남이 막내딸을 맞아들일 경우에는 차남의 아래 동생들이 막내딸과 결합하는 일처다부제인 결혼, 즉 '형제일처혼'을 맺게 되는 것이다.

그리고 또 막내아들이 막내딸과 결혼할 경우에는 이 두 사람만의

'일부일처제'인 결혼이 이뤄질 수 있다.

따라서 결혼으로 사돈을 맺는 양쪽 집안 사이의 결혼에서 몇째 아들이 상대방의 몇째 딸과 결혼하느냐에 따라 '집단혼', '일부다처제(자매일부혼)', '일처다부제(형제일처혼)' 그리고 '일부일처제'가 각각 가능해질 수 있는 것이다. 따라서 같은 티벳인의 결혼에 대해 그 보고가 제각기 달라도 별로 이상한 것이 아니라고 할 수 있다.

제2절 유럽에서의 결혼풍속

1. 오스트리아

오스트리아에서는 결혼등록소에서 법적 절차를 마친 다음 교회에서 결혼식을 올리는 것이 관례이다. 결혼식날 아침 신부가 일어나 준비하도록 하기 위해 이웃사람들이 신부집에 폭죽을 터뜨림으로써 결혼식 행사는 시작된다. 오전에는 양가의 모든 친척과 친구들이 각각 신부집과 신랑집에 모여 간단한 점심식사를 한다.

신랑 신부는 결혼등록소에 가서 혼인신고를 끝낸 다음, 점심식사를 마치고 결혼등록소에 온 양측의 하객들과 함께 결혼식을 올릴 교회를 향해 걸어간다. 교회는 꽃으로 화려하게 장식되어 있고, 신랑과 신부는 모든 하객을 대동하고 오르간이 연주되는 가운데 단상 앞까지 걸어 나온다. 결혼식은 가톨릭이나 기독교의 관습에 따라 그 지역 성직자의 집전하에 이뤄지고 그 이후에는 음악과 춤이 곁들여진 화려한 연회가 새벽녘까지 계속된다.

2. 영 국

영국인들 결혼에 있어서도 결혼형태의 양상은 많이 달라졌지만 형식에 있어서만은 아직도 전통적인 관습에 따라 교회에서 예식을 올리는 것이 일반적이다. 결혼식날 신부는 하얀 드레스를 입고 친한 친구나 친척 중의 어린아이 몇 명을 들러리로 세운다. 신랑은 정장을 하거나 모닝 슈트를 입고 실크 모자를 쓰는 게 원칙이다.

예전과 달라진 변화라고 한다면 여성도 남성과의 동등권을 인정받음으로써 결혼서약 시 이제는 신부가 일방적으로 남편에게 복종할 것을 약속하지 않을 수도 있다는 점이다. 교회에서의 의식이 끝난 다음에는 가족과 하객들을 위한 피로연이 열린다.

식사를 마친 다음에는 독특한 순서가 이어진다. 신랑은 가장 친한 친구가 신랑의 독신 시절에 대해 이야기하며 자신의 가장 친한 친구인 신랑과 결혼을 하게끔 신부를 키워 준 신부의 아름다움에 고마움을 표한다. 이어서 신랑은 하객들 앞에서 자신의 아내로 맞이한 신부의 아름다움에 대해 찬사를 보낸다.

이렇게 몇몇 사람들의 연설이 끝난 다음에는 신랑 신부가 함께 웨딩케이크를 자른다. 하객들과 여흥을 즐기고 난 신랑 신부는 제일 먼저 연회장을 빠져나와 신혼여행길에 오른다. 이날에 드는 일체의 결혼식 비용은 신부의 아버지가 지불하는 것이 관례로 되어 있다.

신혼여행길에 오르는 차량의 범퍼에 친구들의 주석깡통을 실로 연결해 장식하거나, 또는 립스틱으로 차창에 메시지를 적어 놓거나, 면도 거품으로 장식해 놓아 다른 사람들로 하여금 이들이 결혼식을 막 치른 신혼부부임을 알리기도 한다.

이같이 교회에서 결혼식을 올리는 부부들도 많지만 덜 형식적이고 비용에 적게 든다는 이유로 결혼등록소에서 결혼식을 올리는 부부도 적지 않다. 특히 종교를 갖고 있지 않다거나 전에 결혼한 경력이 있는 사람들이 결혼등록소에서 결혼을 하는 경우가 많다.

3. 헝가리

헝가리의 오래된 결혼풍습은 오늘날 쓰이는 언어에서 그 흔적을 발견할 수 있다. 예를 들면 결혼하지 않은 처녀를 지칭하는 말의 어원은 결혼을 하여 팔려간다는 뜻을 갖고 있으며, 사위라는 단어는 경매자를 의미한다. 또 며느리라는 말은 딸을 거래할 때 주어지는 모피를 지칭한 말에서 유래된 것이다.

헝가리에서의 전통적인 결혼풍습은 크게 두 부분으로 나눠진다. 하나는 법적 결혼을 말하는 것으로, 또 다른 하나는 전통적인 의식에 따라 결혼식을 치르는 것을 의미한다. 혼사가 이뤄지기 위해서는 먼저 '결혼제의'라는 절차를 거쳐야 한다. 보통 중매쟁이에 의해 이루어지며 결혼제의에 대한 합의가 이루어진 다음에는 약혼이 이어지고 그 다음에는 교회나 결혼등록소에서의 결혼식이 이어진다.

또한 결혼의식 중 중요한 것으로, 결혼식이 시작되기 전에 신부 가족들이 신부를 양도하는 의식이 행해진다. 신랑 들러리가 신부집에 도착해서는 "여보시오, 여기 젊은 청년이 신부될 사람의 집에 당도했소이다. 안에 누구 없습니까?"라고 외치면 신부의 아버지는 "어떤 길로 가려 하오?"라고 묻는다. 그러면 들러리 중 한 사람이 나서서 "어떤 길이냐고요? 물론 대로죠!"라고 대답한다. 그렇게 되면 신랑 측과 신부 가족 간의 신부 양도 절차가 이루어진 셈이다. 신부 양도 절차가 끝나면 교회에서 또는 결혼등록소에 가서 결혼식을 올리게 되며 이어 피로연이 열린다. 결혼식날 저녁에 열리는 피로연에서 신부는 이제 한 남자의 아내임을 받아들인다는 의미에서 머리를 묶고 참석한다.

또 하나 헝가리의 결혼식 피로연에서는 독특한 관습이 있다. 코스별로 음식 ─ 스프 · 샐러드 · 구운 고기 · 죽 그리고 와인 ─ 이 나올 때마다 시를 암송하는데, 이 시들은 전통적으로 이어져 내려오는 것으로 지역에 따라 다양한 형태로 읊어지기도 한다.

4. 이탈리아

이탈리아의 결혼식은 종교적인 전통에 따라 교회에서 치러진다. 젊은 남녀들은 자연스러운 이성교제를 통해 배우자를 구한다.

결혼식은 신부의 집 근처에 있는 교회에서 있게 된다. 주례사의 예약이나 초청은 신부 측이 맡고 결혼 비용은 기본적으로 양가 부모가 공동으로 부담하게 된다. 결혼식 전에 신랑 신부는 구청에 가서 결혼의 성립에 필요한 서류를 제출하고 교회에 가서 사제를 만난다.

결혼식날 친척과 친구들은 각기 신랑과 신부집을 방문하여 간단한 식사를 같이 한 다음 사진촬영을 마치고 교회로 향한다. 식은 보통 토요일에 치러지는데, 오전 11시 30분경에 시작하여 1시간 정도 진행된다. 신랑은 검정색이나 청색 계통의 정장을 입고 신부는 흰색의 웨딩드레스를 입는다. 결혼식이 시작되기 전에 신랑은 웨딩드레스를 입은 신부를 볼 수 없는 것이 관례이다. 식이 끝나면 신랑 신부는 가족 친지들과 사진촬영을 한 다음 친구와 친지들이 뿌려주는 쌀이나 사탕 세례를 받게 된다.

5. 핀란드

핀란드인의 결혼관은 크게 변화하고 있다. 허나 아직까지는 법적 결혼이 일반적이기는 하지만 수년 동안 법적 결혼을 하지 않은 채 함께 사는 동거형 결혼의 양상이 크게 달라졌다 할지라도 결혼 예식에 있어서만은 아직도 많은 사람들이 교회에서의 전통적인 예식을 따르려고 한다. 교회에서의 결혼식은 성직자가 예식을 주재하며 장중하고 엄숙한 분위기 속에서 진행된다. 식이 끝나면 신부의 집에서 호텔, 클럽과 같은 공공장소에서 전통적인 축하식이 벌어진다. 이 시간에는 결혼을 축복하기 위해 많은 하객들 앞에서 신랑 신부가 왈츠를 추기도 한다.

6. 프랑스

다른 유럽 국가와 마찬가지로 프랑스에서의 결혼은 두 가지 측면에서 이루어진다.

법률적인 면과 종교적인 면이 그것인데, 법률적인 결혼은 국가를 대표하는 사람 앞에서의 결혼약속으로, 법적 효력을 갖는 반면 종교적인 결혼은 신 앞에서의 약속이기 때문에 보다 엄숙하고 중요한 의미를 지닌다.

종교적인 결혼에 앞서 법률적인 요건이 갖추어져야 하고 이를 시장이 승인함으로써 법적 결혼이 성립되는 것이므로 이를 '시장 앞에서 거행되는 결혼'이라고도 한다.

근친 간의 결혼이 아니라는 증빙서류로 신랑 신부는 병원에서 건강진단서와 출생증명서 초본을 혼인신고 때에 제출하여야 한다. 혼인신고는 식이 있기 열흘 전에 시청에 가서 하게 되며 이를 마치면 마을 사람들에게 결혼을 공식적으로 알리게 된다.

시청에서 거행되는 법률적인 결혼은 비교적 신속하고 간단하게 치러진다. 시장이 신랑 신부 앞에서 결혼의 권리와 의무에 관한 민법 조항을 낭독한 다음 신랑 신부가 시장 앞에서 서로를 부부로 맞겠다는 동의를 한다. 그러면 시장은 법률에 의거해 공식적인 결혼이 이루어졌음을 선포한다. 이 의식은 두 명의 증인이 참석한 가운데 공개적으로 거행되며 결혼을 증명하는 서류에 기재를 함으로써 모든 절차를 마치게 된다.

이렇게 해서 법률적인 결혼이 치러지고 나면 교회에서의 종교적인 결혼식이 이어진다. 국가 앞에서 결혼을 맹세한 신랑 신부는 종교적인 절차에 따라 죽을 때까지 서로 사랑하고 존경하며 충실한 부부가 될 것임을 신 앞에서 맹세한다.

그런 다음 이들은 서로의 모든 것을 상대방에게 준다는 의미에서 결혼반지를 교환하고, 성직자가 이들의 결합을 축복해 준다.

7. 독 일

일반적으로 독일의 결혼식은 세 단계로 나뉘어 3일 동안 진행됨으로 결혼식 준비도 일찍부터 시작된다. 첫 번째 단계는 전날에 열리는 '포터 아벤트'라는 파티이다. 이날 파티에 참석하는 사람들은 특별히 자신의 집에서 오래된 접시를 몇 개 가져와 신혼부부의 집 앞에 던져 깨뜨린다. 이렇게 하는 것은 신혼부부에게 행운을 가져온다고 믿는 풍습 때문이다.

다음날은 결혼등록소에 가서 결혼식을 올리는 날이다. 두 번째 단계에 해당하며 증인이 몇 명 참석한 가운데 식이 진행된다. 종교적이 아닌 경우에는 결혼등록소에서 결혼식을 올리는 것으로 끝나지만 종교인일 경우에는 세 번째 단계를 거쳐야 한다.

교회의 결혼식은 화려하고 성대하게 치러진다. 신부는 이날 백색을 상징하는 흰색의 긴 드레스를 입고 머리에는 하얀꽃이 달린 베일을 쓰고 양손에는 흰 가방과 꽃다발을 든다. 신랑은 검정색 양복이나 턱시도를 입는다. 신부 옆에는 화려하게 차려입은 친척 어린아이들이 신랑 신부가 행진할 때 뿌릴 꽃바구니를 들고 신부의 뒤를 따른다.

교회에 도착해서 신부는 아버지의 손에 이끌려 식장 안으로 들어서게 된다. 신랑은 신부 아버지로부터 신부를 인계받는다. 이 절차는 이제 신부가 가족의 품에서 떠나 남편에게 맡겨진다는 것을 의미한다. 그런 다음 신랑 신부는 결혼반지를 교환한다. 상대방의 이름이 새겨진 이 결혼반지는 서로에게 소속되었음을 상징하는 것이다.

식이 진행되는 동안 친구나 가족들이 나와 축가를 부르거나 음악을 연주하며 이들이 교회 문을 나설 때 친구들은 밖에서 기다리고 있다가 쌀이나 페이퍼롤을 던지며 행운을 기원한다.

제3절 中東에서의 결혼의식

1. 이집트

이집트의 결혼에 관한 관습은 이질적인 풍습을 가진 회교와 기독교의 종교적 전통에 따라 두 양상을 띤다. 결혼에 있어서 두 종교가 가장 큰 견해 차를 보이고 있는 것은 이혼에 관한 것이다.

기독교는 이혼 절차가 까다로울뿐더러 결혼에 관한 금기사항을 규정해 놓고 있어 두 사람의 결속을 더욱 강화시키는 역할을 한다.

반면에 회교는 남자가 최대한 네 명의 여자와 결혼하는 것을 허용할 뿐만 아니라 이혼절차도 간편하여 높은 이혼율과 함께 자녀 양육 문제가 심각하다.

요즘은 회교사회 여성도 남자와 동등한 권리를 갖기는 하지만 과거 남자들이 누렸던 특권은 여전히 남아 있어 이혼을 강력히 제한하고 결혼 생활을 최대한 보장해 주는 기독교 사회의 여자들을 회교도 여자들은 매우 부러워한다. 그러나 이혼에 대한 엄격한 금지는 회교도가 기독교 사회로 들어오는 장애물로서 두 종교 성원끼리의 이동이 거의 없는 고착상태를 나타내고 있다.

한편, 혼례관행에 있어서도 두 종교 사이에는 커다란 차이가 있다. 회교도들은 하층민일지라도 황금으로 된 약혼선물을 하며 약혼파티를 연다. 그리고 결혼식 비용으로 기독교들이 전체 결혼 비용과 맞먹는 액수를 소비한다. 또한 가구류를 구입하는 데 있어서도 최고급품을 사는 데 중점을 둔다. 신부의 부모는 신랑이 지불하는 지참금의 두 배나 되는 돈을 더 보태어 신부가 가져갈 가구를 구입한다. 그러나 기독교도 신랑은 목돈을 지불하는 대신 가구류 몇 개 가져와 도자기, 식기와 선풍기 등을 사고, 신부 가족들은 다른 기구들을 장만하는 등 대체로 결혼식을 검소하게 치르는 것이 일반적이다.

첫아이가 출생하면 부모들은 흔히 사내아이에게는 할아버지 이름을, 계집아이에게는 할머니의 이름을 붙여 주는 게 전통적인 관행인데, 이후에 태어나는 아이에 대해서는 그렇지 않다.

2. 이 란

신랑의 부모들이 찾고자 하는 신부감에 대해 잘 알고 있는 이웃사람에 의해 중매가 이루어진다. 부모는 청년과 상의한 다음 처녀와의 만남을 주선하게 되고 곧이어 처녀의 부모와도 회합을 갖는다.

신랑과 부모들이 처녀의 집을 방문하는 행사를 '카스테리라'라 부른다. 첫 방문에서는 결혼에 대해서는 언급하지 않고 처녀와 총각의 나이, 직업, 학력 등의 몇 가지 사항만을 서로 물어보며 간단하게 끝낸다.

첫 방문이 있은 다음, 신랑의 어머니가 신부 어머니에게 전화를 걸어 자신의 아들에 대해 신부 측이 갖는 인상이나 반응 여부를 알아본다. 이때 긍정적인 암시를 받으면 이때부터 양가는 본격적인 결혼문제를 상의하게 된다.

약혼 기간이 끝나면 법적, 종교적인 의식으로서의 결혼식인 '아그호드'와 결혼 파티 '아루시'가 행해진다. 대개는 같은 날에 행하는 것이 일반적이다. 결혼식에 행해질 마루 위에는 '아그호드 소프레'라 불리는 천이 깔리고, 그 위에서 합법적이고 종교적인 의식의 결혼식이 진행된다.

이때 신랑 신부에게 시계나 보석, 금화 등의 선물을 주는 예물 전달이 있게 된다. 저녁에는 하객들이 저녁식사를 하거나 여흥을 즐기는 '아루시'가 열리고 식사 후에는 신부가 케이크를 자르는 순서가 진행된다. 이란의 북부지역에 있는 어느 마을에서는 7일 동안에 걸쳐 아루시가 열린다.

이란에서는 결혼에 대한 책임과 비용을 신랑 측이 전적으로 맡는 반면, 신부 측은 신혼부부 살림에 필요한 가구와 가정용품 일체를 장만해 주는 것이 중요한 결혼 관습으로 행해지고 있다.

3. 아랍에미리트

결혼은 가족들 사이의 협상에 의해 이루어진다. 결혼은 두 사람의 합일일 뿐만 아니라 두 집안, 더 나아가 두 사회 집단 간의 합일이라고 보기 때문이다.

청혼이 받아들여지면 양가는 결혼의 절차에 따른 다양한 거래와 협상을 시작한다. 법적으로 가장 중요한 것은 지참금 성격을 띤 '메르'이다. 회교식 결혼 조건인 메르는 이혼할 경우 신부의 생활안정을 위해 신부 측에 지급해야 하는 것으로 결혼식장에 기록으로 남겨지게 된다.

또 다른 형태의 지참금으로서 금, 옷, 향수, 가축 등을 포함하는 '제라'라는 것이 있다. 신부에게 지급되는 지참금은 신랑 아버지나 신랑에 의해 마련되는데 베두인은 친척이 기부하는 상호부조의 '아냐'라는 방법을 통해 지참금을 마련한다.

결혼계약은 약혼이 성립된 지 몇 달 후나 일년 정도가 지난 다음 이루어지는 게 보통이다. 공식적인 결혼계약에는 신랑과 두 명의 증인과 함께 신부 측 대표자가 참석한다. 아랍에미리트의 결혼 관습 중에는 신부에게 특별한 의미를 갖는 '헤나'라는 의식이 있다. 신부는 이 의식을 행하지 않고는 완전하게 갖춘 것이 되지 못한다. 식물 염료인 헤나를 손과 발가락 위에 얹어 놓는 이 의식은 가족들 사이에 사적으로 행해지거나 가족과 친구, 친척들이 모인 가운데 공식적으로 행해지기도 한다.

헤나는 본래 녹색 빛을 띠고 있다가 건조되면 진한 오렌지 색으로 변하는 성질이 있다. 그래서 신부의 옷과 베일, 앉는 쿠션과 매트리스에 이르기까지 녹색을 사용하는 헤나의 밤을 '녹색의 밤'이라고도 부른다.

4. 쿠웨이트

쿠웨이트에서의 결혼은 종교적 이념이 같고 사회적 지위와 재산의 정도가 비슷한 집단끼리의 정략적이며 경제적인 결연으로서의 의미가 크다.

친족 간의 결혼은 이러한 요건들을 충족시키는 가장 적합한 결혼형태로서 몇몇 금기적인 경우를 제의하고는 친족 간의 결혼이 일반적으로 행해진다.

혼사가 진행되는 동안 정작 당사자들은 자신들의 미래가 결정지어지고 있다는 사실을 알지 못한다. 결혼식은 증인들이 참석한 가운데 승려가 주재로 한다. 신랑과 신부 후견인이 증인들 앞에서 결혼선서에 동의함으로써 결혼이 성립된다. 일련의 결혼의식은 나흘 후 신랑 신부가 양가 부모를 방문함으로써 끝나게 된다.

삼일째 되는 날 밤에는 신랑이 친구와 친척들에게 이끌려가게 되고, 신랑을 환대하는 파티를 벌인다. 그런 다음 신부가 남편의 가족 몇몇과 4일 동안 친정을 방문하게 되는데 이것이 결혼의 마지막 행사가 된다.

5. 요르단

요르단에서는 5월에서 8월에 걸친 여름철에 결혼 성시를 이룬다. 다른 아랍 문화권 나라와 마찬가지로 요르단에서도 인척 결혼이 아직까지는 일반적인 형태이기는 하나 이러한 풍습은 점차 줄어드는 추세이다.

결혼식 행사는 결혼 3일 전부터 시작돼 3일 이상 계속된다. 결혼식 날에는 먼저 법정에서의 공식적인 결혼등록 절차를 마친 다음 보통 집에서 파티를 연다. 점심식사 후 한 무리의 손님들이 신부를 데려오

기 위해 신부집으로 가고 신랑은 집에서 기다리도록 한다. 신부집에
도착한 신랑 측 무리 중에 연장자나 여자가 나서서 신부의 집임을 확
인하고는 작은 소리로 노래를 부른다. 이어서 신부가 삼촌과 오빠에게
이끌려 신랑 측에 인도되고 신랑 측 무리들은 감사의 노래를 부르면
서 신부와 함께 신부 어머니와 숙모들을 차에 태우고 신랑집으로 출
발하게 되는데, 이들 행렬이 완전히 사라질 때까지 약 한 시간 동안
노래가 계속된다.

신부의 어머니는 그날 밤 신랑의 집에 머무르며 신부가 처녀라는
것을 확인하게 되는데 이것은 요르단의 결혼 관습 중 매우 중요하고
도 특별한 의미를 갖는다.

6. 나이지리아

나이지리아 서부의 요루바족의 결혼식은 양가 모두 특별한 의미를
갖는 독특한 의식이 행해진다. 특히 신부 집안은 신부가 통과해야만
하는 중요한 과정 때문에 초조해하거나 긴장한다. 이 과정의 결과에
따라 결혼식은 더욱 흥겨울 수도 있고 망쳐버릴 수도 있기 때문이다.
먼저 신랑과 그의 가족들은 전통적인 복장인 '아소 오케'를 차려 입고
신부집으로 향한다. 신부집은 전통음식을 차려 놓고 신랑 측을 맞는
다. 이들 음식으로 신랑 신부를 축복하면서 식이 진행된다. 이 의식이
끝나고 신부값이라 불리는 지참금이 지급되며 이때부터 신부는 사실
상 시댁에 속하게 된다. 시댁으로 떠나기 전에 신부는 어머니한테서
마지막 축복을 받는데, 이것이 오늘날 전해 내려오는 '눈물 흘리기' 풍
습이다.

'기쁨의 눈물' 또는 '예기치 않는 눈물'이라고 불리는 이 풍습은 지금까지도 딸을 보내는 어머니의 안타까움을 나타내는 의식으로 여전히 남아 있다. 신부가 행렬을 따라 시댁에 도착했을 때 신랑은 집에 있으면 안 된다. 신부는 물로 다리를 씻고 호리병을 깨기 위해 병 위를 걷는다. 이는 신부를 따라올지도 모를 잡귀를 몰아낸다는 의미를 갖고 있다. 병 위를 걷고 난 후 신부는 하객들 앞에서 신랑 가족의 연장자들로부터 식구로 맞아들이는 환영을 받고 축복을 받는다. 그러면 다음에는 걱정스런 절차가 기다리고 있다. 이 절차는 신부를 여자로 만들어 줄 수도 있고, 신부와 신부 가족들에게 수치를 던져줄 수도 있다.

신랑은 흰 천조각을 들고 신부와 함께 신방으로 들어가 초야를 치른다. 초야를 치를 신랑은 신부가 처녀성을 바쳤음을 보여주는 혈흔이 묻은 천조각을 들고 나오면 결혼식의 분위기는 기쁨과 즐거움으로 고조되어 절정에 이르지만, 반대로 혈흔이 천조각에 얼룩지지 않는 불행한 일이 벌어지면 파티는 끝나고 신부와 신부 가족들의 슬픔은 그때부터 시작되는 것이다. 그래서 이 같은 모욕을 당한 신부들이 굴욕을 견디지 못하고 자살하는 경우를 종종 볼 수 있다.

제4절 미주지역(美州地或)에서의 결혼의식

1. 미 국

미국인들의 결혼은 당사자들의 애정에 바탕을 두고 있다.

결혼 절차에 관해서는 주마다 규정을 달리하고 있다. 그러나 모든

주가 공통적으로 결혼허가증 취득을 의무화하고 있고 또 50개 주 가운데 45개 주에서는 혈액검사를 의무화하고 있다. 이는 매독감염 여부를 조사하는 것으로, 환자일 경우 완치될 때까지 결혼할 수 없다. 결혼식의 형태는 크게 두 가지로 나누어진다. 하나는 교회에서 거행되는 종교적인 의식이며, 다른 하나는 치안판사가 등기소 직원의 입회하에 거행되는 법적 결혼이다.

법적 결혼은 매우 간단하고 비용이 적게 든다는 이점이 있다. 결혼식에는 시장이나 지사 등 요직에 있는 사람이 초대되면 호텔이나 컨트리클럽, 신부의 자택에서 열린다. 그러나 대부분이 종교적인 의식을 따르는 것이 일반적인데, 교회 결혼식은 성대하고 화려하게 치러진다.

신부는 웨딩드레스로 화려하게 치장을 하고 들러리를 대동한 채 부친의 손에 이끌려 성직자에게 인도된다. 그러면 성직자는 신부의 손을 신랑의 손 위에 겹치게 한 다음, 남편과 아내의 의무에 관한 성경구절을 낭독하고 결혼의 의의에 관한 메시지를 전한다. 이어서 신랑 신부의 결혼서약과 반지교환이 있은 후 성직자는 이들이 부부가 되었음을 선포한다. 식이 끝나면 하객들은 교회 문 밖에서 신랑 신부가 나오기를 기다리고 있다가 이들이 피로연장으로 가기 위해 교회 문을 나설 때 쌀알을 던진다. 쌀알을 던지는 습관은 아주 오랫동안 행해져 온 것으로 신부의 다산과 가계의 번영을 상징한다.

한편 결혼과 관련해서 미국에서는 결혼 전에 예비 신랑 신부를 위한 각종 파티가 열린다. 신부 들러리들이 신부를 초대해 조촐한 점심을 나누는 이별 파티인 '들러리 주최의 런천'과 신랑 측 역시 들러리들이 주최하는 '독신 남자의 디너'가 그것이다. 또한 '리허설 파티'라 하여 결혼식 전날 결혼 연습을 하는 모임을 갖는다. 이때에는 특별히 성직자와 멀리서 온 친척들을 초대하여 신랑의 부모가 저녁식사를 대접한다.

예비신부를 위한 모임 중에는 또한 'Bridal Shower'라는 것이 있다. 이 파티는 친척이나 친구들이 신혼살림에 필요한 선물을 주는 것으로 무엇을 선물하느냐에 따라 명칭이 달라지는데, 부엌용품을 선물하는 'Kitchen Shower'와 시트와 타월류를 선물하는 'Linen Shower'가 있다.

2. 캐나다

여자들의 경우 어느 정도 사회적 지위를 확보한 후에 결혼하기를 원하는가 하면 남자들은 결혼이라는 약속 자체를 두려워하는 경향이 짙다. 이는 많은 결혼이 이혼으로 끝나고 그에 따르는 위자료 및 자녀 양육비 등 대부분의 경제적 부담을 남자 측에서 져야 하기 때문에 남자들에게 결혼은 한편으로 짐스러운 것이기도 하다. 그래서 대도시에서는 결혼보다는 동거를 하는 사람들이 많다. 이들은 동거를 한다고 해서 반드시 결혼으로 이어져야 한다고는 생각지 않는다. 일단 먼저 살아보고 서로 마음에 맞으면 결혼하겠다는 현실주의적인 성향이 강하다. 구혼은 대개 남자가 다이아몬드 반지를 여자에게 끼워 주면서 이루어진다. 수락 여부는 여자가 반지를 받음으로써 결정된다.

결혼식 날짜 및 장소는 당사자들이 결정한다. 대개의 경우 교회나 성당에서 목사나 신부가 결혼 예식을 집전하게 되고 종교인이 아닌 경우 시청에서 법관의 주례하에 결혼식을 올린다.

결혼하기 1, 2주일 전쯤에 남자는 총각 파티를 여자는 브리달 샤워(신부피로연)를 갖는다. 총각 파티는 남자들끼리만 모이는 파티로 결혼을 하면 한 여자만을 사랑하며 총각 시절에 대한 미련을 버린다는 의미에서 열리는 것이다. 반대로 브리달 샤워는 여자들만의 파티로서 친척이나 친구들이 새살림에 필요한 부엌용품이나 그릇, 장식품 등을 선물한다. 신부가 될 사람은 선물을 풀어보며 일일이 감사의 뜻을 전하고 와인이나 차, 다과 등을 대접한다.

　근래에는 대체로 결혼식을 성대하고 화려하게 치르는 경향이 두드러진다. 결혼식이 끝나면 피로연이 벌어지는데 칵테일, 저녁식사, 축배, 케이크 자르기 등의 순서로 이어진다. 이때 짓궂은 하객들이 포크나 스푼 등으로 유리컵을 시끄럽게 두드리며 하객들이 보는 앞에서 신랑 신부가 키스를 할 것을 요구하기도 한다.

3. 멕시코

　멕시코의 전통적인 결혼식은 토착민 인디언의 전통에 서구의 기독교 전통이 혼합된 형태를 띠고 있다. 인디언들의 전통적 결혼풍습은 지금까지 내려오고 있다.

　이들의 결혼의 전통은 결혼합의가 이루어진 날부터 1년간의 약혼기간을 거친 다음 혼례를 올리는 것이 관례로 되어 있다. 결혼은 신랑 측의 주도하에 이루어지는 것이 관례인데 먼저 청년은 신부될 여자를 자신의 부모에게 선을 보이고 결혼승낙을 받아야 한다. 승낙이 이루어지면 신랑 측 아버지는 신부의 부모를 찾아가서 결혼문제를 논의하게 되고, 여기서 부모들이 합의하게 되면 약혼이 성립된다. 특히 이 약혼기간 동안 신랑 신부는 서로의 품행을 단정히 해야 한다. 만일 어느 한 쪽이 단정치 못한 행위를 저지르거나 문제를 일으키면 약혼은 파기될 수 있기 때문이다.

　약혼 기간이 지나면 양측의 부모가 만나 결혼 날짜를 정한다. 결혼

연회는 결혼식 전날부터 시작해서 최소한 사흘간에 걸쳐 열리며 결혼식 전날 열리는 연회는 신랑 측의 가족과 친지 친구 등이 초대된 가운데 신부 측 사람들은 참석할 수 없다. 다음날 아침은 성당에서 혼례식을 치르는 날이다. 사람들이 모두 신부집에 모여서 신부 측 사람들과 함께 행렬을 지어 성당까지 걸어간다.

이들의 복장은 신랑은 흰색 저고리와 바지를 입고 있으며 손으로 만든 전통적인 가죽신인 '우아라체스'를 신고 있다. 신부는 온갖 꽃과 색실로 수놓은 흰색의 전통 의상 '후이삘'을 입고 머리에는 '또까또'라 하여 색실 타래를 감아올린 장식물을 올린다. 결혼 복장에서 주목할 만한 것은 남자 등은 신고 있지만 신부를 비롯한 여자들은 신발을 신지 않은 맨발이라는 것이다.

이렇게 해서 성당에 도착하면 성직자 앞에서 부부가 될 것을 맹세한 다음 예물을 교환한다.

예물은 금이나 은 또는 동으로 된 반지를 주고받는 게 전부다. 종교 예식이 끝나면 모두 신부집에 모여 다음날까지 파티를 계속하며, 신랑 신부는 파티가 끝난 후 보통 일주일 예정의 신혼여행을 떠난다.

4. 스페인

1978년부터 스페인 사람들의 결혼관은 상당한 변화를 보여 왔다. 그 이전까지만 해도 이들의 결혼관은 종교 중심이어서, 스페인의 유일한 공식 종교인 가톨릭을 통해 99.9%의 사람들이 결혼한 반면, 민법에 명시된 절차에 따른 민사 결혼을 하는 경우는 극소수에 불과했다. 그러나 1978년 헌법이 제정되면서 스페인은 다른 종교들도 인정하는 복수 종교주의를 표방하게 되었다. 이에 종교적 절차를 거치지 않는 민사 결혼이 더욱 성행하게 되었다. 표면적으로 볼 때 종교 결혼과 민사 결혼의 두 가지 결혼형태에는 별 차이가 없지만 그 양자 사이에는 이혼문제라는 커다란 차이점이 있다. 카톨릭교는 이혼을 인정하지 않는 데 반해 새로이 제정된 법령은 이혼을 인정하고 있기 때문이다. 그래서 스페인에서는 이혼을 인정하고 또 인정하지 않는 미묘한 상황이 전개되고 있다.

스페인에서 전형적인 결혼형태는 혼인신고소에 가서 결혼계약서에 서명을 하고 나서 교회에서 성직자의 집전하에 예식을 올리는 것이다. 예식 절차가 끝나면 신랑 신부의 가족을 비롯한 친척과 친구들은 성대한 만찬과 함께 파티를 즐긴다. 파티 중에는 '튜나'라 하여 축하연을 찾아다니며 노래를 부르는 젊은이들이 종종 나타나기도 한다. 이들의 노래가 끝나면 하객들은 노래에 대한 감사 표시로 베레모에 동전을 넣어 준다.

5. 칠 레

마푸치 사회는 일부다처제 사회로 남자의 경우 경제적 능력에 따라 거느릴 수 있는 만큼의 많은 여자들과 결혼하는 것이 허용된다. 남자가 두세 명의 아내를 거느리는 것은 보통이며 '울멘세스'라 불리는 부유층 남자의 경우에는 여섯 명 이상의 아내를 거느리기도 한다. 결혼은 사위와 장인 간에 신부를 사고파는 모종의 계약과 함께 성립되며 결혼식날은 신부를 환영하는 대대적인 마을 축제가 열린다.

제6장 혼인의 각종 형태

제6장
혼인의 각종 형태

제1절 종족(種族)에 따른 혼인

사회는 혼인을 여러 가지 방법을 가지고 규정하는데, 사회가 이러한 규칙을 지시하고 강요하는 데에는 정책으로서, 또는 사회적, 인종적 특수 사정에 의거하거나 종교적 이유에서인 경우가 많다. 역사적인 면에서 그 형태를 살펴보면, 로마 사람들은 이국인 특히 야만인과 혼인하는 것을 허락하지 않고 자기네 속속끼리 혼인하였으며, 미개 민족에서는 물론이며 문화 민족에서도 타민족과 혼인하는 경우에 사회에서 냉대시하고 부족에서 추방하며, 때로는 죽이고 계율을 배반한 죄로 인한 신의 발동이 두려워 종교적 의식을 갖추는 민족도 있다. 이렇듯 혼인 형태는 여러 형태로 행하여졌는데 구체적으로 여러 미개 민족의 특징을 간략히 살펴보면 다음과 같다.

1. 터키·몽고 부족—완전한 보상(Qulin—칼린) 또는 신부대금이
치러지기 전에는 결혼의 최종적 부분이 행해지지 않는다. 때로는 어떠
한 과정이 몇 년 지난 뒤에 이루어지기도 한다.

2. 바쉬키르(Bashkir)족—배우자가 될 사람이 아직 어릴 때에 결혼
을 결정하기도 하는데, 중매인이 경제적 협상을 주재하며 법적으로 여자
에게 귀속되는 신부대금, 즉 칼림(Kalym)의 크기와 지불 날짜를 조정
한다. 신부대금이 완전히 치러지면 장인은 잔치를 벌인다. 잔치 중에 신
부를 숨기고 찾아내고 하는 행위는 그 지역의 성 집단으로부터의 분리
의례이다. 약혼 기간 동안에 성적 관계를 가지지만 경제적 조건을 다 이
행하기 전에는 사회적 행위로서의 결혼이 이루어지지 않는다.

3. 보티야(Bhotiya)족—처녀나 총각의 삼촌들이 중매인의 역할을
하고, 그들은 남자집에서 만나 선물을 가지고 여자집에 결혼을 청하러
간다. 그때 선물이 받아들여지면 결혼 신청도 받아들여진 것이며 따라
서 지참금의 액수를 정한다. 그 후, 일년이 지난 후에 니엔(Nyen)
의식을 행하며, 이때에 신부대금을 치른다. 니엔 의식 후 일년이 지나
면 창쑹(Changoong) 의식, 즉 각종 혼인의 길일을 택하는 등의 여
러 행사를 치른 후 이로부터 일년 후에 신부는 시댁에서 살게 된다.
이런 식으로 보티야족의 약혼과 결혼식은 최소한 3년이나 지속된다.

4. 사모예드(Samoyed)족—중매인이 신부대금을 조정하면 이 신부
대금의 절반은 신부의 아버지가 갖고 나머지 절반은 그녀의 친척들에
게 주어진다. 결혼식날에 신랑과 함께 온 여자들은 신부를 붙잡아서
강제로 썰매에 태우고 결박한 후 신랑의 유르트에 도착하면, 신부와
신랑은 잠자리를 마련하게 되지만, 그들은 한 달 후에야 성적 관계를
가질 수 있다. 신부가 처녀이면 신랑은 장모에게 선물을 주게 된다.
대표적인 약탈혼 의식의 형태라 할 수 있다.

5. 콘드(Knond)족−양가 사이에 합의가 이루어지면, 신부는 붉은 모포를 두르고 외삼촌에 인도되어 자기 마을의 젊은 여자들과 함께 신랑의 마을로 향한다. 신랑은 자기 마을에서 데려온, 막대기로 무장한 청년들을 데리고 길에서 기다린다. 신부 측 여자들은 이 청년들을 공격하게 되고, 이때 여자들은 막대기, 돌, 흙덩어리 등으로 청년들을 때리고, 청년들은 대막대기로 방어한다. 조금씩 그들은 모두 신랑의 마을로 다가가는데 마을에 도착하면 싸움이 끝난다. 신부 측이 신랑 측을 밀어붙이는 이러한 싸움은 서로 다른 지역의 남성 집단과 여성 집단 간의 싸움으로 원래 소속되어 있던 촌락으로부터 신부를 분리하는 의례라고 여겨진다.

6. 마뷔아그(Mabuiag)족−여자는 남자에게 결혼할 의사를 밝히고, 여자가 풀로 팔찌를 만들어 주면 그것을 남자의 팔목에 채우게 되고, 남자는 여자에게 마카막을 보내 그것을 발에 채운다. 여자의 형제들은 이 남자를 형식적인 전투에 끌어들이며, 처음에는 남자의 발에 상처를 입히고, 마침내는 몽둥이로 남자의 머리를 치게 된다. 신랑이 준비한 선물을 신부의 형제들에게 나누어 주고 나서 잔치를 벌이면 결혼식은 끝나게 된다.

7. 이르티쉬 오스티약(Irtysh Ostyak)족−신부 측이 결혼식을 치르기 위하여 신랑의 마을로 출발할 때 신부 마을의 청년들이 신부가 탄 썰매를 줄로 묶어서 출발을 방해하는데 신부가 돈을 던져주면 풀어준다. 이들은 두 번, 세 번 신부를 붙잡아 두고 돈을 받는다. 세 번째로 돈을 받고 난 뒤에야 신부가 탄 썰매의 출발이 허락된다. 신랑이나 신부가 자기가 속해 있던 원래 집단과의 유대가 매우 강력하여 이 유대를 깨뜨리기 위한 시도라고 간주된다.

8. 콜(Kol)족−콜족의 경우에 있어서 혼인은 토템 씨족의 통합이며, '나무와의 결혼'으로 쉽게 이해할 수 있다. 주요 토템은 망고 나무와 마후아 나무로써 남자는 먼저 망고 나무를 껴안음으로써 망고 나무와 결혼하

고, 여자는 마후아 나무를 껴안음으로써 마후아 나무와 결혼하는 것이다.

이 의례도 역시 혼인 의식의 한 부분이며 콜족에게 있어 혼인 의식 전체는 씨족에 입회하는 의식이다.

9. 호미(Homi)족—사위 될 사람이 장인의 집에 아내를 데리러 가면 장인은 두 번째, 세 번째 건물을 통과하고, 각 문 앞에서 보조자가 큰 소리로 그곳에서 행해져야 할 의례를 외치면 사위는 두 번 엎드린다.

이 과정은 '문에의 경배(拜門)'라고 불린다. 장인에게 있어 이 문을 여는 행위는 매우 중요한 의미를 가지는데, 왜냐하면 이제 이 문을 열도록 하면 딸을 볼 수 있도록 허락해 주는 의미가 있기 때문이다.

이것이 장인인 그가 사위에게 어려운 관문을 통과하도록 하는 이유이다.

10. 몽족의 결혼풍속—"몽족은 매우 영리하고 재주가 많아요. 고산족 중에선 가장 넉넉한 생활을 하지요. 환영받으실 겁니다." 치앙마이 북쪽 20㎞ 지점의 매림에서 1시간 남짓 달렸을 즈음 안내인 종곤 두 앙소리(23·여)가 가방 속에서 검은 바탕에 색동 수를 놓은 옷을 꺼내 호기심을 자극했다.

몽족은 과연 외지 방문객을 환영했다.

"어서 안으로 드세요. 그리고 술 한 잔 들면서 얘기하지요." 족장 칸 허(29)는 얼떨떨해하는 기자를 다짜고짜 시멘트 바닥으로 된 방으로 안내했다. 그가 손때가 새까맣게 묻은 작은 잔을 준비하는 사이에 안내인은 미리 준비해 온 위스키를 내놓았다.

어떻든 초면의 방문객에게 스스럼없이 술잔을 권하는 사람들이라면 몽족은 인간적인, 그리고 마음이 열린 종족이 아니겠는가 하는 생각에 금세 친근감이 들었다.

"미즈(조금만 들라는 뜻) 미즈"라며 술잔을 권하던 족장 칸 허는 술보다는 마을 얘기를 듣고 싶다고 하자 "몽족을 아시려면 몽족의 방식대로 하셔야 한다"며 크게 웃었다. 우선 '짱러우(한 잔을 비운다는 뜻)'를 하는 게 좋으며 조금 더 깊게 이해하려면 여러 사람이 둘러앉아 두 잔만으로 마시는 잔 돌리기를 해야 한다고 했다.

술잔 돌리기와 같은 우리에게 익숙한 풍습이나 풍물이 몽족의 마을엔 의외로 많다. 디딜방아는 물론 커다란 맷돌도 있다. 닭이 도망가지 못하게 하거나 병아리를 기를 때 쓰이는 작고 둥그런 대나무 우리도 있다. 지게와 비슷한 운반기구도 있다. 또 어린이들은 T자형의 나무 양쪽과 앞쪽에 나무바퀴를 달아 밀고 끌며 즐겁게 논다. 아이들은 '체이동'이라 부르는 이 놀이기구로 내기를 하기도 한다. 땅바닥에 네모난 칸을 여러 개 그려 놓고 발로 돌을 칸마다 옮기는 '디빠오'란 놀이도 한다.

몽족은 가족이 모두 모여 산다. 매림마을의 인구는 3백 20명인데 가구 수는 33가구다. 대가족 제도인 셈이다. 족장 칸 허의 경우도 부모와 자녀 4명 그리고 미혼의 동생을 합해 아홉 식구가 함께 산다.

대가족 제도인 만큼 집안의 가장이 절대적인 권한을 갖는다. 가장의 권위와 가장에 대한 가족의 존경심이 자연스럽게 조화를 이룬다. 가장은 결혼하는 아들이 신부를 데려오는 비용을 부담한다. 자녀들은 부모에 대한 효도가 자신의 생활에도 그대로 반영된다고 믿는다. 장남에게는 호주상속권이 있다. 가장은 결혼한 아들 부부와도 모두 함께 산다. 아들 가정은 가장이 사망하면 그때서야 분가해 나간다.

몽족도 일의 성질이나 강도의 차이는 있겠지만 다른 종족과 마찬가지로 남녀가 크게 구분 없이 가정 일을 분담한다. 칸 허가 몽족의 얘기를 하는 동안 7세짜리 어린이와 코흘리개 돌박이는 방 안을 들락거리며 뭔가를 해달라고 계속 졸라댔다. "집사람은 저 너머 보이는 밭에서 일을 합니다. 저녁에나 돌아옵니다. 집사람은 아내이지만 저희 가

계의 일원이 아닙니까. 저는 마을의 일도 있어 오늘은 모처럼 아이들
과 시간을 갖고 있습니다. 저희 내외가 함께 일을 나갈 때는 부모님이
손주를 돌봅니다." 그의 표정은 잘생긴 얼굴만큼이나 편안했다.

몽족 젊은이들의 이상적인 배우자상도 가정 일과 연관된다. 남자도
여자의 아름다움과 일의 능력을 우선으로 꼽으며 여자는 힘이 장사고
부자인 남자를 최고로 친다.

친족과는 결혼을 하지 않으며 남녀 모두 18세 전후해서 결혼한다.
칸 허는 "제 처가는 1백 50㎞ 떨어진 곳에 있는데 구정 때 그 마을에
집안일로 갔다가 집사람을 알게 됐다"며 지금은 교통이 10년 전보다
훨씬 편해져 한 해에 2~3번은 처가를 방문한다고 했다. 사실 매림마
을을 지나는 비포장도로는 최근에 개통됐다.

겨우 29세에 족장이라는 게 이해가 안 간다고 하자 칸 허는 예전
의 족장개념과는 다르다면서 마을의 대표라는 말이 적당할 것이라고
했다. 그는 태국말을 읽을 줄도 쓸 줄도 아는데다 마을의 신망도 얻어
2년 전 선거에 의해 족장에 선출됐다고 한다.

마을의 중요한 일은 원로들과 상의해 처리한다는 칸 허의 마을운영
방식 등이 매우 민주적이라는 느낌을 주었다.

제2절 제도에 따른 결혼

1. 근친성교의 터부

두 부부가 평생 동안 사랑과 충성을 약속하는 일부일처의 결혼제도

는 인류의 역사상 최근에 발생한 것이다. 우리가 전통적인 결혼제도로 생각하는 일부일처 제도의 역사는 불과 수백 년밖에 되지 않는다. 결혼의 형태는 사회제도와 밀접한 관계를 가지고 있으므로 결혼의 현상을 이해하기 위해서는 역사적인 관점에서 살펴보아야 한다. 현재의 일부일처의 핵가족 형태뿐만 아니라 과거 일부다처의 대가족 제도도 살펴보아야 하며 원시시대의 혼음에서의 남녀 관계까지 고찰해야 한다. 그러나 선사시대의 남녀 관계나 가족 형태에 관한 학설은 모두 추측에 불과하기 때문에 아무도 확신을 가지고 단언할 수 없다. 그러나 지질학 및 고고학적인 발견으로 선사시대의 가족 형태에 대한 타당성 있는 추측이 어느 정도는 가능하다고 보아야 할 것이다.

모든 원시사회에서는 가까운 혈족, 특히 핵가족 구성원 간의 성교 행위를 금지하는 근친성교의 터부가 존재하였는데 이는 가족의 구조에 결정적인 영향을 미친 것으로 보인다. 극히 예외적인 경우를 제외하고 남매, 모자, 부녀간의 성교나 결혼은 허용되지 않았다. 어떤 사회에서는 근친성교를 금지하는 범위가 핵가족에 한정되지 않고 삼촌, 오촌 등에까지 확장되었다. 그러나 일반적으로 핵가족 안에서의 근친상간이 더 엄격하게 금지되었다.

근친상간을 금지하는 관습은 곳에 따라 다양하며 성교를 해서는 안 되는 대상뿐만 아니라 성교를 권장하는 대상도 지정하고 있다.

근친성교를 금하는 이유는 학자들 간에 의견이 분분하다. 근친번식이 유전적으로 열등한 자손을 배출한다는 사실을 원시인들이 알았기 때문에 근친성교를 금지하였다는 것이 한때 유력한 설로 믿어졌다. 그러나 근친번식도 경우에 따라서는 이로울 수도 있으며 그 결과는 유전인자에 달려 있다는 사실이 증명되었다. 더욱이 원시인들이 유전학에 대하여 알고 있었다는 가정은 믿기가 어렵다.

어떤 학자들은 근친성교의 터부가 인간의 '본능'에 속한다고 하였는데 이 역시 과학적인 설명이 되지 못한다. 프로이트는 근친성교의 터부의식은 본능이 아니라 후천적으로 형성된다고 믿었다.

그러나 이러한 학설보다는 인간이 타인과 협력적인 관계를 유지해야만 자신의 힘이 더 커진다는 사실을 터득하게 되면서 근친성교의 터부의식이 생겼다고 하는 상식적인 설이 더 타당성이 있는 것 같다.

근친성교의 금지는 다른 어떤 규율보다도 엄격하였다. 그러나 어느 사회에서나 예외는 있었는데 예를 들면 일반대중에게는 근친상간이 금지되었으나 특정 계급에게는 허용이 되는 경우도 있었다. 이집트의 왕족, 페루의 잉카 제국의 왕족 및 옛날 하와이 귀족들의 경우 남매간의 결혼이 성행하였는데 이는 권력을 가족 안에 집중시키기 위한 수단으로 해석된다.

현대에도 이런 예외가 있는데 말레이시아의 도부안(DOBUANS)족의 경우 과부가 된 어머니와 아들 사이의 성교는 공적인 범법이 아니고 단지 사적인 죄로 생각될 뿐이다. 인도네시아의 발리니츠(BALINESE)족은 쌍둥이의 결혼을 허용하는데 이는 태중에서부터 짝이었기 때문이다. 아프리카의 통가족의 경우 사냥의 지휘자는 사냥을 위한 준비의 일환으로 그의 딸과 성교를 하는 것이 허락된다. 그러나 이러한 예외는 근친성교 터부의 보편성을 부정하는 것이 아니라 오히려 강조하는 것이라고 할 수 있다(MURDOCK, 1949). 그러나 오늘날 근친성교는 모든 문명권에서 다양하게 발견된다. 근친상간의 터부가 심한 구미 사회에서도 부녀간에 남매간에, 또한 좀 드물기는 하지만 모자간에 근친상간이 생각보다 훨씬 많이 일어나고 있다. 그러므로 근친성교의 터부의식은 핵가족 구성원 간의 성적 결합을 막지는 못하지만 이를 범한 사람에게 죄의식을 심어주는 역할을 하는 것은 틀림없다.

근친성교의 터부가 확립되면서부터 가족이 기본적 생존단위가 되었으며 가족공동체의 번영을 위해서 자손번식이 중요한 과제가 되었다. 고대 이집트, 메소포타미아 등지에서는 인구가 팽창하여 먹을 것이 귀하여졌고 따라서 각 공동체 간의 치열한 경쟁이 벌어졌다. 이에 따라 가족 형태의 결혼제도가 각 사회의 특징과 필요에 따라 형성되기 시작하였다.

 '문명의 요람'이라고 일컬어지는 중동 특히 메소포타미아 지역에서의 발굴에서 고대의 가족 형태와 결혼관습에 관한 중요한 정보를 얻을 수 있다. 이러한 자급자족의 농경사회의 생활관습은 씨족중심이었는데 고대 발굴에서만 아니라 현존하는 원시인 사회에서도 옛 모습을 발견할 수 있다.

2. 복수결혼제도

 혈족 또는 씨족 공동체의 번영을 위해서는 복수결혼제도가 유리하다. 그 사회의 경제적 필요성에 따라 일처다부(POLYANDRY) 또는 일부다처(POLYGYNY)가 선택되었다. 일처다부는 한 남자가 한 아내마저도 부양할 수 없는 극도의 빈곤사회에서 성행하였는데 일부다처의 경우보다는 훨씬 드문 현상이다. 일처다부의 사회 중에서는 한 아내에 수 명의 남편의 일정한 비율을 유지하기 위하여 여아살해의 풍습이 있는 곳도 많았다. 일부다처가 시행되었던 사회를 들어보면 에스키모, 포이니, 북아메리카의 평원 인디언 등이다. MURDOCK의 1949년의 조사에 의하면 일처다부가 엄격히 시행되고 월등한 결혼형태로 권장되었던 곳은 인도의 토다족과 폴리네시아의 마르퀴즈족 두 곳이라고 한다.

 일부다처는 남편들의 형제냐 아니냐에 따라 구분된다. 토나족은 형제간의 일처다부이며 마르퀴즈족은 비형제간의 일처다부이었다. 형제

간의 일처다부의 경우에는 형제 남편들이 한 집에서 사는 것이 일반적
이었으며 아내는 순서대로 남편과 성관계를 나누었다. 출산된 아기의
아버지가 누구인가는 중요하지 않았다. 첫 임신 중에 남편 중의 하나가
아내에게 장난감(주로 활과 화살)을 주는 의식을 행함으로써 아버지가
정식으로 되는 것이다. 이와 같은 의식은 임신할 때마다 각 남편이 순
서대로 행하는데 이 의식을 행하지 못하고 죽는 남편도 물론 있었다.

고대 히브리인들은 남자가 자식이 없이 죽을 때 그 형제가 과부가 된
형수(또는 제수)를 아내로 맞이하는 특수한 형제간의 일처다부제
(LEVIRATE)를 시행하였는데 그 목적은 가계를 잇기 위함이었다. 죽
은 남편의 형제가 이미 기혼일 경우에 과부는 그의 두 번째 아내가 되며
거기에서 난 아들은 죽은 본 남편의 후계자가 된다.

일부다처는 복수결혼제도의 가장 일반적인 형태로서 북아메리카의
나바호족뿐만 아니라 모르몬교에서도 시행되었으며 세계 곳곳에서 그
예를 찾아볼 수 있다. 아내의 자매(처제)를 두 번째 아내로 맞아들이
는 결혼제도가 시행되는 곳도 있으며 아내가 죽었을 때 처제를 아내
로 삼는 경우도 있다.

히브리인의 일부다처제는 가계의 상속인을 잇기 위한 것이었다. 누주
법전(NUZU TEXTS)에 의하면 아들이 없는 사람은 노예를 삼거나 여
자 노예를 첩으로 맞아 아들을 낳게 할 수 있었는데 이 경우 아내는 남
편의 축첩에 대하여 반대할 수 없었다. 이에 따라 자식이 없었던 아브
라함은 처음에 노예를 아들로 삼았는데 그 후 아브라함의 혈통을 받은
자식에게 상속을 하라는 하느님의 지시를 받았다(창세기 15: 3~4).

히브리법에서는 또한 사위에게 상속권을 줄 수 있도록 하였다. 누주법
전에 의하면 사위도 아들과 같은 대우를 받는다. 사위는 장인의 상속인이
되기 위하여 장인을 위하여 일정 기간 동안 일을 하든가 그에 상응하는

값(bride-price)을 치러야 한다. 이와 같이 상속권을 획득하기 위한 결혼은 드문 일이 아니었다.

일부다처에서는 일부일처나 일처다부에서는 생기지 않는 문제가 발생하는데 대표적인 것으로 성적 질투심과 분업의 시비를 들 수 있다.

3. 일부일처제로의 변경

공동결혼제도나 가족공동체 등은 일부일처 중심의 핵가족을 벗어나서 다양하고 풍부한 인간관계를 형성하여 사는 대가족 형태의 생활방식이다. 그러나 이와는 달리 일부일처의 현행제도를 그대로 유지하면서 부부 각자의 성적 자유를 어느 정도 인정하는 형태의 새로운 결혼제도의 시도가 현재 모색되고 있다.

오늘날 경제적 풍요와 함께 닥쳐온 사회구조의 급격한 변화, 여권의 신장, 성의 자유화, 결혼제도의 변화 등은 젊은 남녀에게 새로운 가능성을 제시하고 있다. 사춘기 이후부터 20대 후반 또는 30대 초반의 젊은 남녀들은 다양한 결혼제도와 라이프스타일을 시도할 수 있는 선택의 자유를 가지게 되었으며 각자의 노력과 지혜에 따라 보다 성숙된 장년기를 맞이할 수 있게 되었다고 본다.

위에서와 같이 결혼제도는 사회의 시대적 요구에 따라 변천하여 왔다. 원시인들의 결혼은 생존을 위한 것이었고 그 후 문명사회에서의 결혼제도는 종족보존, 경제적인 필요성에 따라 발전하였다. 20세기에 들어와서 산업의 발달과 민주 사회의 확립으로 남녀의 동등권이 강조되었으며, 결혼의 목적도 과거처럼 생존과 경제적 필요에 의한 것이 아니라 두 사람의 사랑이 중요한 요인이 되었다.

　결혼제도가 어떻게 변할는지는 불분명하다. 미래의 결혼제도는 이방인과의 성행위를 무제한으로 허용할 것인가? 아니면 공동체의 형태 속에서 질투와 불목(不睦)을 느끼지 않고 다양한 성과 다양한 만남을 허용할 것인가? 아니면 자녀를 낳아 정식 부부가 될 때까지는 동거생활을 하는 변형된 일부일처제로 변할 것인가? 고도의 산업사회에서 핵가족이 그대로 유지될 것인가? 아니면 대가족 제도로 바뀔 것인가? 과연 부부의 개인적 욕구와 공동의 목적을 충족시켜 주는 새로운 결혼제도의 출현이 가능할 것인가?

　이런 질문에 대한 해답을 제시하지 않으면 안 된다. 결혼제도 자체가 몰락한다고 생각해서는 안 된다. 오히려 오늘날의 요구에 부응하는 새로운 형태의 제도로 변신하고 있을 뿐이다. 어떤 행태로 변신하든 부부에게 보다 큰 보람과 만족을 주는 것이어야 한다. 어떤 종류의 결혼제도라 하더라도 단점이 없는 제도는 없을 것이지만 문명의 존속을 가능하게 하고 인간의 결속본능을 충족시켜 주는 제도로서 결혼제도보다 더 나은 제도는 앞으로도 없을 것이다.

　미래의 결혼제도는 종류도 여러 가지이고 결혼의 형태도 다양하여 각자 자신의 욕구와 기호에 맞는 결혼제도를 선택할 수 있을 것이다. 동시에 자녀에 대한 부모의 책임을 다하는 사회를 건설할 수 있다면 이는 최대의 사회적 혁명이라고 할 수 있을 것이다.

제3절 음식문화와 결혼

　혈족마을 속에서는 남자와 여자는 식량을 교환하고 친족끼리는 선

물과 답례의 경제생활을 하고 있다. 그래서 같은 혈족마을 중의 젊은
이 집(사춘기가 되면 성년식을 올리고 여자는 처녀의 집, 남자는 젊은
이의 집에서 단체 생활을 한다)과 처녀의 집은 선물 제도와 식량구조
의 교환에 의하여 장래의 결혼 상대도 얻어지는 것이다. 사실 젊은이
집과 처녀의 집은 젊은 남녀의 사랑을 구하는 장소이기도 하다. 그 관
계로 선물과 답례의 루트는 꼭 연결되도록 되어 있다. 이것이 혈족과
선물제도 위에 세워진 결혼계급이다. 이러한 점으로 보아 결혼의 역사
는 어디까지나 식과 성을 토대로 하고 있는 것이다.

1. 집단혼

인류는 먹을 것을 확보하기 위하여 상당히 일찍부터 연령단체를 만
들어 젊은이는 젊은이들끼리 성관계를 한 것으로 생각된다. 그 결과
아버지대의 사람과 아들대의 사람과의 뒤섞인 성관계는 저절로 없어
졌다. 이것이 인류의 가장 오랜 결혼형태라고 하는 형제의 일단과 자
매의 일단과의 집단혼이다.

2. 족외혼

인류는 아이의 양육을 위해서 식물의 채집에도 고생하지 않으면 안
되었다. 거기서 인류는 본능으로서의 성욕을 식물 채집에 이용하여 결
혼에 의하여 비로소 딴 혈족 마을사람들과의 선물 교환에 의해서 식
량을 교환하게 되었다. 이것이 족외혼의 시작이다. 따라서 인류의 결
혼은 애정의 문제가 아니라 집단과 집단의 경제 문제가 되었다.

3. 통근혼

연령단체를 토대로 하여 같은 혈족 마을 속의 갑의 모계의 형제와 을의 모계의 자매끼리 짝을 지어 결혼해서 남자가 여자의 잠자리나 오두막집을 찾아다니며 부부 관계를 맺었다. 이러한 집단혼은 부부 관계의 상대가 일정하지 않았으니 아이가 생기면 자매는 같은 주거 속에서 공동으로 자기의 아이를 키웠다. 즉 이러한 모계 가족은 공동의 어머니들과 아이들로 뭉쳐져 있었다. 이처럼 여자의 정착성이란 본능적인 욕구와 같은 것이기 때문에 남자가 여자를 찾아다니는 이유인 것이다. 이것이 통근혼이라 불려지는 결혼의 조형이었으며 또 인류가 난혼시대를 빠져 나온 후의 가장 오래 된 결혼 모습이었다.

4. 동거하지 않는 데릴사위

여자가 농업의 중심을 이루면서 비로소 마을이 이루어지게 되었다. 토지와 같은 혈족부락의 공동소유였으나 여자가 지은 농작물은 그것을 지은 여자의 소유이므로 여자도 식량소유 면에서 자신이 생기게 되었고 거기서 이제까지 공동으로 살 수 있었던 자매들은 따로 살 수 있게 되었다.

그 때문에 자매들은 공동의 모계 가족에서 차차 독립한 조그만 오두막에서 살게 되었는데 이것이 단일가족의 시초인 동시에 일부일처의 시초이기도 했다. 집과 그에 부속되는 가구, 밭이나 농구도 어머니가 딸에게 전해 집안 농업의 실권을 잡게 되었다. 아들은 결혼계급으로서 다른 혈족의 처녀집에 데릴사위로 들어가 처가의 밭을 경작하기 시작했다. 이것이 통근혼에서 데릴사위에의 발전의 길이다. 그러나 이러한 데릴사위혼에서도 모계집안의 경제적 기반은 빈약하였으므로 사위는 처가에 동거할 형편은 되지 못했다.

그와 비슷한 예로 농업이 아직 빈약한 우리나라의 경우 오늘날에도 통근혼의 유풍이 남아 있다(예: 수마트라의 판단고원의 미낭카바우족. 인도).

5. 봉사혼

베트남과 캄보디아의 농민들은 남자가 결혼한 다음 1년 동안 처가에 동거하는 습관이 있는데 이것은 하나의 의무로서 엄중히 지켜지고 있으며, 버마는 기간이 길어 남편은 3년 동안 아내의 논을 경작하였다. 이처럼 1년, 2년, 3년이라는 동거기간을 만들어 논을 경작한다는 점. 이것은 봉사혼으로 또 기간은 시험혼이라 하기도 한다.

고구려 때에도 이와 같은 혼인 풍속이 있었는데 남자는 여자 집에 들어가 살면서 처가를 위해 일하고 봉사하다가 아이를 낳고 장성하면 비로소 자기 집으로 들어갔다.

6. 시험혼

수년 간 동거기간을 두는 봉사혼으로서의 시험혼이 행해진 것은 첫째는 그 사이에서 아이가 생기는가를 시험하는 것이었고 둘째는 역시 물질적 토대와 관련이 있는 것이었다.

북앗셈에 사는 토착농민에게서는 결혼은 데릴사위혼으로 되어 있고 여자의 사회적 지위가 매우 높다. 따라서 아이는 모계혈족에 속하고 재산상속권도 여자가 가지고 있었으며 농업의 주인공도 역시 여자였다.

여자는 자녀를 양육하고 남편을 충실히 돌보아야 했으며 자신의 남편이 과연 훌륭한 일꾼인가를 살펴보기도 했다.

이것이 동거혼의 시초로서 시험혼의 물질적인 토대이다. 이와 같은 임시 동거 기간은 여자 측에서는 시험혼이지만 남자 측에서는 봉사혼이다. 그래서 시험혼의 풍습은 계속해서 부계제의 아내를 데려오는 혼인의 시대가 되자 이제는 반대로 아내를 얻기 위한 봉사혼으로 남아 있다.

7. 며느리를 데려오는 혼인

데릴사위제에서 며느리를 데려오는 혼인에로 옮기는 일이다. 소위 매매혼이 나타나기도 하는데, 이 매매라는 것은 선물 제도의 계속으로 아버지가 상대편 아버지에게 지불하는 보상금과 같은 것이었다(예: 캄보디아, 통키, 아프리카 콩고의 반쓰족).

제7장 시대별에 따른 결혼문화

제7장
시대별에 따른 결혼문화

제1절 원시시대의 결혼

인류 진화의 원시 단계에 속한 여러 민족의 남녀 관계는 역사시대, 그리고 현대의 문화 민족들 사이에 존재하는 남녀 관계와는 본질적으로 달랐다.

원시시대에는 일부일처제의 혼인이 이루어졌다. 또 우리에게는 적용범위가 명백한 아버지, 어머니, 아들, 딸, 형제, 자매 등의 존수에 따른 호칭이 그들 사이에서는 전혀 다른 의미로 사용되고 있었다.

그들은 자신의 자식들을 아들, 딸이라 부를 뿐 아니라 형제의 자식들도 아들, 딸이라 부르고 형제의 자식들도 그를 아버지라 부른다. 어머니도 마찬가지이다. 하지만 여자들은 '남자 동기'의 자식들을 조카라고 부르고 이들은 그녀를 아주머니라고 부른다. 남자 형제의 자식들은 모두 서로를 '형제자매'라고 부르며, 자매의 자식들도 마찬가지이다. 하지만 자매의 자식과 형제의 자식은 사촌 간이 된다.

이처럼 사람들의 촌수에 따른 호칭을 우리와 같이 친족의 '항렬'을 나타내는 것이 아니라 친족 관계의 성별에 따라 구분했다.

1. 혈족 단체 내부에서 성관계가 이루어졌다.

모든 여자가 모든 남자에게 또 모든 남자가 모든 여자에게 속하는 일반적 혼교, 즉 '난혼'의 상태가 존재했다. 그때는 모든 남자들이 다처제 속에서, 모든 여자들이 다부제 속에서 살았다. 모든 남녀들이 서로 다함께 하나의 커다란 공동체를 형성하고 있으면서, 자식들까지도 이 공동체에 속한 공유로 간주했다.

인간이 종족을 번식시키는 첫 단계에서는 근친 상혼이 아니고는 불가능했을 것이다.

2. 일반적 혼교의 성관계 형태가 오래가지 않아 한 단계 진보된 성관계 형태, 즉 '혈연가족'의 형태가 되었다.

여기서는 성관계 집단이 세대 단위로 구분되었다. 즉, 한 친족 단체 내에서 조부모들은 서로의 공동 부부가 되고, 그 자식들은 그들대로 모두의 아내이며, 모두의 남편이 되었다. 그리고 그 다음 자식들 또한 적령기가 되면 선친들처럼 서로 공동 집단을 이루어 성관계를 맺었다. 구성원들이 모두 무차별하게 성교를 맺었던 가장 낮은 단계의 혈족단체에서와는 달리 '세대가 다른 남녀가 성관계를 맺는 것은 엄격하게 금지되었다.' 따라서 이후부터는 형제자매들 그리고 같은 항렬인 사촌들 사이에서만 성관계가 이루어졌다. 서로서로 형제자매이면서 동시에 남편이요 아내였던 것이다.

3. 그 다음은 '푸나루아 결혼'이다.

친족의 형제자매, 우선 특히 모계의 형제자매를 제외시킴으로써 시작되었다. 한 여성에게 여러 명의 남편이 있을 때 부계를 증명하는 일은 불가능했다. 여기서 부계는 가정에 불과했다. 어느 한 가족에 한 항렬이나 또는 몇 항렬의 자매들이 다른 가족의 한 항렬이나 또는 몇 항렬의 형제들과 멀고 가까운 친족의 사촌형제들은 그들 공동의 부인들의 공통의 한 명의 여성만으로 만족할 줄 아는 유일한 미개 민족이기 때문이다. 간통이라는 게 거의 없고, 일단 간통죄를 범하면 남자가 직접 다스린다. 아내의 머리를 자르고 친족들이 보는 앞에서 발가벗겨 마을에서 내쫓는다. 그런 여자는 미모, 젊음, 부 그 어떤 것으로도 다시 남자를 얻을 수 없다.

타키투스 시대에 이미 모권에서 부권으로의 교체가 진행되어 있었고, 정착 생활에 접어들어 있었다.

남자조합원들은 모두 결혼과 동시에 공유지에 대한 추첨권을 분배받았다. 대체적으로 조부모와 부모, 자식들이 모두 같은 집에서 가족 공동체를 이루고 살았으며, 좀더 많은 몫을 배당받기 위해 아직 성적으로 미숙한 미성년 아들을 처녀와 결혼시키고 그 자식 대신 남편의 의무를 담당하는 아버지들도 많이 있었다. 새로 부부가 된 사람들은 나무 한 수레와 통나무집을 지을 목재를 받았다. 딸이 태어났을 때에도 나무 한 수레를 얻는데, 아들일 경우에는 두 수레를 받았다. 이때부터 벌써 여성은 남성의 절반 가치밖에 없는 것으로 평가되었다.

결혼식은 간소하였다. 종교적 절차가 도입되지 않았을 때까지는 양쪽의 의사표현으로 충분하였으며, 남녀가 신혼의 침대에 드는 것으로 그 결혼은 성립되었다.

그 당시 영주에게 '초대권'이라는 권한이 있었다. 영주가 여자에게 남자를, 남자에게 여자를 지정했다. 영주는 그의 신하와 농노에 대한 거의 절대적인 지배권을 가지고 있었다.

영주가 결혼에 대한 승인권을 가지고 있어서, 영주가 원하면 여자 농노와 하녀들의 주인으로서 그는 그녀들을 성적으로 이용할 권리가 있었다. 초야권에 행해진 결혼에서 태어난 첫 아이에게는 자유의 신분을 부여하는 일도 있었다. 차츰 초야권이 세금의 지불로 대신 되었다. 초야권이 가장 오래 유지된 곳이 독일이다. 초야권이 중세기간은 물론이고 심지어 근세까지도 남아 있었다. 남편이 되었다. 물론 그들의 부인들 역시 그들의 자매여서는 안 된다. 이와 같이 동종생식을 피한 결과 이 새로운 가족 형태는 그 종족에게 급격한 진보를 가져다주었다.

4. 문화단체가 진보함에 따라 형제자매 사이의 금지가 점차 확대되면서 모계의 면방계 친척들에게까지 적용되기 시작했다. 그러면서 하나의 새로운 혈연집단 즉 '씨족'이 발생했다.

남자들은 처의 혈연집단 다시 말해 처의 씨족에 속하지 않고 여자

동기의 씨족에 속한다. 그렇지만 그 자식들은 어머니, 즉 처의 가족에 속한다. 모계에 따라 그 혈통이 계승되기 때문이다. 어머니가 가족의 우두머리로서 '모권(Mutterrecht)'이 발생하였고, 이것이 오랜 기간 동안 가족관계와 상속관계의 기초를 이루었다. 뿐만 아니라 여성들이 모계의 혈통이라고 인정되는 경우 씨족평의회의 의석과 투표권을 가졌으며 자헴스(Sachems: 평상시 대표)와 전쟁 시의 수뇌를 선출하고 파면하였다.

그 당시 사람들은 Patrimonium(재산, 아버지의 재산)이라고 하지 않고 matrimonium(결혼, 어머니의 재산)이라고 말하였으며, pater familias(아버지의 가족)가 아닌 mater familias(어머니의 가족)이라는 단어를 쓰고, 출신 국가를 사랑하는 어머니의 나라(Mutterland)라고 불렀다. 씨족도 그 이전의 가족 형태에서와 마찬가지로 재산의 공유 즉 공산제적 경제방식에 기초하였다. 여성은 가족 구성원의 지도자, 선도자로서 집 안팎의 일이나 종족에 관계되는 대소사에서 깊은 존경을 받았다. 분재의 중재자이며 재판관이었고, 사제로서 예배의식까지 맡아 보았다.

여성은 신성불가침하였으며, 더구나 모친 살해는 극악의 범죄로서 모든 남자들에게 꼭 복수해야만 할 의무로서 간주되었다. 살인자에 대한 복수는 종족 남자들 공동의 임무였으며, 모두가 다른 종족이 그의 가족 구성원에게 가한 부정에 복수할 의무를 진다. 그리고 여성들이 남자를 옹호하면 남자들은 고무되어 최고의 용기를 가졌다. 고대 민족에게는 이처럼 모권의 영향력이 모든 생활영역을 지배할 만큼 강력한 것이었다. 그 당시 여성들은 이후 한 번도 되찾지 못하였던 최고의 지위를 누리고 있었다.

제2절 중세시대의 결혼

이들의 결혼제도는 매우 엄격하며 그들이 지닌 풍속 중 가장 칭찬할
만하다.

1. 바이킹 사회

결혼은 가장 중요한 행사였고 아내는 매우 존중되었는데, 그 이유
는 남편과 부족에게 부족의 힘과 인적 유대 그리고 재산을 가져다주
기 때문이다. 따라서 결혼은 젊은 사람들이 자유로이 결정할 수 없었
다. 결혼은 부모가 결정했다.

신랑 후보는 선물로서 자기 신분을 증명해야 했다. 이를 테면, 선
물로 아내를 사는 셈이다. 한쪽 부족이 약체화하는 것을 막기 위해서
생활수준이 비슷해야 했다. 부친의 의사가 항상 존중되었지만, 딸에게
도 발언권이 있었다. 그러나 사모하고 사랑한다는 것은 2차적인 선택
기준이었다.

결혼식은 매우 간단하였다. 어떤 때에는 쌍방의 가족 앞에서 소로
신의 상징인 망치로 두드리는 것으로 식을 간단히 끝냈다. 그러나 피
로연과 축제는 매우 성대하여 오래 계속되었으며, 맥주와 곡물을 뒤집
어쓰도록 마셨다.

신부는 남편의 가족과 같이 살았다. 그러나 성(姓)과 아버지 쪽 부
족에의 소속관계는 변함이 없었다. 일가의 여주인이 되면 주거와 보물
이 든 창고의 열쇠를 맡아 허리에 찼다. 아내에게는 집안일을 잘 정돈

하고 씩씩한 아이를 많이 낳을 것을 소망하였다. 아내를 몇 명이고 가질 수 있었으므로 하날드 마발용 같은 사람은 아내를 아홉 명이나 거느렸다. 그러나 아내 쪽에서 이혼을 신청하는 것도 쉬웠다. 이혼이 되면 아내는 자기 재산을 가지고 갈 수 있었다. 미망인이 되면 일족 밖으로 나가는 것을 막기 위해 가족 중의 한 사람, 이를테면 남편의 형제와 재혼시키는 일이 흔히 있다.

2. 로마 사회

신부가 처음으로 새집에 발을 들여놓았다. 신랑의 친구 셋이 신부에게 따라붙었다. 한 사람이 선도 역을 맡아 서양 산사나무를 태운 혼례의 불빛을 밝히고, 다른 두 사람은 신부를 들어올려 신부가 문지방을 넘을 때 지면에 발이 닿지 않게 했다. 벽에는 흰 아마천을 치고 기둥에는 힘과 건강을 나타내는 숭악나무 잎으로 장식하였다.

네 사람은 월계관을 쓰고 있었다. 바로 뒤에 신부의 친구 세 사람도 따라왔다.

한 사람은 실패, 한 사람은 물레 가락을 들고 다른 한 사람이 앞장을 서서 신부를 첫날밤의 잠자리로 인도했다.

신랑은 문 밖에서 기다렸다. 식의 초대객도 마찬가지였다. 신랑은 아이들에게 나무열매를 던져주고 마지막으로 방에 들어가 신부에게 물과 불을 내밀었다. 남자는 가정에서 절대적인 힘을 가지고 있었다. 공화정 시대의 초기에는 가장은 자녀의 생산까지도 마음대로 할 수 있었다. 인지를 거부하거나 노예로 팔 수도 있었다. 그러나 차츰 법의 보호를 받게 되어 자녀들이나 아내도 아버지의 지나친 절대권으로부터 보호를 받게 되었다. 때때로 여자들이 난폭한 방법으로 남녀평등을 호소하는 일도 있었다.

남장한 여성이 전차 경기장에서 발견되는가 하면, 입장이 금지된 투기장에 나타나 직접 검을 들고 싸우거나 결투기에 참가하려는 여성도 있었다. 로마에는 변호사, 정치가, 문예인 등 여성 지식인도 있었다. 경우에 따라서는 남편이 동의를 하지 않더라도 아내 쪽에서 이혼을 요구하고 자기를 데려가 달라고 친정 부모에게 요구할 수도 있었다. 남편 쪽에서 이혼을 선언할 때에는 지참금의 반환을 요구하였다. 어린이들은 어릴 때는 어머니나 유모 밑에서 양육되었지만, 꽤 일찍부터 노예, 해방노예, 가정교사 등에게 맡겨졌다. 물론 이것은 유복한 가정의 경우이며, 가난한 집의 아이들은 제멋대로 자랐다.

3. 갈리아인의 사회

훌륭한 갈리아 병사는 가족을 두고 이동하지 않았다. 유럽이나 아시아에 이르던 먼 원정 때에도 켈트의 병사들은 가족을 모두 포장마차에 태워서 데리고 갔다. 그들은 갈리아든 새로 정복한 땅이든 경작에 알맞은 고장을 발견하면, 그곳에 정착하여 살았다. 전사들은 농민이기도 했다.

가장인 남편은 노예는 물론 아내와 자식의 생사까지도 마음대로 할수 있었다. 그러나 여자에게는 남편을 선택할 권리가 있었다. 또, 결혼할 때 가지고 온 돈도 마음대로 쓸 수 있었고, 오직 두 사람 사이의 계약에 불과했으며 파기할 수도 있었다.

자식이 태어나면 사람들은 신에게 감사의 제물을 바쳤다. 갈리아인에게는 여러 신이 있는데, 그중에 하나를 선택하여 나무로 작은 신상을 만들어 모셨다. 태어난 자식은 그 신의 기회를 받는다고 믿었다. 밭일 등 토지에 관한 일은 여자들이 많이 했다. 그 밖에 밀을 빻아서 가루로 만들거나 점토로 그릇을 만들거나, 모직물을 짜는 일도 여자가 맡았다. 그러나 힘든 일은 남자가 하였다. 즉, 밭일 중에서 힘이 드는 일, 철이나 목재에 대한 일, 야생동물을 길들여서 가축으로 만드는 일 등이었다.

4. 르네상스의 시험혼의 풍속

르네상스 시대는 처녀들의 결혼 전 성관계가 상당히 보편화되어 있었다. 여자의 결혼 전 성관계가 도덕법전에서조차 당당하게 인정된 실례와 그렇게 한 서민층이 실제로 있었다. 그것은 시험혼(Komm-nud Probenachte)의 관습으로 주로 농민층에서 생긴 것이며 당시 유럽 전체에 퍼져 있었다. 이 관습은 오늘날까지도 유럽의 상당히 많은 지방에서 행해지고 있기 때문이며, 일반적으로 '입구의 동침'이라고 불리며 어느 곳에서나 상당히 오래된 시대까지 거슬러 올라가는 관습이고 그 이름도 다양하다. 스위스에서는 '밀회한다(Kilten)' 또는 '밀회하러 간다(Zu Kiit gechen)'고 부르며, 케른텐 지방에서는 '브렌텔른(brenteln)' 또는 '가셀(gasseln)', 상부 바이에른 지방에서는 '펜스테른(fensterln)', 포게젠 지방에서는 '슈바멜른(schwammeln)'이라고 부르고 슈바벤 지방에서는 '푸겐(fugen)'이라고 부른다.

피셔는 다른 지방에서도 시험혼 관습이 있었다는 사실을 증명해 주는 결혼 전의 '시험(Probier)'에 관한 두세 가지 오래된 기록을 보여

주고 있다. 예를 들면 어떤 고문서에는 다음과 같은 기록이 있다. "옛날에는 젊은이들은 결혼하기 전에 반드시 상대방 여자와 동침을 하기로 되어 있었다. 즉 여자의 부모는 일정한 돈을 시험료로 받고 자기 딸을 젊은이에게 넘겨주었으며 딸이 되돌아오는 경우에는 그 돈을 몰수하는 풍속이었다."

이러한 관습의 특수성은 그 지방의 총체적인 재산관계 -특히 상속권 -의 특수성을 반영하고 있다. 동시에 이러한 점은 각 지방에서 행해진 다가오는 밤과 시험삼아 지내보는 밤의 법률적 해석이 서로 다른 이유, 즉 어떤 지방에서는 결혼 직전에 비로소 '시험'이 행해지고 또 어떤 지방에서는 그동안의 동침으로 인해서 의무가 발생하고 또 다른 지방에서는 임신만이 강제적인 의무를 낳게 하는 이유를 설명해 준다.

물론 다가오는 밤과 시험삼아 지내보는 밤의 관습을 설명하기 위해서는 이러한 직접적인 경제적 요인, 즉 "자루에 들어 있는 고양이는 사지 않는다"는 요인 외에도 다른 여러 가지 요인들이 필요하다.

다가오는 밤과 시험삼아 지내보는 밤의 관습이 주로 농민들 사이에서 오래전부터 행해졌고 오늘날에도 행해지고 있다. 그러나 이러한 관습은 실제로는 농민들에게만 한정되어 있지 않았으며 15세기에서 16세기에 걸쳐서는 도시 부르조아지 사이에서도 많이 행해졌다.

제3절 근세시대의 결혼

결혼과 정착에 있어서 모든 제약을 없애게 되었다. 3/4분기까지도 인구증가가 국가 최대 행복의 기초라고 생각하였다. 18세기 말에서 19세기 초에 일대 경제공항과 19세기 전반부까지 계속된 혁명적, 분쟁적 사건의 결과였으며 남부 독일과 오스트리아에서 가장 강도가 높았다.

결혼 가능 연령이 다시 올라가고 결혼하려면 일정 재산이나 확실한 수입 그리고 신분의 증명이 필요했으므로 가난한 사람들에게 결혼의 길은 막힐 수밖에 없었다.

이 무렵 시민 계급의 여자들은 엄격한 통제 속에서 집 안에만 있어야 했다. 할 일이 너무 많아 주부로서의 임무를 어느 정도 완수 하려면 새벽부터 밤늦게까지 일에만 매달려 있어야 했고, 그것도 딸들의 도움을 빌어서야 가능했다. 오늘날에도 물론 가정주부들이 담당하고 있는 일상의 가사 노동뿐 아니라 그동안의 공업 발전의 덕택으로 현대 여성들에게는 면제된 다른 일도 수없이 많았다. 물레질과 길쌈을 하고, 염색을 해서 속옷과 의복을 손수 지어 입어야 했고, 비누, 양초도 만들고, 맥주도 빚어야 했다. 한마디로 순전히 부엌데기일 뿐이었으며, 일요일 교회예배에 참석하는 것이 유일한 위안이었다.

결혼도 같은 사회 계급 내에서만 가능했으므로 다른 계급에 대한 배타적 의식이 모든 관계를 지배했다.

오늘날의 결혼은 위험할 정도로까지 물질적 투기의 대상으로 전락하고 있다. 사람들이 일정 정도의 행복한 상태에 도달하기가 오늘날만큼 힘들었던 시대가 없었다. 현대에는 인간다운 생활과 생의 향락을 추구할 권리가 정당하다는 인식이 일반화되어 있어 자신들에게 동등한 권리가 주어져 있다고 확신하는데, 일정한 목표에 도달하지 못한 경우에 느끼는 고통은 말할 수 없이 크다.

현재 우리의 사회조직과 남녀 관계하에서는 여성들이 몸과 마음을 집중시켜 결혼에 신경 쓰고 그것을 위해 노력할 수밖에 없도록 되어 있다. 따라서 여성들의 혼인과 가정에 관계된 일들로 대부분의 시간을 보내며 큰 관심을 갖는 것은 너무도 당연한 일이다. 결혼의 이상적 형태인 남녀의 정신적 합일에 의한 결합이 가능한 사회가 되도록 모두 노력해야 한다.

제8장 미래사회의 결혼관의 변화

제8장
미래사회의 결혼관의 변화

제1절 신세대의 결혼관

지난달 20일에 釜山의 예비신랑 裵모 씨(29·회사원)는 이달 30일 결혼식을 앞두고 예비신부와 함께 턱시도와 웨딩드레스를 싸들고 첫 비행기로 상경했다. 이들이 찾아간 곳은 최근 이색적인 결혼사진으로 화제를 모으고 있는 서울 압구정동의 웨딩사진 전문 스튜디오인 황동식 스튜디오. 이곳에서 이들은 미리 대기하고 있던 메이크업 전문가의 손을 거쳐 치드 매직아일랜드에서 사진작가의 요구에 따라 포즈를 바꿔가며 사진촬영을 했다.

이들이 결혼준비로 가장 바쁜 시기에 천릿길을 마다 않고 서울로 달려온 이유는 만화 주인공같이 만들어 주는 컬러링, 동화속의 왕자·공주 같은 분위기를 내는 컬러 솔라리제이션, 신비한 분위기의 인물사진으로 누구나 예뻐 보이는 판타지 테크닉 등 10여 가지 새로운 기법을 사용한 이색적인 결혼 사진첩을 만들기 위한 것. 이들에게 가장 바쁘고도 긴요한 결혼 준비는 바로 일생 동안 간직할 결혼 사진집을 만드는 일이었다.

지난봄 태릉 크레이 사격장에서 벌어진 金모 씨(38)의 결혼식에는 많은 하객들이 총을 들고 입장했는가 하면 결혼식 말미에는 때 아닌 총성까지 3발이 울렸다. 이 총성은 사격 동호인인 신랑·신부 주례가 꽃으로 장식된 표적에 결혼 축하 사격을 한 것. 또 이들의 동호인들은 입장과 퇴장 때 총을 들고 사열하기 위해 결혼식장에 총을 갖고 간 것이다.

최근 신세대들의 변모된 결혼풍속 중 가장 두드러진 특징이 결혼사진과 결혼식의 개성화·이벤트화이다.

야외촬영 결혼사진은 90년 들어서면서 급속히 대중화돼 한때 1백만 원을 호가하던 사진집이 30만~70만 원대로 떨어졌으나 신세대들은 구태의연한 옛날 사진방식(?)보다 골동 축음기의 소품(小品) 이용 등 더 새로운 것을 찾기에 안간힘을 쓴다.

결혼식의 필수과정인 비디오 제작도 달라졌다. 종래 결혼식만 담담하게 찍던 비디오촬영은 이제 구세대의 유물·성장과정, 연예시절의 재연, 주변사람들의 인터뷰 등이 들어간 결혼 다큐멘터리나 결혼 장면·연예 장면 등이 음악에 맞춰 뮤직비디오처럼 펼쳐지는 결혼 뮤직비디오가 새롭게 등장하고 있다.

결혼 다큐멘터리 비디오를 처음으로 제작한 폭스힐 라이브 센스의 조혜원 씨는 "특색 있는 비디오 제작은 학력이 높고, 전문직을 가진 사람들이 더 큰 관심을 보이고 있으며 내년 봄 결혼 예약까지 들어와 있을 정도로 인기다"라고 말했다.

이러한 개성적인 결혼식을 위해 예비 신랑 신부가 찾는 곳은 예식장이 아닌 결혼 이벤트 회사다. 이벤트 회사는 식당·공원·저수지·바닷가 등 원하는 장소면 어디나 결혼식장으로 꾸며주고 프로그램을 짜주기 때문이다. 이에 따라 현재 50여 개의 이벤트 회사들도 매년 4~8배 정도의 신장률을 기록하고 있으며 10월에는 이벤트사와 관련 업계가 연합하는 가칭 결혼 대행업체 연합회까지 발족할 예정일만큼 호황을 누리고 있다.

신세대들은 이렇게 결혼식·사진 등 '추억 만들기'에는 열성이나, 혼수·예단·하객접대 등에서는 이만저만 실속을 차리지 않는다. 최근 결혼식에서 도시락을 식사로 돌리는가 하면 전화카드로 인사하는 예도 심심치 않게 나타난다. 예단도 돈으로 대신하고, 다이아몬드 반지 대신 18K 금반지를 똑같이 만들어 끼는 것도 실속파 신세대들의 신풍속. 호화 혼수보다 꼭 필요한 물품을 할인매장에서 한꺼번에 구입하는 알뜰함과 개성을 갖춘 것이 바로 요즘 신세대들이다.

제2절 신세대의 이혼관

"불행한 결혼보다 행복한 파혼이 낫다."

신세대의 이혼관을 한마디로 설명해 주는 표현이다.

대법원 통계에 따르면 지난해 재판을 통해 이혼한 2만1천6백99건 중 20대가 차지한 비율은 38%로 해마다 증가 추세를 보이고 있다(91년 30%). 반면 42.8%를 차지하는 30대의 이혼은 91년의 45%에서 매년 조금씩 그 비율이 줄어들고 있다.

나이에 따라 깊어지는 부부사이의 묘미를 읊은 우리 민요는 20대가 서로 좋아서 산다고 했다.

"열살 줄은 서로 뭣모르고 살고/스무 줄은 서로 좋아서 살고/서른 줄은 눈코 뜰 새 없이 살고/마흔 줄은 서로 못 버려서 살고/쉬흔 줄은 서로 가엾어서 살고/예순 줄은 등 긁어줄 사람 없어 산다"

속전속결 인생관

그런 20대 부부들이 살아가는 묘미를 깨닫기도 전에 이혼하는 일이 느는 데는 그들의 자아관·인생관·애정관·자녀관·사회관 등 여러 가지 복잡한 의미를 담고 있어 연구대상이 됨 직하다.

20대 이혼의 두드러진 특징은 그 사유가 '추상적'이라는 데 있다고 전문가들은 입을 모은다.

30대 이후 세대가 배우자의 부정, 구타 등 보다 구체적인 이혼사유를 드는 대신 이들은 '성격사유'로 표현되는, 기성세대들은 잘 이해할 수 없는 이유로 이혼을 결심한다.

자기중심주의가 너무도 강한 신세대는 '결혼이나 가정 그 자체, 혹은 배우자나 자녀보다도 나 자신이 가장 중요하다'는 이유로 이혼을 하는 것이다.

예전 같으면 충분히 견디며 살았을 만한 생활도 '내가 왜 참아야 하느냐', '짧은 인생을 불행하게 살 수는 없다', '아기 생기기 전에 빨리 헤어지는 게 낫다'며 참을성 없는 세대의 속전속결식 인생관을 보여준다.

직장 내 연애결혼을 했다가 1년 만에 이혼한 김모 여인(27)의 경우.

"나는 내가 정말 열심히 살려고 애썼고 그렇기 때문에 행복해질 권리가 있다고 믿어요. 그런데 내가 왜 이렇게 불행해야 하는지 견딜 수가 없어요."

표면적인 이유는 남편의 실업이었다. 그런데도 남편은 직장생활을 하는 아내에게 집사람으로서의 완벽한 역할을 기대했다. 가사처리는 물론 다소곳함, 순종, 시댁에의 헌신 등등……

"이렇게 평생을 참고 살 수는 없다"는 그는 이혼하면서 갓난아기까지 남편에게 주고 나왔다. 아기가 불쌍하지 않느냐는 주변의 질문에 "나 같은 엄마를 만난 것도 그 아이의 운명"이라고 잘라 말한다.

남자 측의 이혼사유가 "남편과 시댁 측에 잘못한다"는 것이라고 서울가정법원 김모 판사는 말했다.

이혼재판을 진행 중인 회사원 김모 씨(29)는 "여자는 남자가 거느려야 하는 것 아니냐. 다른 사람들도 다들 그렇게 살고 있다. 돈 좀 번다고 남편 우습게 아는 여자 절대로 용서 못 한다"고 했다.

"젊은 여성들의 의식과 생활은 하루가 다르게 변하는 반면 남성들은 여전히 조선시대 사고방식에 머물러 있다는 것을 절실히 느낍니다. 말하자면 5천년간 누려온 기득권을 왜 자신이 포기해야 하느냐는 것이지요."

김 판사는 이제 이혼은 더 이상 개인의 잘잘못에 의한 문제가 아니라 변화하는 우리 사회, 우리 시대의 문제를 담고 있다고 말했다.

여성들은 어려서부터 가정에서 '좋은 아내'가 돼야 한다고 교육을 받고 학교에서도 가정교과를 배우는 것에 비해 남성들은 집에서고 학교에서고 '가정'에 대해 공부한 일이 없다. 그러니 남성과 여성의 괴리가 생길 수밖에 없다.

20대 이혼의 또 다른 특징은 어려서부터 과보호로 길러진 '어른아이'들이 많다는 것이다.

결혼 반년 만에 이혼한 최모 씨(27)는 자신의 직계가족의 입장에서 보면 '효자'다. 부부 사이의 모든 일을 어머니에게 의논하고 지침을 하달받는다. 그러나 이혼한 아내 측에서는 그를 '마마보이'로 볼 수밖에 없다.

그래서 서울가정법원의 정모 판사는 "아이 싸움이 어른 싸움이 된 것 같은 느낌이 들 때도 있다"고 했다.

"시부모는 자식들의 가정사를 시시콜콜 간섭하지만 장인 장모 측에서도 딸이 어떻게든 결혼 생활을 유지하도록 달래기보다는 '차라리 갈라서라'고 종용하는 일이 적지 않습니다."

친족이 부부불화의 완충 역할을 해주는 대가족 제도와 달리 바람막이가 되지 못하는 산업사회의 핵가족 제도 아래서 더구나 부모가 쌍지팡이를 들고 다 큰 자식들의 파경을 부추기는 것은 우리나라만의 현상일지도 모른다.

영국의 변호사 밀튼 퍼만이 1천 건의 이혼사례를 분석한 발표에 의하면 3백 건이 이미 결혼 첫날부터 파경을 예고하고 있었다고 한다.

이는 우리나라의 경우에도 마찬가지여서 배금자 변호사는 "조건만 보고 결혼한 젊은 세대의 경우 문제가 많다"고 했다.

남자는 든든한 집안의 맞벌이가 가능한 여자를 찾아서, 여자는 남자의 직업과 사회경제적 배경을 보고 결혼한 경우가 특히 그렇다. 그 조건이 결혼 후에도 유지되지 않거나 기대에 미치지 못할 때, 조건만 가지고는 살아갈 수 없다는 것을 깨달았을 때는 상품화했던 결혼을 반환 청구할 수밖에 없다는 것이다.

〈결혼=정상적=행복〉이며 〈이혼=비정상적=불행〉이라는 이분법적 사고방식에 반대하는 신세대가 적지 않다. 특히 경제적 독립이 가능하고 의식이 앞선 여성들일수록 그러하다.

결혼한 지 반년 만에 이혼하고 직장생활을 하고 있는 정모 씨(28·여)는 "이혼이 자랑은 아니지만 결코 인생 전체의 실패는 아니라고 생각한다"고 했다. 살아가면서 한 번의 큰 실수를 한 것이고 그 잘못이 주는 교훈도 적지 않았다면서 "한 개인의 모든 것을 '이혼자'라는 왜곡된 자로 평가하지 않았으면 좋겠다"고 말했다.

이혼한 젊은 남성들은 '지금이라도 얼마든지 처녀장가를 들 수 있다'지만 여성학 연구학자에 따르면 여성들보다 의외로 큰 후유증을 겪는다고 한다.

'이혼 경험을 통해서 본 가부장적 결혼 연구'를 진행하며 30여 명의 이혼남성을 면담했던 김혜연 씨(이대대학원 여성학과 졸업)는 "이혼한 남자들은 '수신제가 치국평천하'라는 유교적 사고 때문에 승진누락 등 사회적으로 불이익을 받기 쉽다"고 전했다. 남성들이야말로 가부장적 사회의 희생자인지도 모른다는 얘기다.

출판집단 사잇소리의 일원으로 책을 낸 윤영효 씨(29)는 "흔히 가정을 편안한 곳이라고 여기지만 가정처럼 적응하기 어려운 사회도 없다는 것을 알게 됐다"며 이렇게 말했다.

"이제 결혼을 왜 하는지부터 생각해 봐야 할 때인 것 같습니다. 결혼이 잘못됐을 때 이혼할 확률이 많을 테니까요."

제3절 결혼관의 변화양상

스웨덴의 수도 스톡홀름에서 북서쪽으로 20㎞ 떨어진 소도시 솔나. 눈 덮인 삼림과 읍브슨다 호수를 끼고 있는 솔나는 북구의 겨울이 그렇듯 오후 4시면 호수에서 피어오르는 청회색 안개에 싸여 날이 저문다.

6층짜리 서민아파트의 2층에 살고 있는 미케 카르마(27) 마드리안

스본베리(26) 부부의 집에서는 모처럼 웃음꽃이 피었다. 귀염둥이 가브리엘라(2·여)가 열흘이 넘도록 독감에 걸려 온 가족이 침울해 있다가 안드레아스(6·남)의 유치원에서 열린 학부모 경품잔치에서 마드리안이 당첨돼 푸짐한 상품을 받았기 때문이다.

한동네 친구 사이였던 이들 부부는 서로의 사랑을 확인하고 8년 전 집을 나와 살림을 차렸다. 10대 후반에 이들이 동거를 시작했을 때 주변 사람들과 부모들은 야단을 치기는커녕 이들의 '독립'을 축하해 주었다. 이들은 아직까지 양가 친지를 초청해 교회에서 결혼식을 올리지도 시청에 가서 결혼신고를 하지도 않았다. 그래도 주변사람들은 이들을 부부로 인정하고 있고 이상하게 여기지도 않는다.

삼보(Sambo) — 이들처럼 정식결혼을 하지 않고 같이 사는 부부를 가리키는 말이다. 18세에서 24세 사이의 젊은이들 사이에서는 이 같은 동거율이 53%로 결혼율을 훨씬 앞지르고 있다.

이미 결혼한 부부들도 대부분이 혼전에 짧게는 수개월 길게는 2~3년 동안 두 사람이 잘 어울릴 수 있는지를 시험해 보는 동거기간을 거쳤다.

마드리안의 직장은 자신의 부모가 운영하는 자동차부품 생산공장. 남편 미케는 10년째 '스칸스카'라는 굴지의 선박회사에서 목수로 일하고 있다. 두 사람 모두 중학교만 나왔지만 생활의 불편함은 전혀 느끼지 못한다. 학력에 따른 임금격차가 전혀 없을 뿐만 아니라 수입, 학력, 직업에 관계없이 동일한 의료 및 자녀교육 서비스가 제공되기 때문이다. 양육비만 하더라도 자녀가 18세가 될 때까지 매월 일률적으로 1명당 7백50크로나(9만 원)씩 지급된다.

이들이 살고 있는 아파트는 방 3개에 거실이 딸린 98평방미터(약 30평) 크기로 5년 전 정부로부터 임대받았다. 관리비와 임대료는 매월 5천 크로나(60만 원) 정도. 의료비와 교육비는 거의 들지 않기 때문에 세금과 보험료를 뺀 두 사람의 월수입 1만2천 크로나(1백44만 원)로 1년에 4주(28일)인 휴가기간 동안 해외여행도 갈 수 있다.

만약 실직했을 때는 2년간 월급의 80%를 실업수당으로 받을 수 있고 조기퇴직의 경우는 재직 시 최고수입의 60%를 연금으로 계속 받을 수 있다. 이렇듯 국가와 사회가 모든 것을 책임져 주는 덕분인지 이들 부부의 생활은 단조롭다 싶을 정도로 안정돼 있다. "무엇이 행복이라고 생각하느냐"고 물었다. "건강하게 가족과 함께 지내는 것"이라고 대답한다.

겨울이 워낙 길고 추운 탓일까. 휴일에도 특별한 외출을 하기보다는 집에서 TV를 보면서 소일하거나 가끔 햇볕을 쬐러 집 근처 공원에 간다.

이들은 자녀에 대해서도 큰 기대를 갖지 않고 있다. 건강하게 자라 자기가 원하는 일을 했으면 좋겠다는 정도다.

그러나 몇 년 전부터 불어 닥친 불황의 한파는 이들의 장래에도 한 가닥 그림자를 드리우고 있다. 완벽한 사회보장, 완전고용, 완만한 소득격차. 불과 4~5년 전만 해도 스웨덴은 자본주의의 효율성과 사회주의의 평등을 조화시킨 복지국가의 이상이었다. 그러나 바로 그 완벽한 사회복지가 한편으로는 경제성장의 발목을 잡았다.

막대한 공공지출로 인해 정부 부채는 9천6백40억 크로나(1백조 원)로 늘어났다. 작년에는 실업률이 10%, 인플레율이 11%를 넘어섰다. 복지제도는 가정에도 영향을 미쳤다. 지난해 스웨덴의 이혼율은 50%, 두 쌍 중 한 쌍이 이혼하는 셈이다. 세계최고 수준인 90%의 취업률로 경제력을 확보한 데다 남성과의 대등한 지위까지 누리는 여성들이 이혼을 거리낄 이유가 없기 때문이다.

　결혼과 이혼이 워낙 자유롭다보니 이런 유머가 유행하기도 한다. 울고 있는 꼬마에게 친구가 이유를 물었다. 꼬마는 새로 맞게 되는 새 아버지가 무섭게 생겨서 그렇다고 했다. 아버지에 대해 듣고 난 친구는 꼬마를 이렇게 위로 했다. "울지 마. 그 아저씨 작년에 우리 아버지였는데 좋은 사람이야."

　높은 이혼율에도 불구하고 출산율이 다시 높아지는 것은 눈여겨볼 대목. 여성 1명이 평생 동안 낳은 아이의 숫자가 평균 2.13명으로 60년대 이후 최고수준을 나타내고 있다.

　출산에 따른 혜택이 요즘 들어 더욱 확대됐기 때문일까. 스웨덴의 출산휴가는 자그마치 15개월(4백 50일). 이중 1년간은 월급의 90%, 나머지 3개월은 60%를 받는다. 육아를 담당하는 쪽이 출산휴가를 받을 수 있으므로 미케 부부도 가브리엘라가 태어났을 때 출산휴가를 나눠 썼다.

　동거가 일반화돼 있기 때문에 놀랄 일이 아닐지도 모르지만 해마다 신생아의 40%는 이들 같은 동거부부에게서 태어난 아이다. 그러나 아무도 이를 부끄러워하지 않는다. 이들이 당당할 수 있는 것은 정부의 보조금 지급에 있어서 결혼한 부부의 자녀이든 혼외출생 자녀이든 아무런 차별을 받지 않도록 법이 개정된 덕택도 있다.

　"현재로서는 결혼 계획이 전혀 없어요. 두 사람이 결합을 인정받고 가정을 이루기 위해 결혼식이나 혼인신고와 같은 요식행위가 필요하다고 생각하지 않습니다. 그렇지만 만일 언젠가 결혼을 하게 되면 성대하게 하고 싶어요. 잊지 못할 추억을 남기고 싶어서지요."

　이들에게 결혼은 '추억 만들기'에 지나지 않는 것일까. 그래도 이들은 결혼한 여느 부부와 다름없이 서로에게, 아이들에게 충실하다. 동거를 처음 시작한 동거 기념일에도 해마다 서로 평소에 갖고 싶어 하

던 것을 선물한다. 지난해 마드리안은 양주잔 세트를, 미케는 낚시도
구를 받았다. 이들 젊은 동거부부의 장래희망은 '오토바이를 장만하고
좀더 많은 곳을 여행하는 것'으로 지극히 소박하다. 요람에서 무덤까
지 모든 것이 준비돼 있고 짜여 있는 사회, 미래의 세대에 남겨진 할
일이 거의 없는 그런 사회에서 꿈의 크기가 제한되는 것은 어쩌면 당
연한 일인지도 모른다.

제9장 언어예절

제9장
언어예절

제1절 말하기와 듣기

　말은 자기 자신의 표현이고 자기 마음의 표현이기도 하며 인격을 나타내기도 한다.

　아무리 좋은 의견도 적절하게 말로써 나타내지 못하면 소용이 없다. 대화는 자신의 의견을 상대방에게 전달하기 위한 수단이기 때문에 성실하고 믿음이 가고 호감이 가는 대화를 위해서 말하고 듣는 자세, 알맞은 호칭, 경어법, 인사말 등의 예절을 지키는 것이 중요하다.

1. 말하기

말할 때는 밝고 명랑한 표정으로 상대의 눈을 주시하면서 정확한 발음, 맑은 목소리, 적당한 속도로 한다. 흥분하여 큰소리를 지르거나 침이 튀겨 상대에게 불쾌감을 주지 않도록 조용하고 간결하게 말한다.

또한 바른 자세도 중요하다. 교만한 자세는 상대에게 불쾌감을 주기 때문에 원만한 대화 진행에 지장을 초래한다.

대화 시 주의를 두리번거리거나 시선을 산만하게 하지 않고 상대를 뚫어지게 쳐다보지 않는다.

혼자 너무 아는 척하거나 자신의 가족을 칭찬하는 것은 상대에게 그다지 유쾌한 것은 못 된다.

남의 비밀이나 약점을 화제에 올리지 않는다.

외국어나 어려운 말은 되도록 삼간다.

친한 사이일지라도 심한 농담이나 상스러운 말은 삼간다.

대화 시 적당한 유머를 사용하는 것은 상대의 관심을 집중시킬 수 있는 방법이며 분위기를 부드럽게 할 수 있다.

2. 듣 기

남의 말을 듣는 것은 말하는 것보다 더욱 중요하므로 남의 말은 끝까지 경청한다.

말이 끝나기도 전에 가로채거나 화제를 바꾸지 않는다.

말을 들을 때는 상대의 말에 적당히 맞장구를 침으로써 대화에 참여하고 있음을 상대가 알도록 한다.

제2절 호칭과 칭호

1. 가정에서의 호칭과 칭호

1) 부모에 대한 호칭과 칭호

나의 어머니를 부를 때는 '어머니'라고 한다. 어릴 때는 '엄마'라고 할 수도 있지만 성장해서는 '어머니'라고 부른다. 그러나 편지를 할 때는 '님'을 넣어 '어머님'이라고 한다.

어머니를 타인에게 지칭할 때는 부를 때와 마찬가지로 '어머니'라고 한다. 어머니를 조부모님 앞에서 지칭할 때 '어미'라고 하기도 한다. '어머니'라고 하는 것이 현실적이다. 그러나 남편과 시댁 쪽 사람에게 지칭할 때는 '친정어머니' 또는 '○○(지역이름) 어머니'라고 한다.

돌아가신 어머니를 아버지와 조부모에게 지칭할 때는 살아 계실 때와 같이 '어머니'라고 지칭하고 그 외는 '어머님' 혹은 '어머니'를 쓴다.

지방이나 축문에서는 '어머님' 또는 '현비(顯妣)'라고 한다. 아버지를 부르는 말은 '아버지'이다. 어릴 때는 '아빠'라고 할 수도 있다.

아버지를 타인에게 지칭할 때는 '아버지'라고 하고 남편이나 시댁 쪽 사람에게 지칭할 때는 '친정아버지' 또는 '○○(지역이름) 아버지'라고 한다.

돌아가신 아버지를 어머니와 조부모에게 지칭할 때는 살아 계실 때와 같이 '아버지'라고 하고, 그 외는 '아버님' 또는 '아버지'라고 한다.

돌아가신 아버지를 남에게 지칭할 때는 '선친(先親)'이라 하고 지방이나 축문에는 '아버님' 또는 '현고(顯考)'를 쓴다.

2) 시부모에 대한 호칭과 칭호

시아버지를 부를 때는 '아버님'이라 하고 시어머니는 '어머니'라고 한다. 시조부모에게 시아버지를 가리킬 때는 '아비'라고 낮추는 전통이 있었으나 현실적으로 사용에 어려움이 있어 '아버님' 또는 '아버지'라고 한다.

자녀에게 시아버지를 가리킬 때는 자녀의 위치에 서서 '할아버지' 또는 '할아버님'이라고 한다. 시댁 친척에게는 '아버님'이라고 하기도 하고 나이가 어린 친척에게는 그들이 부르는 말을 지칭어로 사용해도 된다.

친정 부모와 친정 친척에게는 '시-'를 붙여 '시아버지(님)'와 자녀의 이름에 기대 'ㅇㅇ 할아버지(님)'라고 지칭하는 것이 좋다.

3) 남편에 대한 호칭과 칭호

남편을 부를 때는 '여보'라고 한다. 그러나 신혼 초에는 'ㅇㅇㅇ 씨' 또는 '여봐요'라고 불러도 된다.

자녀가 있는 젊은 부인들은 남편을 '여보'라고 부르고 또 아이에 기대어 'ㅇㅇ 아버지(아빠)'라고 할 수도 있다. 그러나 '아빠'라고만 부르는 것은 자신의 친정아버지를 부른 것인지 남편을 부르는 것인지 혼란스러우므로 않도록 한다.

장년층이나 노년층에서는 '영감', 'ㅇㅇ 할아버지'라고 할 수도 있다.

남편에 대한 지칭어는 대화하는 상대에 따라 달라지는데, 시부모에게는 '아비' 또는 '아범'이라고 하고 아이가 없을 때에는 '그이(이이, 저이)'라고 한다. 친정 부모에게는 'ㅇ 서방' 또는 '그 사람'이라고 한다. 남편의 형제들에게는 남편의 형제들을 기준으로 그들이 부르는 대로 한다. 즉 시동생에게는 '형(님)', 시아주버니에게는 '동생', 손아래 시누이에게는 '오빠'로 지칭하는 것이 자연스럽다. 자녀 앞에서 지칭할 때도 역시 자녀가 부르는 대로 '아버지' 또는 '아빠'라고 지칭한다. 신혼 초에는 '우리 신랑', 나이가 들어서는 '우리 영감'이라고 해도 무방하다. 남편의 친구에게는 '그이', '애 아버지', '바깥양반', '바깥사람' 또는 'ㅇㅇ 아버지(아빠)'라고 한다.

남편의 회사에 전화를 걸어 남편을 찾을 때는 'ㅇㅇㅇ 씨' 또는 'ㅇ 과장(님)'이라고 한다.

친인척 이외의 타인에게는 상대방이 손윗사람인 경우 '우리 남편', '저의 남편'이라 하고 남이지만 친할 경우에는 'ㅇㅇ 아버지(아빠)', '바깥양반', '바깥사람'이라 한다.

2. 직장, 사회에서의 호칭과 칭호

1) 직장에서의 호칭과 칭호

직함이 없는 동료끼리는 남녀 모두 'ㅇㅇㅇ 씨'라고 이름을 부른다. 상황에 따라서 성을 빼고 '씨'를 붙여 부를 수도 있다. 직종에 따라서는 '선생님' 또는 'ㅇ 선생(님)'이라고 부르는 것도 좋다.

같은 직급이라도 나이가 많아 이름을 부르기 곤란할 때는 'ㅇ 선배(님)'라고 한다.

여직원이 여직원을 부를 때 '언니'나 'ㅇㅇ 언니'라고 할 수 있다. 그러나 성만 사용하여 'ㅇ 언니' 또는 '미스 ㅇ 언니'라고 부르는 것은 좋지 않다.

직함이 있는 동료 사이에는 직함으로 'ㅇ 과장'처럼 부르거나 직함이 없는 동료처럼 'ㅇㅇㅇ 씨' 또는 성은 빼고 'ㅇㅇ 씨'라고 부를 수 있다.

나이가 지긋한 여자 직원은 'ㅇ 여사' 또는 'ㅇㅇㅇ 여사'라고 부른다.

직함이 있는 상사를 부를 때는 직함에 '님'을 붙여 '과장님'처럼 부른다. 상사가 직함이 없는 아랫사람을 부를 때는 'ㅇㅇㅇ 씨' 또는 'ㅇ

형'이라 하고 아랫사람이라도 나이가 많은 경우에는 'ㅇ 선생(님)' 또는 'ㅇㅇㅇ 선생(님)'으로 부른다. 아랫사람이라도 나이 든 기혼의 여자 직원에게는 'ㅇ 여사'라 한다. 나이 차이가 많은 어린 직원에게는 'ㅇ 군', 'ㅇ 양'이라고 부른다.

직장의 언어예절에서 지칭어는 대체로 호칭어를 그대로 쓴다. 다만 지칭 대상이 누구이며 누구에게 지칭하는가에 따라 그 지칭어가 달라지고 경어법의 등급이 달라진다.

지칭 대상이 말하는 사람보다 상급자인 경우, 듣는 사람이 지칭 대상보다 상급자일 때 '과장이 이 일을 했습니다'처럼 하는 것으로 알고 있는 사람이 많으나 그것은 바른 언어예절이 아니다. 윗사람 앞에서 그 사람보다 낮은 윗사람을 낮추는 것이 우리나라에서는 가족 간이나 사제간처럼 사적인 관계일 때는 적용될 수 있지만 직장에서는 허용되지 않는다.

2) 기 타

식당 등 영업소의 남자 종업원을 부를 때는 상황에 따라 '아저씨', '젊은이', '총각'이라고 한다.

여자 종업원을 부를 때는 '아주머니', '아가씨'라고 한다. '아줌마'는 상대방을 높이는 느낌이 없으므로 말하는 사람보다 나이가 아주 적거나 친할 때만 쓴다.

제3절 경어법

우리말은 문법적으로는 주체를 높이는 존경법, 말하는 사람과 듣는 사람의 관계에 따라 결정되는 공손법, 지금은 그 용법이 거의 사라진 객체와 주체 그리고 말하는 사람과의 관계에 따른 겸양법 등이 있고 어휘적으로도 존댓말과 예사말이 나뉘어 있는 경우도 있는 등 경어법이 상당히 복잡하므로 사용에 있어서 세심한 주의가 필요하다.

1. 존경법

존경법은 말하는 사람보다 말의 주체가 되는 사람이 높은 경우 '웃으시다'와 같이 서술어에 '시-'를 넣어 존경을 표하는 것이다. 이 밖에 '밥'에 대하여 '진지', '먹다'에 대하여 '잡수시다'와 같이 따로 존댓말을 써서 주체를 높이기도 한다.

사용에 있어서 일률적으로 규칙을 세우기는 어렵지만 용언이 여러 개 함께 있을 때 마지막 용언에 '-시-'를 쓴다. 경우에 따라서는 그 밖의 용언에도 '-시-'를 넣을 수 있다. 용언마다 '-시-'를 넣는 것이 더 높이는 말이라고 생각하여 그렇게 말하는 사람들이 있으나 그것은 옳지 않다. 지나친 존대는 오히려 예의도 아니고 듣기에도 거북하다.

'○○가 일을 마치고 갔다'를 높여 말할 때, '○○가 일을 마치시고 가셨다'라고 해도 좋고 '마치고 가셨다'라고 해도 좋다. 그러나 '읽고 있다'를 높일 때는 '읽으시고 계시다'보다는 '읽고 계시다'가 적절하다.

존경의 어휘가 따로 있는 경우에는 '할머님이 주무시고 가셨다'에서 '주무시다'처럼 존경의 어휘와 함께 서술어에는 '-시-'를 붙여 말한다.

직장에서의 존경법은 듣는 사람이 누구인가에 따라 결정된다.

동료에 관해서 말할 때는 누구에게 말하는가에 관계없이 '-시-'를 넣지 않는다. 과장이 다른 과장에 대해서 아랫사람에게 말한다면 '○○○

씨, ○ 과장 어디 갔어요?'라고 한다. 그러나 직급이 같더라도 나이가 말하는 사람보다 많은 동료에 대해서는 '○○○ 씨, ○ 과장 어디 가셨어요?'처럼 말한다. 윗사람에게 말할 때도 물론 '−시−'를 사용하지 않는다.

그러나 윗사람에 관해서 말할 때는 듣는 사람이 누구이든지 '−시−'를 넣어 사용한다. 즉 말하는 사람이 평사원일 때 '부장님, 과장님 어디 가셨습니까?'처럼 한다.

또 아랫사람에 관해 말할 때는 누구에게 말하는가에 관계없이 '−시−'를 넣지 않고 말한다. '○○○ 씨, ○○○ 씨 어디 갔어요?'처럼. 그러나 부장이 과장을 평사원에게 말할 때처럼 아랫사람을 더 아랫사람에게 말할 때는 '−시−'를 넣어 말할 수 있다. 즉 '○○○ 씨, ○ 과장 어디 가셨어요?'와 같이 한다.

2. 공손법

듣는 사람과 말하는 사람과의 관계에 따라 경어상의 등급이 달라지는데 이를 공손법이라 한다. 공손법은 문장의 끝에 나타나는 것으로 '왔습니다', '왔어요', '왔소', '왔네', '왔다'와 같이 등급에 따라 어미를 달리하는데, 이중 문제 되는 것이 '해요'체의 말이다. 이 '해요'체는 깍듯이 존대를 해야 할 사람에게나 공식적인 자리에서는 쓸 수 없는 말이지만 가정에서는 분위기나 화제에 따라 적절히 쓸 수 있는 친밀한 표현이다.

그러나 '고맙습니다'와 같이 굳어진 인사말이 있는 경우에는 '고마워요'와 같은 말을 쓰지 않는다.

아버지를 할아버지께 말할 때는 '할아버지, 아버지가 진지 잡수시라고 하였습니다'처럼 아버지에 대하여 높이지 않는 것이 전통이고 표준 화법이지만 오늘날에는 아버지보다 윗분에게도 아버지를 높이는 것이 일반화되어 가고 있다. 따라서 '할아버지 아버지가 진지 잡수시라고 하셨습니다'와 같이 하기도 한다.

부모를 다른 사람에게 말할 때 낮추어 말하는 것은 어법에 어긋난다. 가족 이외의 다른 사람에게 부모를 말할 때는 언제나 높인다.

남편을 시부모에게 말할 때는 '아범이 아직 안 들어 왔습니다'와 같이 낮추어 말한다. 남편의 형이나 손윗사람에게 말할 때도 마찬가지다. 그러나 손아랫사람에게는 높이는 것이 원칙이다.

남편을 모르는 사람에게 이야기할 때는 상대가 누구인지 확인될 때까지는 '-시-'를 넣어 말한다.

직장에서 동료끼리 말할 때는 즉 평사원이 평사원에게 말할 때는 '○○○ 씨, 전화했어요?'와 같이 말하는 것이 일반적이다. 그러나 동료 간이더라도 상대가 나이가 위이거나 분위기의 공식적 정동에 따라서 '전화했습니까?'처럼 쓴다. 윗사람에게 말할 때는 '전화하셨습니까?'라고 하고, 아랫사람에게 말할 때는 '전화했어요?'라고 하며 아랫사람이 아주 어리고 친한 사이일 때는 '전화했니?'와 같이 하기도 한다.

제4절 인사말

1. 일상에서의 인사말

인사는 사람과 사람을 이어주는 고리이고 사람 사이를 윤기 있고 부드럽게 해주는 윤활유와 같은 역할을 하므로 마주치는 사람들과 주고받는 밝은 인사 한마디는 우리가 하나의 공동체 속에 살고 있음을 느끼게 해준다.

1) 아침과 저녁

아침에 윗사람에게 하는 인사말로서 가장 대표적인 인사말이 '안녕히 주무셨습니까?'이다.

지방에 따라서는 '안녕히' 대신에 '잘', '편히', '평안히'를 써서 인사하기도 하는데 이들 표현은 '안녕히'보다 상대방을 덜 높이는 표현이므로 윗사람에게는 쓰지 않는다.

아랫사람에게 하는 인사말로는 '잘 잤어요?' 또는 '잘 잤니?'가 좋다. 이웃의 윗사람에게는 '안녕하십니까?' 또는 '안녕히 주무셨습니까?', '진지 잡수셨습니까?'라고 인사한다.

동년배나 손아랫사람이라도 성인인 경우에는 '안녕하십니까?'와 같이 경어를 쓰는 것이 일반적이고, 손아래 미성년자에게는 '안녕?' 또는 '잘 잤니?'라고 한다. '안녕'이란 말은 헤어질 때의 인사말이었지만 지금은 어린이에 대한 아침인사로 일반화되어 있다. 그래서 아침 인사는 끝을 올리고 헤어질 때는 끝을 올리지 않음으로써 구분한다.

직장에서 아침에 출근해서 윗사람에게 하는 인사말로는 '안녕하셨습니까?', '안녕하십니까?'가 좋다. '안녕하세요?'는 덜 정중한 표현이므로 아주 가까운 윗사람에게만 사용한다.

동료에게 인사할 때는 '안녕하세요?', 아랫사람에게는 '안녕하세요?' 또는 '나왔군', '나오나'라고 한다.

2) 만나고 헤어질 때

매일 얼굴을 대하는 식구끼리도 서로 밝게 인사하는 것이 필요하다. 집을 나설 때 '○○에 다녀오겠습니다'라고 하면 집에 남아 있는 사람은 '잘 다녀오너라'라고 한다.

이때 말하는 사람과 듣는 사람에 따라 달라지는데, 나가는 사람이 '다녀오리다'라고 하면 집에 있는 사람은 '안녕히 다녀오십시오'라고 한다.

외출했다가 돌아올 때는 '다녀왔습니다'라고 하면 마중하는 사람은 '다녀오셨습니까?'라고 인사한다.

거리에서 이웃사람을 만났을 때는 상대에 따라 '안녕하십니까?', '안녕하세요?' 또는 '어디가십니까?'라고 한다. 여기에서 '어디 가십니까?'라는 말은 단순한 인사이므로 굳이 어디에 가는지 대답할 필요가 없다.

아침인사가 아니어도 그날 처음 만나게 되는 경우에는 '안녕하십니까?'라고 하고, 한 번 인사했는데 또 마주치면 그때는 목례로써 충분하다.

직장에서 다른 사람보다 먼저 퇴근할 때는 '먼저 실례하겠습니다'보다는 '먼저 가겠습니다', '내일 또 뵙겠습니다'가 좋겠고 남아 있는 사람은 '안녕히 가십시오'가 좋겠다.

그 외에도 동년배나 아랫사람에게는 '수고하게', '먼저 가네'라고 할 수 있다. 그러나 윗사람에게는 '수고'라는 표현은 쓰지 않는다.

3) 손님맞이

손님이 찾아오면 '어서 오십시오'라고 하면 된다. 이 말은 집이나 관공서, 백화점, 시장 등 어느 곳에서나 손님맞이 인사말로 쓸 수 있다.

택시 기사도 '어디로 모실까요?'라고 하기 전에 '어서 오십시오'라고 한 다음에 '어디로 모실까요?'라고 하면 훨씬 친절해 보인다.

혼례와 같이 잔치를 치를 때는 일반적인 상황에서 손님을 맞을 때와 다르게 '고맙다'라는 인사말이 들어가도록 '어서 오십시오, 고맙습니다'라고 한다.

손님을 배웅할 때의 인사말로는 손윗사람에게는 '안녕히 가십시오', 손아랫사람에게는 '잘 가라' 또는 '잘 가거라'라고 한다. '안녕히 돌아가십시오'는 '돌아가다'에 '죽다'의 의미가 있어 오해의 소지가 있으므로 주의한다.

'안녕히 가십시오' 앞에 '고맙습니다'라고 하는 것도 바람직하다.

남의 집을 나올 때는 '안녕히 계십시오'라고 하며 경우에 따라 '결례가 많았습니다'를 덧붙여도 좋다.

2. 특정한 인사말

1) 송년과 신년

송년인사는 상대방에 대한 고마움의 뜻과 한 해 동안의 수고에 대한 치하의 뜻이 포함된 말로 '한 해 동안 보살펴 주셔서 고맙습니다' 또는 '한 해 동안 수고하셨습니다'가 좋겠다. 이때도 '감사합니다'보다는 '고맙습니다'가 더 좋다.

신년인사 때에는 '새해 복 많이 받으십시오' '새해 복 많이 받으세요', '새해 복 많이 받게'라고 한다.

집안에서 친척, 친지에 대한 신년인사는 세배라는 형식을 통해서 하게 된다. 요즘 젊은 층에서는 세배를 할 때 절하겠다는 의사 표시로 어른에게 '절 받으세요' 또는 '앉으세요'라고 하는데 이런 말은 할 필요가 없다. 세배는 원칙적으로 절하는 자체가 인사이기 때문에 어른에게 '새해 복 많이 받으십시오'와 같은 인사말도 필요가 없다. 그냥 절만 하면 그것으로 인사를 한 것이기 때문이다.

세배를 받은 어른은 아랫사람에게 '새해 복 많이 받게' 또는 '소원

성취하게'라고 덕담을 한다. 옛날에는 덕담을 '올해는 장가들었다지'와 같이 소원하는 일이 이미 이뤄진 것처럼 했다. 그러나 오늘날에는 '자네, 올해는 장가가야지' 정도가 좋다.

절을 한 뒤 어른의 덕담이 곧 이어 나오지 않거나 덕담이 있은 후 어른께 말로 인사를 할 수 있는데 이때는 '과세 안녕하십니까?' 또는 '올해는 두루 여행 많이 하세요'와 같이 기원을 담은 인사를 할 수 있다.

요즘 건강에 대한 관심이 높아져서 윗사람에게 건강을 비는 인사를 많이 하는데 건강을 비는 말은 오히려 듣는 이에게 '내가 벌써 건강을 걱정해야 할 만큼 늙었나?' 하는 느낌을 가지게 할 수 있으므로 조심한다. 특히 '만수무강하십시오'나 '오래오래 사세요'와 같은 인사말은 안 쓰는 것이 좋다.

2) 축하인사

축하할 때의 인사말인 '축하합니다'가 두루 쓰인다.

아기의 돌 때는 아기의 부모에게 '축하합니다'라고 하면 된다. 아기한테는 아기가 말을 못 알아듣지만 굳이 말을 한다면 '강하게 자라라' 정도가 좋다.

어른의 생신 때에 어른을 찾아뵙고 '축하드립니다'라고 하는 경우가 있는데 '축하'에는 '드린다'는 말이 어법상 맞지 않는 불필요한 공대이므로 '축하합니다'라고 하는 것이 좋다.

회갑이나 칠순과 같이 특별한 생일잔치에서 헌수할 때의 인사말로는 '더욱 건강하시기 빕니다' 또는 '만수무강하십시오'라고 한다.

환갑과 그 이상의 생일잔치에 갈 때 축의금의 단자와 봉투에 쓸 수 있는 말이 '축 수연(祝 壽宴)'인데 환갑(還甲)에 대해서는 '축 환갑(祝 還甲)', '축 회갑(祝 回甲)', '축 화갑(華甲)'이라고도 한다. 고희(古稀)

에는 '축 희연(祝 稀宴)'이나 '축 고희연(祝 古稀宴)'이라고 한다. 마찬
가지로 희수(喜壽)에는 '축 희수연(祝 喜壽宴)', 미수(米壽)에는 '축 미
수연(祝 米壽宴)', 백수(白壽)에는 '축 백수연(祝 白壽宴)'이라고 한다.

한글로 '수연을 진심으로 축하하나이다' 또는 '수연을 진심으로 축하
합니다'로 쓰는 것도 좋다.

단자나 봉투는 가로쓰기 세로쓰기가 모두 가능한데 봉투를 세로로
쓸 때는 보내는 이는 봉투 뒷면에 쓰고, 가로쓰기일 경우에는 보내는
이를 앞에 쓴다.

결혼식 때도 '축하합니다'라고 하며 단자와 봉투에는 '축 결혼(祝 結
婚)', '축 혼인(祝 婚姻)', '축 화혼(祝 華婚)', '축의(祝儀)', 또는 '결혼
을 진심으로 축하합니다'라고 한글로 쓰기도 한다.

단자나 봉투의 이름 위에 주소나 직장명을 적을 수도 있다.

3) 위로, 조문

문병을 가서 처음 환자를 대했을 때는 '좀 어떠십니까?', '얼마나 고
생이 되십니까?'라고 인사하며 불의의 사고일 때는 '불행 중 다행입니
다'라고 한다. 나올 때는 '조리 잘 하십시오' 또는 '속히 나으시기 바랍
니다'라고 인사한다.

보호자에게는 '좀 어떠십니까?'라고 하거나 '얼마나 걱정이 되십니
까?', '고생이 많으십니다' 등을 적절히 사용한다.

문병 갈 때 위로금의 단자나 봉투에는 쾌유를 바라는 문구로 '기 쾌
유(祈 快癒)' 또는 '조속한 쾌유를 빕니다'라고 한다.

조문을 갔을 때 많은 사람들이 어떤 위로의 말을 해야 하는지를 몰
라 망설인다. 실제 조문의 말은 조문객과 상주의 나이, 평소의 친소
관계에 따라 다양하다. 그러나 조문을 가서는 상주에게 절한 후 아무

말도 하지 않고 나오는 것이 예의이다. 그러나 군이 말을 해야 할 상황이라면 '삼가 조의를 표합니다' 또는 '얼마나 슬프십니까?'라고 한다. 그리고 이에 덧붙여서 말을 할 경우라도 분명하게 말하지 않고 뒤를 흐리는 것이 예의이다.

조문을 받은 상주 역시 조문객에게 아무 말도 하지 않는 것이 좋다. 군이 한다면 '고맙습니다' 또는 '드릴 말씀이 없습니다' 하며 조문을 와 준 사람에게 고마움을 표하면 된다.

조위금 봉투에는 초상의 경우 '부의(賻儀)'가 가장 일반적이며 '근조(謹弔)'라고 하고, 소상(小祥)이나 대상(大祥)의 경우에는 '존의(奠儀)' '향촉대(香燭代)'라고 쓰면 된다.

단자는 부조하는 물목을 적은 것으로 돈일 경우에는 '금 ○○원'이라 하고 광목으로 할 때는 '광목 ○필'이라고 한다.

제5절 전화응대법

1. 올바른 전화기 사용법

전화기는 왼손으로 잡고 버튼은 오른손 인지로 번호 하나하나 정확히 누른다. 다이얼식일 경우에도 마찬가지로 손가락으로 정확히 끝까지 돌린다. 통화 중 말을 중단해야 할 경우는 상대의 양해를 구한 다음 송화구를 손으로 막아 이쪽의 대화 내용이 상대에게 들리지 않게 한다.

용건이 끝나면 건 쪽에서 먼저 끊는다.

2. 전화를 걸 때

전화를 걸기 전에 미리 상대방의 성명, 소속, 전화번호를 확인한다.

통화할 내용을 5W 1H에 의거해서 간단하고 명료하게 요약을 한다. 흔히 상대방과 통화를 하다 보면 해야 할 이야기를 다 못하는 경우가 있을 수 있기 때문에 반드시 전화걸기 전에 용건을 정리해서 메모를 하도록 한다. 전화요금은 시내통화나 시외통화, 국제통화 모두 시간에 따라 요금이 달라지기 때문에 간단명료한 통화는 경제적으로도 이익이다.

상대방이 나오면 자신의 신분을 밝힌다. 그리고 나서 통화하고자 하는 상대를 찾는 것이 예의이다. "○○회사 ○○과 ○○입니다. ○○○ 계시면 부탁합니다."

통화하고자 하는 상대가 나오면 다시 한 번 자신을 밝히고 인사를 나눈 다음에 용건을 이야기한다.

만일 찾는 사람이 없을 경우에는 전화를 건 사람의 이름, 소속, 전화번호와 전화를 건 용건을 남긴다. 전화한 용건이 개인적인 일이 아니라 공적인 일이라 하더라도 담당이 아닌 사람에게 너무 장황하게 용건을 설명하지 않도록 한다. 담당자만의 고유의 업무로서 보안이 필요한 경우도 있을 수 있기 때문이다. 특히 항의 전화와 같은 것은 담당이 아니면 이야기하지 않는다. 화가 난 김에 전화 받은 사람에게 거친 항의를 할 수도 있다. 그러나 전화 받은 사람이 아무것도 모르고 입장이 곤란해질 수가 있으므로 주의한다.

관공서와 같은 곳에 문의전화를 했을 때는 "○○에 대해서 자세히 알고 싶습니다. 담당하시는 분을 부탁합니다"와 같이 용건을 간단히 이야기하고 담당자를 바꿔 달라고 정중히 부탁한다.

통화 중 전화가 끊어지면 건 쪽에서 다시 건다. 다시 연결되면 "죄송합니다. 전화가 끊어졌습니다"라고 인사를 하여 일부러 끊은 것이 아님을 알린다.

3. 전화를 받을 때

전화를 받으면 우선 밝은 목소리로 "○○회사 ○○과 ○○○입니다"라고 전화 받은 사람의 소속을 밝힌다. 이때 "고맙습니다"라든가 "안녕하십니까"와 같은 인사말을 하는 것도 좋다.

교환을 통해 걸려온 전화일 경우에는 회사명은 이야기하지 않아도 된다. 전화를 바꿔줄 때는 "바꿔드리겠습니다" "잠시 기다리십시오"라고 한 다음에 바꾼다. 상대방이 통화하기를 원하는 사람이 즉시 전화를 받을 수 없을 경우에는 "지금 회의 중이신데요"라든가 "손님과 상담 중이신데 잠시만 기다려 주십시오"와 같이 즉시 전화 받지 못하는 사유를 밝혀야 한다.

통화 중일 때는 지금 통화 중이라는 사실을 알리고 기다릴 것인가 아니면 통화가 끝난 후 전화를 걸어줄 것인가를 묻는다. 기다린다고 할 경우에는 통화 중인 사람에게 메모로 '지금 ○○로부터 ○○ 일로 전화가 와 있다'는 사실을 알린다. 이때 통화 중인 사람은 현재 통화 중인 내용이 길어질 경우에는 잠시 대기시키고 기다리고 있는 전화를 받아 죄송하다는 말과 함께 통화가 끝나면 바로 걸어드리겠다고 양해를 구한다. 그럴 상황도 못될 때는 다른 사람에게 통화가 길어진다는 상황설명과 함께 통화가 끝나는 대로 바로 걸어드린다는 것을 전해 주도록 한다. 상대가 기다린다고 해서 무작정 기다리게 해서는 안 된다.

만일 상대가 찾는 사람이 부재중일 때는 즉시 부재중임을 알린다. 우물쭈물하거나 애매한 대답으로 전화 받기를 피한다는 인상을 주지 않도록 한다. "지금 외출 중이십니다. ○시쯤 돌아오실 예정인데 남기실 말씀 있으시면 전해 드리겠습니다"라고 하고 상대방의 성명, 소속, 전화번호, 용건 등을 메모했다가 본인이 돌아오면 전해주도록 한다.

전화를 건 사람은 당연히 자신의 신분을 밝혀야 하겠지만 경우에 따라서 자신의 신분도 용건도 밝히기를 꺼려하는 사람도 있다. 이때 너무 꼬치꼬치 묻지 말고 있었던 그대로 본인이 돌아왔을 때 전해주면 된다.

전언의 내용이 급하다고 판단될 때에는 "○○○ 씨는 지금 안 계시지만 그 업무는 ○○○도 같이 담당하시는데 그 분을 바꿔드리면 안 될까요?"라고 권해서 좋다고 하면 다른 사람을 바꿔주고 그렇지 않을 때는 담당자의 소재를 파악하여 즉시 연결될 수 있도록 조치를 취한다.

전화를 건 사람이 아는 사람이라고 해서 너무 아는 척을 한다거나 장황한 이야기를 하면 오히려 상대가 용건을 꺼내기 어렵게 되므로 전화는 용건이 있어서 한 것이라는 것을 염두에 두고 간단한 인사가 끝나면 바로 용건을 이야기하도록 한다.

4. 전화할 때의 유의할 점

전화는 편리한 만큼 불편할 수도 있다. 전화예절은 편리함을 최대로 이용하고 불편함을 최소로 줄이기 위해 꼭 필요한 것이라 하겠다.

현대인의 생활이 公과 私가 칼로 무를 자르듯이 분명하게 할 수 있는 것이 아니기 때문에 집으로 회사일로 인한 전화가 걸려 올 수도 있고 회사로 개인적인 전화가 걸려 올 수도 있다. 모든 전화가 간단하게 끝나야 하겠지만 특히 회사에 개인적인 일로 전화했을 때는 아주 간단히 용건을 마친다. 마찬가지로 회사일로 집에 전화했을 때도 간단히 용건을 끝낸다.

전화로는 상대가 보이지 않는다고 해서 자세를 함부로 하고 전화를 받는 일은 없어야 하겠다.

또한 어려운 용어나 전문적인 용어는 일반적인 대화에서와 마찬가지로 사용하지 않는다.

제 10 장 행동 예절

제10장
행동예절

제1절 바른 자세

1. 표 정

얼굴 표정은 그 사람의 마음을 비춰주는 거울로서 얼굴 표정을 어떻게 가지느냐에 따라 그 사람의 첫인상이 좌우될 수 있으므로 인간관계에 있어서 매우 중요한 부분이다.

온화하고 명랑하며 건강한 얼굴 표정을 갖기 위해서는 평소에 곧고 바른 마음가짐과 함께 다음과 같이 표정연습을 해야 한다.

첫째, 얼굴의 근육을 긴장시키거나 찡그리지 말고 시선은 단정하게 한다.

둘째, 입은 조용히 다물고 턱은 자연스럽고 반듯하게 갖는다.

셋째, 조작된 억지 표정은 신뢰감을 상실할 우려가 있으므로 자연스럽고 온화하며 담담한 표정을 짓도록 한다.

2. 선 자세

허리와 가슴을 곧게 세운다.

등뼈를 곧게 펴고 머리에서 발끝까지 일직선이 되도록 한다.

두 발꿈치를 붙이고 발끝은 적당히 벌린다.

입은 가볍게 다물고 양팔은 자연스럽게 옆으로 내리며 손가락은 붙인다. 남성인 경우에는 약간 주먹을 쥔다.

손의 위치는 상대방에 대한 공경도를 나타내는 것으로서 두 손을 마주 잡고 허리높이에 두면 어른 앞에서의 겸손한 자세다. 이렇게 두 손을 모아 맞잡는 방법을 공수법(拱手法)이라고 하는데, 남자는 왼손을 위로 잡고 여자는 오른손을 위로 잡는다. 애사(哀事)에는 그 반대이다.

등의 중심선이 좌우 어느 쪽으로든 기울지 않게 몸의 균형을 잡고 선다. 뒷짐을 지고 선 모습은 건방지게 보이므로 어른 앞에서는 뒷짐을 지지 않는다.

3. 앉은 자세

1) 의자에 앉을 때

의자에 앉을 때는 왼편으로부터 앉는다. 그러나 경우에 따라서는 오른편에 앉기도 한다.

왼발을 앞으로 내딛고 의자를 놓으면서 체중을 의자 쪽으로 옮긴 후 오른발을 의자 앞으로 내딛고 왼발을 오른발 쪽으로 옮겨 붙이면서 앉는다.

의자 오른편으로 앉아야 할 경우에는 그 반대이다.

의자에 앉는 자세는 상황과 장소에 따라 조금씩 다른데, 등받이와 등 사이는 주먹 1개 정도의 간격을 두고 바로 앉는다.

허리와 가슴을 펴고 두 무릎을 모아 붙이면서 앉아 두 손을 가볍게 모아 앞에 놓는다.

의자에 앉을 때는 다리 모양이 아름다워야 하는데 그러기 위해 두 무릎을 꼭 붙이고 다리를 가지런히 한다. 낮은 의자의 경우는 다리를 모아 옆으로 비스듬히 눕힌다.

한복을 입었을 때는 치마 뒤를 여미고 앉는다.

다리를 꼬고 앉을 때에는 다리가 가지런히 포개져 아래를 향하게 한다. 다리가 짧은 사람은 다리를 깊이 꼬고 발바닥이 옆으로 보이지 않게 조심하고, 무릎을 벌리고 앉거나 의자 끝에 걸터앉은 모습은 보기에 좋지 않으므로 주의한다.

2) 온돌방에 앉을 때

먼저 왼발을 조금 빼고 왼편 무릎을 꿇으면서 조용히 앉는다.

남자는 책상다리를 하고 앉고, 여자는 무릎을 꿇은 채 앉는다.

방석 위에 앉을 때는 두 무릎이 바닥에 닿기 전에 방석 양 모서리를 두 손으로 당겨 무릎 밑으로 밀어 넣는다.

두 손은 무릎 위에 가볍게 올려놓고 허리와 가슴을 바르게 편 채, 얼굴은 앞을 보고 앉는다.

윗사람과 함께 앉을 때에는 윗사람을 상석에 앉으시게 하며 윗사람이 앉은 다음에 앉는 것이 예의이다.

여자의 경우 앉아 있는 시간이 길어지면 무릎을 꿇은 자세에서 두

다리를 약간 옆으로 빼고 앉는다.

한복이나 긴치마를 입었을 때는 한 무릎을 세우고 두 손을 모아 무릎 위에 놓기도 한다.

일어설 때는 무릎으로 조금 물러나면서 방석을 옆으로 내 놓은 다음 바로 선다.

일어설 때나 앉을 때는 방석을 밟지 않도록 조심한다.

4. 걷는 자세

머리와 윗몸을 곧게 하여 흔들지 않고 걷는 것이 바른 걸음걸이이다.

자세를 바르게 하고 시선은 똑바로 5~6미터 앞을 바라보며 걷는다. 사방을 두리번거리지 않는다.

어깨는 수평으로 유지하면서 몸을 흔들지 않는다. 발은 일직선상으로 떼어 놓고 발의 중심과 두 어깨가 정삼각형이 되도록 하되 발바닥이 보이지 않도록 주의한다.

걸을 때 신을 끄는 것은 상스러워 보이므로 주의해야 하며 발끝이 뒤꿈치보다 먼저 땅에 닿도록 하여 소리가 나지 않게 한다.

손에 물건을 들고 걸을 때에는 몸의 균형을 잡고 어색하지 않게 걷는다. 실내에서 걸을 때는 실외에서 걸을 때보다는 팔을 조금 흔들고 보폭도 좁게 한다. 바쁠 때는 뛰지 말고 잔걸음으로 빨리 걷는다.

남의 앞을 지날 때에는 한쪽으로 비켜서 다소곳이 지나가야 한다. 이때 '미안합니다' 또는 '실례합니다' 하고 목례를 하면서 지나간다.

복도에서 상사나 손님과 마주쳤을 때는 길을 비키면서 가벼운 목례를 한다. 두 사람 이상 걸을 때는 나란히 걸어감으로써 복도를 꽉 메우지 않도록 두 사람이나 세 사람씩 나누어서 걷는다.

5. 출입할 때의 자세

실내에 들어갈 때는 노크를 하거나 말로서 들어가도 좋겠는가 물은 다음 들어가도 좋다는 승낙을 받은 후에 들어간다.

문 앞에서 코트를 벗고 옷매무새를 단정히 하고 들어간다. 문 여닫기와 몸가짐을 조용하고 바르게 하기 위해 다음과 같이 한다.

1) 미닫이 문

문을 자기 앞으로 당겨 열 수 있게 문 옆으로 선다.

미닫이 손잡이 앞에 바싹 다가가서 두 손으로 손잡이를 잡아 문이 열리는 대로 몸이 따라가면서 자기 몸이 들어갈 수 있는 정도로 소리 내지 않고 연다.

문지방을 밟지 않고 들어간 다음 열려진 문 옆으로 서서 손잡이를 잡아 문을 닫는다.

방 안의 사람에게 인사하고 자리에 앉는다. 용무를 마치고 나올 때도 같은 방법으로 문을 열고 나온다.

2) 여닫이 문

손잡이를 오른손으로 쥐고 열리는 쪽으로 돌려 자기 몸이 들어갈 정도로 열고 들어간다.

문 쪽으로 서서 문과 가까운 왼손으로 손잡이를 쥐어 닫는다. 들어가서는 실내 사람에게 인사하고 자리에 앉는다. 나올 때는 들어갈 때와 반대로 한다.

손님을 모시고 들어가거나 연이어 많은 사람이 출입을 할 경우에는 먼저 들어간 사람은 다음 사람이 들어갈 수 있도록 문을 잡고 있는다.

6. 물건 다루기

물건을 주고받을 때는 물건을 소중하게 다룬다.

물건을 전달할 때는 받는 사람이 편하도록, 손잡이가 있는 쪽을 받는 사람 쪽으로 해서 전달한다.

바늘이나 핀과 같이 아주 작은 물건은 종이나 헝겊에 꽂아서 전달하거나 손바닥에 놓아 주고받는 것이 안전하다.

수저, 나이프, 포크 등은 쟁반에 받쳐서 전달하는데 손잡이가 상대에게 가도록 한다.

찻잔 등의 식기류도 쟁반이나 접시에 받쳐서 전달하는데 특히 입이 닿는 부분에 손이 닿지 않도록 조심한다.

신문이나 책, 상패 등을 전달할 때는 상대가 바로 볼 수 있도록 한다.

상대가 바닥에 앉을 때는 앉아서 전달하고 의자에 앉아 있거나 서 있을 때는 서서 전달한다.

물건을 들고 갈 때는 자세를 바르게 하고 양팔을 몸에 붙이고 물건을 허리 높이로 안정성 있게 든다.

물건끼리 부딪치거나 떨어뜨리지 않도록 조심하며 소중하게 다루어야 한다.

제2절 바른 인사법

인사는 많은 예절 가운데에서도 가장 기본이 되는 표현으로서 마음 속에서 우러나오는 상대에 대한 존경심과 반가움을 표현하는 행동의

하나이다.

인사는 받는 사람만의 기쁨이 아니라 하는 사람에게도 기분 좋은 일이다. 인사는 동서양을 막론하고 같은 뜻으로 행해지고 있으나 생활문화와 착용한 의복 등에 따라 그 방법이 다르다. 특히 우리나라는 기쁠 때나 슬플 때 먼저 절을 하고 말을 하는 정중한 인사방법이 행해져 왔는데, 인사의 종류를 크게 나누어 '서서 하는 절(立禮)'과 '앉은 절(坐禮)'로 구분할 수 있다.

서서 하는 절(立禮)로서는

정중례

보통례

목례

악수

거수경례가 있고,

앉아서 하는 절(坐禮)로서는

큰절

평절이 있는데 남자, 여자에 따라 절하는 방법이 다르다.

1. 서서 하는 절(立禮)

1) 정중례

졸업식, 결혼식, 시상식, 돌아가신 분의 영전 등 의식 때 정중하게 하는 절로서 윗몸을 앞으로 구부리는 각도에 따라 정중도가 나타난다.

남자는 두 팔과 손을 양 옆에 붙이고 여자는 두 손을 약간 앞으로 모으고 윗몸을 45도 정도 구부린다. 잠시 머물렀다 몸을 일으키는 우리의 일상생활에서 가장 많이 행하는 절이다.

자신의 발꿈치에서 1미터쯤 앞을 향해 상체를 25~30도 정도 구부린다. 동료나 아랫사람에게는 15도 정도 구부린다.

남자의 경우 양팔을 몸에 붙여서 하고 여자는 앞으로 두 손을 다소 곳이 모으면서 몸을 굽혔다 일어선다.

절을 할 때 절 받을 사람 앞에 너무 바싹 다가서지 말고 인사말이 들릴 정도인 2~5미터가량 앞에서 한다.

인사할 때 굽힌 윗몸은 2~3초가량 지난 후에 일으킨다.

3) 목 례

길 또는 실내나 복도에서 사람을 자주 대할 때 하는 절이다. 앉아 있거나 서 있을 때 또는 걸어갈 때, 바로 그 자리에서 윗몸을 굽히지 않고 눈으로 예를 표시하며 가볍게 머리만 숙이며 부드러운 표정을 짓는다.

4) 악 수

서구적인 인사방법으로 동성 간에는 윗사람이 먼저 청하고 이성 간에는 여성이 먼저 청해야 한다.

상대의 얼굴을 쳐다보면서 미소 띤 얼굴로 오른손끼리 마주 잡는다.

남성의 경우는 장갑을 벗고 하며 여성의 경우는 장갑을 끼고 해도 된다. 손을 너무 세게 쥐거나 잡은 손을 세게 흔들지 않으며 계속 잡은 채로 말하지 않는다. 인사가 끝나면 곧 손을 놓는다.

악수할 때는 오른손에 들었던 물건을 왼손으로 옮겨 들고 오른손으로 한다. 물이 묻었을 때나 땀이 난 손은 닦고 악수한다. 악수를 하며 인사를 할 필요는 없으나 상대가 자신과 현격한 지위의 차이가 있을 때에는 해도 된다.

남성의 사회적 지위가 높지 않은 한 이성 간에는 여성이 먼저 청하는 경우에만 악수를 한다.

5) 거수경례
군이나 경찰에서 주로 사용하는 경례로서 일반 사회에서는 모자착용 시 하기도 한다.

2. 앉아서 하는 절(坐禮)

1) 평 절
① 남자의 경우
절을 받을 사람으로부터 조금 떨어진 곳에 바른 자세로 서서 왼손을 위로 포개어 맞잡은 다음, 맞잡은 손을 허리선에 올리고 시선은 약간 아래를 본다. 맞잡은 손을 앞가슴 높이로 올리듯 하면서 왼발을 뒤로 조금 물리고 마주잡은 손은 바닥을 향한다.

왼쪽 무릎부터 꿇은 다음 오른쪽 무릎을 꿇어앉으면서 두 손은 마주잡은 채 바닥을 짚는다.

엎드려 잠시 멈춘 다음 자연스럽게 일어선다. 한두 발 뒤로 물러선 다음에 앉는다.

세배 때에는 세배한 후에 인사말을 하지 않고 어른의 덕담을 듣는다. 그러나 문안 시에는 절을 한 다음 안부를 여쭈어 본다.

절 받을 분이 함께 앉아 계실 경우 각각 절을 하고 난 다음에는 반드시 절하기 전의 자세로 섰다가 앉는다.

② 여자의 경우

절 받을 사람이 정좌한 후 조금 떨어진 위치에서 오른손을 위로 포개어 맞잡은 다음 양손을 자연스럽게 양옆으로 풀면서 시선은 약간 아래를 향한다.

왼쪽 발은 뒤로 조금 빼어 딛고 오른쪽 무릎을 세우고 앉는다. 상체를 20도 정도 구부리고 양팔은 어깨 넓이로 바닥을 살짝 놓는다. 팔이 굽혀지지 않도록 하고 고개가 떨구어지지 않게 한다.

잠시 조용히 멈춘 후 다시 조용히 일어선 다음 한두 발 뒤로 물러나 다시 앉는다.

2) 큰 절

큰절은 일반적으로 예식이나 의식 때 하는 절로서 결혼식 때나 제사 또는 상례 때 영전에서 하는 절이다. 두 번 절한다.

① 남자의 경우

평절과 같은 방법으로 하되 시작할 때와 끝날 때에 두 손을 눈높이까지 올리고 절을 한 다음 평절보다 조금 더 멈추었다가 일어선다.

절이 끝나고 나면 평절과 마찬가지로 조용히 일어선 다음 한 발 뒤로 물러서서 다시 앉는다.

② 여자의 경우

맞잡은 손은 눈높이까지 올린다.

윗몸을 바르게 하고 몸의 중심을 잡고 몸을 서서히 낮추며 편안한 자세로 앉거나 무릎을 꿇고 앉는다.

윗몸을 35도 정도 구부리고 평절보다 조금 더 멈춘다.

상체를 바르게 하고 일어선 다음 조용히 앉아 눈높이의 두 손을 가슴까지 내려 상대방을 향한다.

※ 읍(揖)은 두 손을 마주잡고 약간 원을 그리듯이 밖으로 하여 올리는 것으로 옛날에는 남자의 간단한 절이었으나 지금은 없어지고 남자 절의 전후에 쓰인다. 손을 올린 높이에 따라 눈높이를 천읍(天揖), 입높이를 시읍(時揖), 가슴높이를 지읍(地揖)이라고 하며 그 높이에 따라 공경도가 다르다.

제3절 우리 옷 예절

1. 우리 옷의 변천

우리의 의생활은 신라시대 진덕여왕 3년에 문무백관에게 중국의 관복을 입게 함으로써 중국복식과의 이중구조를 이루어 오다가, 조선시대 고종 32년 단발령을 내리고 서양 옷을 입어도 무방하다고 한 이후 오늘날까지 서양복식과 우리 옷의 이중구조를 이루고 있다.

우리 옷의 기본구조는 저고리와 치마, 바지로서 그 위에 갖가지 포(袍)를 덧입음으로써 신분의 구분과 예의를 표시하여 왔다.

옷을 중복하여 입음으로써 풍성함으로 위엄을 나타내고, 피부의 노출을 꺼렸던 당시의 의생활은 유교의 윤리관이 우리의 미의식을 형성하고 있던 시대로써, 조선조 중엽 이후 실학사상의 대두로 점차 간소화하기 시작하였다. 실학자들이 검소를 주장하면서 길이는 짧아지고 폭은 좁아지고 또한 여러 가지를 겹쳐 입던 중복의 습관으로부터 하나씩 없어지는 간소화 현상이 나타난 것이다. 그것은 새로운 사상의 도입으로 인해 우리의 미의식에서 변화가 있었음을 말해 주는 것이기도 하다.

1) 저고리

남자의 저고리와 바지는 그 모습에 있어서 커다란 변화가 없이 지금까지 비교적 전통적인 모습을 잘 보존하고 있다.

그러나 여자 저고리의 경우는 기본 구조에는 변화가 없지만 저고리의 길이, 소매넓이, 고름의 길이, 깃의 모양과 위치, 회장의 크기, 배래의 모양 등에 변화가 있었다.

저고리가 길어 엉덩이까지 내려오던 것이 점차 짧아지면서 허리에 메던 대(帶)가 없어지고 옷고름이 생겼다. 이 옷고름은 옷을 여미기 위한 것으로서 좁고 짧았던 것이 장식의 기능을 더하면서 지금과 같이 길고 넓어졌다.

소매는 넓이가 넓었다 좁아졌다를 반복하였고, 배래가 직선이던 것이 곡선으로 변화하여 오늘날 우리 옷의 특징인 선의 아름다움을 이루는 요소가 되었다.

2) 치 마

치마는 개화기에 어깨허리가 생기면서 통치마가 생기고 길이도 짧게 함으로써 실용성을 추구하기도 하였으나 서양 옷이 보편화되면서 우리 옷은 예복으로 정착되고 따라서 실용성을 추구했던 짧은 치마는 서양 옷으로 기능이 대치되면서 점차 다시 길어졌다.

치마는 착장법에 따라 꼬리치마와 거들치마라고 부르는데 거들치마는 치마의 꼬리를 앞가슴까지 끌어당겨 입는 것으로써 치마꼬리를 손

으로 잡기도 하고 허리춤에 허리띠나 앞치마를 둘러 고정한다. 이 결
과 엉덩이 부분 앞 위에 여분의 주름이 생겨 풍성하게 되며 단소(短
小)한 저고리와 어울려 실루엣을 형성하기도 한다. 또한 끌어올린 치
맛단 밑으로 드러나는 속바지는 우리 옷의 노출미라는 또 다른 멋을
이루기도 하였다.

이 꼬리치마는 거추장스런 치마말기를 간편하게 함으로써 활동을 편
하게 하는 기능적인 역할도 하였는데 점차 우리 옷이 예복화되어 가면서
기능적인 면이 무시되고 따라서 다시 꼬리치마로 복귀하게 되었다.

3) 속 옷

여성이 입던 속옷으로 다리속곳, 속속곳, 단속곳, 바지 외에도 스란
치마와 같은 의례용 옷에 받쳐 입던 무지기치마, 대슘치마 등이 있었다.

그러나 개화기에 속치마가 들어오고 팬티가 들어오면서 다리속곳,
속속곳, 단속곳 등이 없어지고 바지만이 남게 되었다.

4) 두루마기

두루마기는 과거에는 사대부 계급에서는 평상시 집에 있을 때, 서
민 계급에서는 외출할 때 웃옷으로 입어 왔던 것이 갑오경장에 이르
러 두루마기(周衣)만을 입게 함으로써 오늘날 우리 의생활의 포제(袍
制)를 이루게 되었다.

조선시대는 유교의 윤리관이 사회를 지배하던 시대로서 여성의 지
위가 남성에 비해 낮았고 여성의 외출조차 자유롭지 않았기 때문에
여성에게는 외출복이 발달되어 있지 않다. 따라서 일부 계층의 의례복
을 제외하고는 여성에게는 포(袍)가 없다. 지금의 두루마기는 여성이
외출할 때 얼굴을 가리던 장옷이 없어지면서 정식으로 입기 시작하였

다. 그래서 아직도 두루마기가 여성의 겉옷으로서 자리를 잡지 못하고
있다.

더욱이 서양복식이 도입되면서 우리의 의생활이 이중구조를 이루고
있어 우리 옷인 저고리와 치마 위에 방한복으로 오버코트를 입기도
하는데, 오버코트는 소매가 좁고 직선으로 되어 있어 소매가 넓고 곡
선으로 되어 있는 저고리의 겉옷으로 입는 데는 무리가 있다. 따라서
우리 옷을 입을 때는 여성의 경우도 두루마기를 입는 것이 좋겠다.

5) 조끼와 마고자

요즈음 평일 집 안에서는 조끼와 마고자를 많이 입는데 이 마고자
는 만주인이 입던 방한용으로서 우리나라는 대원군이 처음 입기 시작
한 것으로 알려져 있다. 훗날 남성용을 본떠 여성용 마고자가 생기게
되었다.

우리의 옷에는 주머니가 없어 허리춤에는 주머니가 달려 있는 것이
자연스러웠다. 그러나 조끼를 입으면서부터 이 주머니가 없어졌다. 이
조끼는 서양의 조끼를 본떠서 만든 것으로 서양 옷과 우리 옷의 이중
구조를 이루고 있는 의생활의 반영이라 하겠다.

6) 장신구

여성의 장신구로서 대표적인 것이 노리개이다. 노리개는 저고리의 안
고름 또는 치마허리에 차도록 되어 있으며 모양이 화려하고 섬세하며 다
양하여 평민에서 상류계층에 이르기까지 모든 여성들이 애용하였다.

노리개는 노리개 하나로 이루어진 단작과 세 가지 보석으로 된 삼작이
있다. 또한 노리개에 향갑을 만들어 그 속에 담고 다니기도 하였다.

가락지는 마음을 전달하는 징표로서도 이용되었고 건강에 좋다하여

끼기도 하였는데 계절에 따라 여름에는 옥가락지를 많이 끼고 겨울에
는 금가락지를 많이 꼈다.

귀걸이는 얼굴 부위를 장식할 수 있는 장신구로서 대부분 늘어뜨리
는 형식으로 형태는 고추형과 삼엽형, 나뭇잎형을 사슬고리로 연결하
였는데 귀에 걸거나 귓불을 뚫어 사용하였다.

주머니는 우리 옷에 주머니가 없었기 때문에 실용적인 면에서 제작
되기 시작하였으며 점차 장신구의 하나가 된 것이다. 조선시대 여인들
은 노리개에 차거나 주머니만을 단독으로 차기도 하였다.

7) 버선, 신

양말과 고무신, 구두가 들어오면서 버선을 거의 신지 않고 있다.
여성의 경우 우리 옷을 입을 때는 아직도 버선과 고무신을 신지만 남
성의 경우는 우리 옷을 입어도 양말과 구두를 신는 것이 보통이다.

2. 우리 옷의 미

우리 옷의 형태가 상하 분리형으로서 구성은 직선의 절개를 이용한
평면구성으로 이에 따라서 인체와 의복 사이에 공간이 형성되어 있어
자연스러운 주름곡선의 미가 있고 또 한국복식의 여유 있는 안정감이
있다.

저고리와 치마를 따라 흐르는 직선과 곡선으로 이루어지는 너그럽
고 유연한 선의 흐름은 우리 옷의 아름다움의 극치라 아니할 수 없다.

한옥집 추녀와 같은 저고리의 배래선과 넘실거리는 물결과 같은 도

련의 곡선, 그리고 칼날같이 예리한 동정의 직선과 섶과 도련의 만남에서 생긴 독특한 섶코의 조화는 찾아보기 힘든 아름다움이다. 또한 풍성한 주름 위에 곡선인 도련이 높여짐은 끝없는 여운을 남기게 한다. 그리고 치맛자락을 튕겨 나오는 하얀 콧날의 버선 모습은 너그럽고 부드러우며 우아한 가운데에서도 이지적인 여성의 매력을 풍기게 한다.

1) 소 재

수천 년 동안 여자들의 길쌈을 통해 명주, 무명, 마직 등 직조기술이 발달하여 재질과 문명에서 그 품위와 개성을 살릴 수 있도록 구분되었다.

한복감을 계절별로 면직물, 마직물(다듬질한 모시), 견직물(자미사, 숙고사, 진주사, 갑사, 국사, 관사, 숙항라, 부사견, 호박단) 등이 이용된다.

여름철의 한복감은 면직물(옥양목), 마직물(삼베, 모시, 생모시), 견직물(은조사, 생고사, 생노방, 생명주, 생항라, 갑사, 관사) 등이 있으며 사직으로 짠 색동은 어린이의 옷에 부분적으로 이용된다.

겨울철의 옷감으로는 면직물(무명, 옥양목), 견직물(공단, 양단, 법단, 구단, 능견, 명주, 비로도), 모직물 등이 쓰이며 수자직으로 짠 색동이 있다. 방한용으로는 솜을 두거나 모피류를 사용하기도 한다.

면직물(옥양목, 포플린, 융), 마직물(아사), 합성섬유(인견) 등은 안감으로 이용된다. 안감은 겉옷의 재질과 색상, 형태 등을 살려주는 데에 매우 중요한 역할을 하므로 그 선택은 매우 중요하다.

일반적으로 두꺼운 겉감에는 가볍고 얇으며 포근한 느낌을 주는 안감을 사용하며 색은 겉감보다 연한 동색 계열로 하거나 보색으로 한다. 얇고 비치는 겉감에는 되도록 질감이나 조직이 같은 흰색의 안감을 선택한다. 겉감의 문양과 색채를 조화시키기 위하여 색이 있는 안감으로 배색하기도 한다.

2) 문 양

문양은 인간의 마음에 달려 있는 미적 심성이 하나의 형을 통하여 의지가 형상화한 장식적 특성을 지니고 있으며 시대성이나 사회성이 반영되어 있는 미의 표현물로서 우리나라 옷감의 문양은 자연을 소재로 한 것이 가장 많으며 문자를 통하여 상징화하거나 추상적인 것도 있다.

자연문양으로는 구름문, 수파문, 산악문이 있고, 식물문양으로는 모란, 연화, 국화, 석류문양 등의 꽃문양과 사군자문양이 있으며 공상적인 식물문양으로는 불로초문, 당초문 등이 있다.

동물문양으로는 학, 기린, 용, 봉황, 거북, 사슴, 박쥐, 호랑이, 원앙, 공작, 곰, 나비문양이 있고 이 외에 기하학적인 문양이 있는데 이 문양들은 각기 상징하는 바가 다르다.

3) 색 채

우리 민족은 예로부터 '백의민족'이라고 불릴 만큼 흰색을 즐겨 입어왔다. 백색을 선호한 데는 물감이 발달하지 못했었다는 이유도 있을 수 있지만 그보다는 백색이 색으로의 개념 이전에 색을 통한 상징적인 종교적 신념이 잠재되어 있었기 때문이었을 것이다. 즉 백색은 태양을 의미하고 우리는 태양의 자손임을 의식하는 데서 백색 선호 사상의 유래를 설명할 수 있을 것이다.

한국 복식에서 백색 다음으로 많이 사용된 색은 푸른색 계통이다. 특히 옥색의 사용이 두르러진 흰 저고리에 옥색 치마는 우리나라 여성들이 평상복으로 가장 즐겨 입었다. 푸른색 계열은 치마에 많이 사용되었는데, 옥색 저고리에 남색 치마는 우리 민족의 차분한 정서를 그대로 나타낸 것이기도 하다.

또한 흰색은 검은색과 조화를 이루고 고고한 선비정신을 나타내기도 하는데 흰색 바탕에 검은 색으로 선을 두른 심의나 학창의 등이 그것이다.

3. 체형에 맞는 우리 옷

옷은 움직이는 인체를 대상으로 하기 때문에 의복의 생명력은 옷을 입음으로써 아름다움이 느껴져야 한다. 그러므로 의복은 인체와 하나가 되어 각각의 체형에 어울리도록 구성되어져야 한다.

1) 키가 작고 마른형

저고리의 품과 길이는 알맞게 하고 저고리에 장식을 하여 강조한다. 치마 길이는 길게 하고 치맛단이 약간 퍼지도록 한다. 색채의 배색은 명도가 단색이나 작은 문양이 있는 것으로 상, 하 같은 색이 무난하다.

2) 키가 작고 뚱뚱한 체형

보통 체형보다 저고리의 길이를 약간 길게 하고 품을 약간 넉넉하게 하며 진동, 소매넓이 등은 넓지 않게 한다. 저고리의 깃은 조금 길게 달고 고대는 꼭 맞게 하며 뒷도련 중심의 곡선은 약간 둥글리고 곁마기를 넓게 달아 저고리의 면적이 좁아 보이도록 하는 것도 효과적이다. 치마길이는 길게 하며 치마의 주름을 좁게 접어서 주름 윗부분을 10㎝ 정도 다린다. 색상은 채도가 짙은 상, 하 같은 색으로 하고 재질이 너무 유연하거나 빳빳한 것은 피한다.

3) 키가 크고 마른 체형

저고리의 길이는 약간 길게 하고 품을 넉넉하게 한다. 저고리의 깃은 조금 짧게 달고 섶은 넓게 단다. 치마폭을 넓게 하여 외형이 풍성하도록 한다. 치마와 저고리의 색상은 밝은 색으로 대담한 무늬나 가로무늬의 상하가 서로 다른 색으로 한다. 재질은 유연한 것보다는 빳빳한 것이 효과적이다. 키가 작아 보이게 하기 위해서 치맛단에 장식을 넣어 강조해도 좋다.

4) 키가 크고 뚱뚱한 체형

저고리의 길이와 깃은 약간 길게 한다. 뒷도련 중심의 곡선은 약간 둥글게 하고 앞도련에 앞처짐을 충분히 주어 약간 길게 한다.
치마보다 저고리의 색을 짙은 것으로 하는 것이 이상적이다.

4. 우리 옷의 손질법

1) 저고리 다림질

도련을 다릴 때는 다리미판 위에 저고리를 반듯하게 놓고 섶을 양쪽으로 젖혀 놓은 후 뒷도련부터 다리며 도련은 곡선이므로 늘어나지 않게 눌러 다린다.
고름을 다린다.

앞길과 뒷길을 다릴 때 바느질 솔기는 다리지 않는다.

동정은 바느질한 안쪽을 다린다.

2) 치마 다림질

허리와 끈을 다린다.

안단이 겉으로 나오지 않도록 단둘레를 다린다.

주름을 다릴 때 허리가 굵은 사람이나 풍성한 것을 좋아하지 않는 사람은 10㎝ 정도 주름 부분을 가볍게 다려준다.

겉자락과 단 부분을 너무 강하게 다리면 진솔맛이 나지 않으므로 주의한다.

3) 남자바지 다림질

안으로 뒤집어서 허리 위와 부리가 밀려나오지 않게 다린다.

겉으로 뒤집어 솔기 부분을 누르지 않고 전체를 다린다.

대님과 허리띠를 다린다.

4) 동정달기

겉깃 쪽의 동정 높이는 깃나비와 같은 치수로 한다. 저고리 안쪽에 동정의 겉을 대고 겉깃에서 안깃 쪽으로 바느질한 후 동정을 겉쪽으로 넘겨 안깃에서 겉깃 쪽으로 뜨면서 바느질한다.

5. 우리 옷 바르게 입는 법

우리 옷을 잘 입기 위해서는 우선 속바지, 속치마 등의 속옷을 잘 갖추어 입도록 한다.

치마꼬리는 왼쪽으로 가도록 입으며 버선은 수눅이 바깥쪽으로 가도록 신는다.

저고리의 동정은 V자가 되도록 동정니를 잘 맞추어 입는다.

저고리 진동 부분의 주름을 잘 정리하여 저고리의 매무새를 잘 가다듬는다. 남자의 바지는 먼저 앞과 뒤를 구분하여 작은사폭이 왼쪽 다리에 가도록 입으며 앞마루폭선을 앞중심에 두어 뒷마루폭선이 뒷중심에 가도록 입는다. 허리의 여유분을 모아 왼쪽으로 보내고 허리띠를 맨다.

○ 대님 매는 법

대님 솔기 끝을 발 안쪽 복사뼈에 대고 오른손 엄지손가락으로 꾹 눌러준다.

왼손으로 바짓부리를 잡고 발목을 한 번 돌려 오른손 엄지손가락이 누르고 있는 곳까지 가지고 와서 오른손으로 같이 잡는다.

남은 여유분을 왼손으로 잡고 뒤쪽으로 돌려서 바깥쪽 복사뼈까지 가지고 간다.

부리에서 2㎝ 올라간 곳에 대님을 두 번 돌려서 안쪽 복사뼈 있는 위치에서 외코로 매어준다.

○ 고름 매는 빙법

왼손은 긴 고름을, 오른손은 짧은 고름을 각각 아래서 받치듯이 손으로 들어준다.

오른손의 짧은 고름을 위로 가게 하여 x자형으로 교차시킨다.

위로 올라간 짧은 고름을 긴 고름 아래에서 감아 위로 뽑는다. 이때 왼손은 위로 올라가 짧은 고름을 잡고 오른손은 밑에 있는 긴 고름을 잡아 알맞게 잡아 당겨 준다.

위에 있는 짧은 고름을 왼손등에 한 번 돌려 감고 위로 향한 고름을 엄지손가락으로 살짝 눌러준다.

밑에 늘어져 있는 긴 고름 위쪽을 오른손으로 잡고 왼손의 인지와 장지 사이에 끼워준다.

왼손에 끼워있는 고름을 왼쪽으로 살며시 잡아당기고 오른손으로 두 가락의 고름을 조정하면서 살며시 잡아당긴다.

왼손은 고의 모양을 조정하고 오른손으로 두 가락의 고름을 합쳐서 모양을 바로 잡는다.

6. 우리 옷의 예절

우리 옷에 관한 예절 중에서 가장 까다로운 부분이 두루마기에 관한 부분이다. 원래 두루마기를 저고리, 바지 위에 입음으로써 우리 옷을 입은 모습이 완성되는 것이므로 격식을 차려야 할 곳에서는 두루마기를 입어야 한다.

그러나 요즘은 실내에 난방시설이 잘 되어 있어 이렇게 껴입는 것이 거추장스러울 때가 있다. 이럴 때 두루마기를 벗어서는 안 된다는 강박관념 때문에 불편해도 두루마기를 입고 있는 경우가 있다.

실내에서도 손님을 맞이하거나 절을 하거나 할 때는 입어야 하지만 그 외 특별한 사항이 없는 한 실내에서는 두루마기를 벗어도 된다. 그것은 여자의 경우도 마찬가지이다.

그러나 두루마기 대신 오버코트를 입었을 때는 현관에서 벗어들고 들어가는 것이 예의이다.

여성의 경우 두루마기가 없을 때는 숄을 두르기도 하는데 숄도 현관에서 벗어들고 들어간다.

우리 옷은 수천 년 동안 우리 민족과 함께 한 우리 민족의 정서가 담긴 옷으로써 우리 민족이 가장 잘 소화해 낼 수 있는 옷이다. 따라서 민족정신을 이어받기 위해 우리 옷에 대한 바른 상식을 알아야 할 것이다.

제4절 식탁 예절

우리나라 상차림의 종류에는 밥을 주식으로 하는 반상, 국수와 같은 면류를 주식으로 하는 면상, 생신이나 회갑, 결혼 등 대사 때 차리는 큰상, 축하연이나 회식 때 차리는 교자상, 아기 돌 때 차리는 돌상, 차례 때의 차례상, 제사 때의 제사상이 있고 식사 외에 다과와 술을 위주로 차리는 다과상과 주안상 등이 있다.

1. 반 상

반상은 상을 받는 사람의 신분에 따라 아랫사람에게는 밥상, 어른에게는 진지상, 임금에게는 수라상이라고 달리 부른다.

반상의 주식은 밥이고 여기에 기본으로 탕, 김치, 간장, 조치류와 찬품이 따른다. 반찬의 수에 따라 3첩, 5첩, 7첩, 9첩, 12첩 반상이 있고 외상이나 겸상, 셋겸상, 또는 두레반상으로 차린다.

반상의 첩수는 밥, 국, 김치, 장류, 찌개, 찜, 전골 등의 기본음식을 제외하고 뚜껑이 있는 찬을 담는 작은 그릇인 쟁첩에 담겨진 찬품의 수를 가리킨다.

원래 반상은 한 사람 앞에 한 상씩 차리는 외상차림이 원칙이었으나 차츰 겸상이나 두레반 형식을 취하게 하는 현대는 대부분의 가정에서 가족이 함께 모여 앉아서 먹는 두레반 형식으로 식사를 한다.

식단 작성의 요령은 계절에 따라 다소 다르게 쓰이지만 국, 밥, 찌개, 찜, 장류를 먼저 결정하고 이어서 반찬으로 편육, 전야, 회, 조림, 구이나 적, 나물, 생채, 장아찌, 젓갈, 마른찬 중에서 몇 가지를 뽑아 상을 차린다. 재료와 조리법은 될 수 있는 대로 겹치지 않도록 해야 한다. 즉 갈비로 국을 끓이면 찜은 닭이나 생선으로 하고 생선전을 하였으면 생선구이를 하지 않는다. 이 점은 영양소를 고루 섭취할 수 있도록 한 좋은 방법이다.

또 양념을 다양하게 써서 맛의 조화를 이루고 시각적으로는 고명이라고 하는 오색의 자연식품으로 장식을 한다.

이러한 반상차림은 일반가정에서는 3첩에서 7첩까지 허용되었고 9첩과 12첩은 대갓집이나 궁중에서만 사용되었는데 7첩 이상에는 곁상이 따른다.

1) 배선법

배선은 음식을 만들어 상차림을 할 때 상 위에다 음식그릇을 늘어놓는 것을 말한다.

우리나라의 상차림은 외상의 정식이지만 사정에 따라 겸상도 하고 두레반 형식으로 차리기도 하는데 먹는 사람의 수에 따라 배선법이 다르고 음식의 종류와 가짓수도 달라진다.

① 외상 차리기

배선은 음식을 먹을 사람이 먹기 쉬운 자리에 놓는 것이 원칙이다.

밥과 국은 앞에 놓고 마른찬은 뒤편에 놓는다. 국물이 있는 음식과 손이 자주 가는 음식은 오른편에 놓되 육류와 채소의 조화를 맞추고 색깔의 배합도 생각하여 놓는다.

상의 오른쪽에 수저 한 벌을 놓는데 숟가락이 앞쪽, 젓가락이 뒤쪽으로 가도록 나란히 하여 상 끝에서 3㎝ 정도 밖으로 나가게 놓는다.

맨 앞줄에서는 밥을 왼쪽, 국을 오른쪽, 찌개를 국 뒤쪽으로 놓는다. 종지는 왼쪽에서부터 간장, 초장, 초고추장 등의 순서로 놓는다.

김치보시기는 상 맨 뒷줄에 왼쪽부터 깍두기, 배추김치, 동치미의 순으로 놓는다. 제일 오른쪽에 국물김치가 오도록 한다.

반찬그릇은 중간 왼쪽으로 밑반찬류와 나물, 생채 등의 반찬을 놓고 오른쪽에는 더운 반찬인 전, 구이와 회, 편육, 수란, 김구이 등을 먹기 쉽게 놓는다.

② 겸상 차리기

겸상의 경우는 손님이나 손윗사람이 편하게 들 수 있도록 반찬의 위치나 앉는 위치를 고려하여야 한다.

수저를 각각 한 벌씩 놓고 밥과 국그릇은 따로 차린다.

찌개와 찜그릇은 손님이나 손윗사람에게 가까운 오른쪽에 놓고 종지들도 손님이나 손윗사람의 가까운 곳에 놓는다.

반찬류 중에서 더운 음식과 고기 음식은 손님이나 손윗사람 가까이 놓고 밑반찬은 아랫사람이나 주인 쪽에 놓는다.

2) 반상기(飯床器)

반상기는 유기, 은, 스테인리스 등의 금속으로 만든 것과 흙을 빚어 구운 토기, 도자기 등이 있고, 유리그릇과 나무로 만든 목기가 있는데

계절에 따라 구별하여 썼다. 단오에서 추석까지의 여름철에는 도자기로
된 것을 쓰고 겨울철에는 유기나 은기를 쓰는데 상에 오르는 대표적인
그릇은 다음과 같다.

　진지그릇: 진지 담을 그릇

　탕기: 국그릇

　조치보: 찌개그릇

　보시기: 김치, 깍두기 그릇

　종지: 간장, 초장, 초고추장 그릇

　쟁첩: 뚜껑 있는 찬 그릇으로서 이 쟁첩 수에 따라 3첩, 5첩, 7첩,
9첩, 12첩 반상이 된다.

　대접: 숭늉그릇

　쟁반: 그릇받침

3) 상을 올릴 때

　반상은 미리 부엌에서 차려서 상째 들어 손님 앞까지 옮긴다.

　외상 차림의 상을 들일 때는 다음과 같이 한다.

　어른을 아랫목에 앉으시게 한다.

　어른 앞에 상을 가져갈 때는 양팔을 겨드랑이에 붙이고 상을 가슴
높이로 든다. 이때 상은 앉아 계신 어른 앞에 밥과 국이 놓일 수 있도
록 든다. 어른 앞 1m 정도에서 상을 놓고 살며시 밀어서 식사하기
편하게 놓는다.

　우리나라 반상기는 대접을 빼고는 모두 뚜껑이 달려 있어 먹기 전
에 뚜껑을 열어야 하는데 김치를 중심으로 왼쪽의 음식 뚜껑을 먼저
열고 그 다음 오른쪽의 음식 뚜껑을 연다. 마지막으로 밥과 국의 뚜껑
을 연다.

뚜껑을 열 때는 네 손가락은 붙이고 소리가 나지 않도록 조심한다.

진지를 거의 다 잡수시면 국그릇을 내리고 대접에 숭늉을 담아 올린다.

상을 물릴 때는 상의 한 걸음 정도 앞에 다소곳이 앉아 가만히 자기 앞으로 끌어당겨 들고 나온다.

어른 앞에서 나올 때는 두어 걸음 뒷걸음으로 나와 돌아선다.

진지상을 물린 후 곁상에 후식을 차려 진지상과 같은 방법으로 드린다.

2. 면 상

국수와 같은 면류가 주식이 되는 상을 면상이라고 하는데 주로 점심때나 잔치 때, 간단하게 손님을 치르는 상이다.

주식으로는 국수나 만두, 떡국 등을 차리며 반찬으로 배추김치, 나박김치, 청장, 초장, 새우젓, 찜, 전유아, 편육, 잡채, 회 등을 차린다.

3. 주안상

약주에 안주를 곁들이는 상이 주안상이다. 술에 따라 안주도 달라지나 기본적으로 전유아, 편육 등 진안주와 몇 가지 마른안주를 낸다. 찌개, 전골 등 따끈한 음식이 나갈 때는 매우 잘 차린 주안상이 되고 생과일, 정과 등 후식까지 차리면 더욱 잘 차린 주안상이 된다.

4. 다과상

다과를 차린 상을 다과상이라고 하는데 다과상은 음식상을 물린 후 후식으로 내기도 하고 간단한 손님상이나 간식상으로 차리기도 한다.

수정과, 식혜를 비롯한 차에 유밀과, 각색 다식, 각색 강정, 유과, 각색 정과, 숙실과를 곁들인다.

5. 교자상

원래 우리나라의 식탁은 외상이 기본 상차림으로서 잔치 때 손님이 수십 명이 되어도 이들을 일일이 외상으로 모셨다. 그러나 사회생활이 복잡해지고 잔치도 많아져 겸상, 두레반상 나아서는 교자상으로 점차 바뀌어 왔다.

교자상에는 원래 음식을 한꺼번에 전부 차려서 들여갔으나 요즈음은 요리의 제 맛을 돋우기 위해 요리별로 차례차례 들여간다. 찬 음식을 먼저 들여가고 나서 더운 음식을 들여가며 화채나 과일과 같은 후식은 가장 마지막에 들여간다. 물론 개인 접시를 그때그때 바꾸는 것이 좋다.

수저, 냅킨, 컵, 개인접시와 기본 반찬은 손님이 도착하기 전에 미리 차려 놓는다.

여러 사람이 한 상에 앉도록 차리므로 주빈이 앉을 자리를 정한다.

음식은 한꺼번에 모두 차리지 말고 차가운 음식은 차갑게 더운 음식은 뜨겁게 하여 바로 내놓는다.

국물이 있는 김치나 화채 등은 큰 그릇에 담지 말고 손님 수대로 놓는다. 초고추장이나 초간장에는 작은 숟가락을 준비한다.

음식을 어느 정도 먹고 나면 밥이나 국수 등의 주식을 낸다. 음식이 멀리 있어 먹기 불편한 사람은 없는가 고루 살펴 불편이 없도록 하고 더운 음식이 식었을 때는 다시 덥혀 오고, 먹고 난 음식그릇은 치운다.

후식은 처음부터 놓지 말고 음식상을 다 치운 후 내놓거나, 자리를 옮겨 대접한다.

손님을 많이 초대할 때는 한국음식도 서양식의 뷔페스타일로 할 수 있다. 전채요리, 고기요리, 마시는 음료나 후식까지 골고루 한꺼번에 차리고 밥도 함께 곁들여 놓는다. 서양 사람들을 위해서는 흰밥 대신에 김밥을 보기 좋게 말아서 내놓는 것도 좋다. 그리고 수저와 함께 포크를 준비하는 것이 바람직하다.

일반적으로 우리나라 사람들은 상을 차릴 때 음식을 너무 많이 차리는 경향이 있는데 음식을 준비할 때 특히 잘하는 음식이나 특색 있는 음식 몇 가지로 정성껏 준비하는 것이 좋겠다. 음식의 종류는 너무 많으면 이것저것 맛을 보다 자칫 과식을 할 수가 있으니까 이 점도 염두에 둔다.

6. 각종 의례 상차림

1) 삼신상

아기를 출산하면 흰쌀밥을 짓고 미역국을 끓여 삼신께 감사하고 삼칠일에는 흰밥, 미역국, 나물을 만들어 친척을 불러 아기의 첫선을 보인다.

2) 백일상

아기가 태어난 지 백일이 되면 백설기, 수수팥떡, 인절미 등으로 백일상을 차린다.

백설기: 정결과 신성함을 의미하고

수수팥떡: 수수의 붉은 색이 부정을 막고 잡귀를 쫓아내는 의미가 있다.

인절미: 단단하라는 뜻이 있다.

3) 돌 상

아이가 태어난 지 1년이 되면 돌상을 차리는데 돌상에는 백설기, 수수팥떡, 인절미, 과일과 돈, 쌀, 책, 벼루, 먹, 붓, 실, 활, 가위, 자, 대추 등을 놓는다.

그 상징하는 바는 다음과 같다.

돈과 쌀: 부자

책, 벼루, 먹, 붓: 학문

실: 장수

활: 무술

가위나 자: 바느질 솜씨

대추: 자손 번성

4) 큰 상

큰상은 혼례나 회갑 등 경사로운 일이 있을 때 차리는 상이며 음식을 고이는 높이는 5치, 7치, 9치, 1자, 1자 3치, 1자 5치 등 홀수로 한다.

차리는 음식은 계절과 지방에 따라 조금씩 다르다.

건과류: 대추, 생률, 은행, 호도, 실백, 곶감

생과류: 약과, 매작과, 강정, 빈사과 등

당속류: 월당, 옥춘당, 줄병류, 팔보당 등

다식류: 흑임자다식, 송화다식, 방다식 등

편류: 백편, 꿀편, 싱검초편, 주악, 단자, 화전 등

정과류: 연근정과, 정매정과, 생강정과

포류: 육포, 어포, 문어포 등

적: 쇠고기적, 닭적 등

전: 생선전, 고기전, 갈납전 등

초: 전복초, 홍합초 등

큰상 곁에는 꽃과 화분으로 장식하고 면상을 차려 상 받는 분 앞에 놓아 드린다.

5) 제사상

제사상을 차리는 것을 진설한다고 한다. 진설법은 가문에 따라 조금씩 다른데 보통 좌포우혜, 홍동백서, 어동육서, 두동미서, 조율이시의 원칙을 기본으로 한다. 여기에서 동서남북은 제사 지내는 사람이 선 위치에서 말하는 것이다.

신위 앞에서부터

제1열: 주식 - 밥(메) 국(갱)

제2열: 술안주 - 적, 전

제3열: 탕(湯)

제4열: 밥반찬 - 나물, 간장, 침채

제5열: 후식 - 과일

제사상에 차리는 음식을 제수(祭需)라 하는데 제수의 종류는 지방

과 가문에 따라 조금씩 다르다.

술: 청주나 정종

메: 흰밥

탕: 육탕, 어탕, 소탕, 봉탕, 잡탕

적: 육적, 어적, 소적, 봉적, 채소적

전: 생선전, 육전 등

포: 어포, 육포, 문어포, 북어포 등

편: 백편, 꿀편 등

나물류: 도라지, 고사리, 고비, 버섯나물 등

식혜: 식혜 밥만 놓는다.

과일: 배, 감, 대추, 밤 등

숙과: 강정류, 다식류, 정과 등

제5절 방문과 응대

1. 방문 예절

현대 산업사회는 개인주의 경향이 짙어 인간관계가 점점 삭막해져 친척 간 또는 동료 간에도 서로 방문하는 일이 점점 줄어들고 있다. 그러나 기쁜 일은 기쁜 일대로 슬픈 일은 슬픈 일대로 아는 사람과 함께 나눌 수 있는 사회가 바람직하다 하겠다.

남의 집을 방문하여 사람을 만나 대화를 나눈다는 것은 그만큼 대인 관계가 더 두터워짐을 뜻하는 것으로 예의바른 방문 태도는 평소

느끼지 못했던 인품을 느끼게 하는 기회가 되기도 한다.

방문하기 전에 참고할 사항은 먼저 방문의 성격이다. 경사스러운 일로 인한 방문인가 아니면 그 반대의 방문인가, 경사스럽다면 어떤 내용이 있는가를 알아야 한다. 승진, 합격, 축연, 병문안, 조문 등등 방문의 내용과 목적에 따라 복장, 장신구, 언어 등을 잘 선택하여 실례를 범하지 않아야 할 것이다. 방문 예절에 관한 일반적인 사항은 다음과 같다.

1) 방문 장소가 집인 경우

현대인들은 나름대로 바쁜 일정 속에서 살고 있기 때문에 특별한 초대의 경우가 아닐 때에는 미리 전화로 방문할 시간을 약속하고 목적을 알린 다음 약속한 시간에 방문을 하도록 한다. 상대방의 형편도 알아보지 않고 막연히 있겠지 하거나 친한 사이라고 해서 아무 때나 방문하는 것은 좋지 않다.

우선 방문의 목적, 방문 일시, 면담 소요시간, 방문인 이름 등을 미리 전화를 걸어 확인하고 약속한다. 그런 다음 마음을 전할 수 있는 선물을 준비한다. 방문 당일에 한 번 더 전화를 걸어 확인하고 약속 장소에는 5분 정도 전에 도착하도록 한다. 늦을 경우에는 사전에 전화를 걸어 양해를 구한다.

현관에서 벨을 누르고 응답이 없으면 잠시 기다렸다 다시 벨을 누른다. 벨이 없을 때는 "계십니까" 또는 "실례합니다"라고 말한다. 주인의 안내에 따라 안으로 들어간다. 현관에서는 가볍게 15도 정도로 인사를 하고 응접실이나 좌식방으로 안내되어 주인이 정좌를 했을 때 정식으로 인사한다. 준비한 선물은 현관에서 조용히 자연스럽게 건넨다. 내용물은 살짝 말해도 무방하다.

코트나 장갑은 현관 앞에서 벗어 주인이 안내하는 곳에 둔다.

용건이 있을 경우엔 차나 다과가 나오고 1~2분 지난 후에 말한다. 너무 늦게까지 용건을 말하지 않으면 오히려 주인 쪽에서 불편해지므로 적당히 기회를 봐 용건을 이야기한다.

만약 모르는 사람을 방문할 경우에는 전화로 용건을 대략 설명을 하고 중간에 소개를 해 준 사람이 있을 때는 그 소개를 한 사람에게 어떤 사람이 어떤 용무로 찾아갈 것이라는 전화를 미리 해 두도록 부탁한다. 방문시간은 너무 이른 시간이나 식사 시간, 너무 늦은 시간은 피한다. 그리고 용건이 끝나면 바로 돌아가는 것이 예의다.

방문할 때의 옷차림은 청결하면서도 단정하고 품위 있는 것이 좋은데 방문 목적을 고려하도록 한다. 집의 분위기도 미리 파악하여 좌식일 경우에는 짧은 타이트스커트는 피하도록 한다.

차나 다과를 대접받게 될 때는 사양하지 말고 맛있게 먹으며 부득이한 사정으로 먹지 못할 때는 그 사유를 말한다. 성의껏 내놓는 음식을 먹지 않을 때는 무엇인가 경계하는 느낌이 들어 허심탄회한 대화가 이루어지지 않는다.

먼저 오신 손님이 있을 때에는 가볍게 목례를 하고 주인과 인사를 나눈 다음 주인이 소개를 하면 "처음 뵙겠습니다. 저는 ○○○입니다"라는 정도로 인사를 하고 먼저 오신 손님의 용무가 끝나기를 조용히 기다린다. 합석을 하게 되었을 때도 상대방의 대화에 끼어들지 않도록 한다.

시간을 약속했다고 해서 먼저 온 손님을 무시하고 먼저 이야기를 하는 것은 먼저 온 손님에게 실례가 되므로 주의한다.

방문 시기는 방문 목적에 따라 다르다. 새해 인사는 정월달 보름 전에 하고 출산을 축하하기 위한 방문은 예로부터 삼칠이라 하여 3주

정도는 지난 후에 하며 승진이나 입학 등 기쁜 일은 즉시 하는 것이
좋다.

남의 집을 방문할 때는 정성이 담긴 선물을 준비한다. 선물은 본인
의 형편에 맞는 범위에서 방문 목적을 고려하여 준비한다. 너무 값비
싼 선물은 상대에게 부담을 주게 되므로 오히려 실례가 된다. 특히 부
탁을 하기 전에 방문할 경우 값비싼 선물은 하지 않는다.

2) 방문하는 장소가 사무실일 때

직장생활을 하다 보면 남의 사무실을 방문해야 할 일이 많다. 방문
하기 전에는 반드시 만나고자 하는 사람과 날짜, 시간을 약속하고 용
건을 알린다. 방문은 상대편의 요청에 의한 경우가 있고 방문하는 측
에서 필요해서 하는 경우가 있다. 어느 경우이든 방문하는 사람은 자
신의 직장을 대표하고 있다는 자부심을 갖고 당당하게 행동한다.

그리고 방문하는 데 필요한 서류, 명함 등 빠진 것은 없는가 확인
을 한다. 회사에서 나온 기념품이 있다면 그것도 준비를 한다. 기념품
의 개수가 많지 않을 때 담당자에게 살짝 전하면 주위의 오해를 살
수 있으므로 여러 사람 앞에서 "이것 기념품입니다만 몇 개 안 됩니
다"라고 내용물이 무엇인지 밝혀준다.

약속시간 꼭 지키고 늦을 경우 사전에 양해를 구하다.

남의 사무실을 방문하여 앉자마자 담배를 피우는 것은 실례이다.
담배는 본론이 시작된 후에 피우도록 한다.

방문객이라도 금연구역을 지키는 것이 예의다. 만약 접대용 담배를
권유받았을 때는 담배를 피우지 않을 때는 사양을 하고 피울 때는 고
맙다는 말을 잊지 않는다. 접대용 담배의 경우 두 번째의 담배는 주인
이 권하지 않아도 "한 대 더 피우겠습니다"라고 하고 피우면 된다. 그

러나 그 이상은 피우지 않는 것이 예의다.

용건은 간단하고 신속하게 처리하며 돌아갈 때는 여럿이 함께 쓰는 사무실의 경우 분위기를 보아 각자가 자신의 일에 바쁜 듯싶으면 담당자에게 조용히 "나중에 갔다고 인사 전하여 주십시오"라고 부탁을 하고 조용히 돌아간다.

약속을 하고 방문을 하여도 상대가 없을 때는 명함이나 메모를 남겨 다녀갔음을 알린다.

3) 축하와 위로 방문

결혼식에 참석할 때의 복장으로는 정장으로 하며 선물은 새살림에 필요한 것이 좋고 돈으로 할 경우는 서식을 갖추도록 한다.

출산 축하 선물은 아기용품 등이 좋겠다.

생일선물의 경우 생일을 맞은 당사자에 대한 선물도 좋겠지만 낳아주신 부모님에 대한 선물도 괜찮다.

병문안을 가기 전에 먼저 환자 면회 시간이 언제인가 알아본다.

그리고 미리 전화로 환자의 상태를 알아보고 가겠다는 것을 알린다. 아무리 환자라도 손님 맞을 마음의 준비가 필요한 것이다. 경우에 따라서는 면회가 금지되어 있을 수도 있다. 이때는 무리하게 환자의 면회를 요청하지 말고 간병하는 가족에게 대신 위로의 말을 전하고 돌아온다. 환자의 면회시간은 15분 내외로 한다.

병문안을 가서는 화제는 너무 무거운 것보다는 일상생활에서 있었던 일 중 재미있었던 일, 환자가 궁금해하는 것 등 가벼운 것으로 하고 환자가 희망을 가질 수 있는 내용이 좋겠다.

병문안 갈 때의 선물로는 환자가 회복하는 데 도움이 될 수 있는 과일이나 음료, 가볍게 읽을 수 있는 책이나 조용히 들을 수 있는 카

세트테이프 등 환자를 즐겁게 할 수 있는 것이 좋다. 선물 대신 돈을 갖고 갈 때는 단자와 봉투에 '기 쾌유(祈 快癒)'라고 쓴다.

조문은 부고를 받고 빈소나 장지로 가도록 한다. 요즘 장례는 대체로 3일장이기 때문에 망설이다 보면 조문의 기회를 놓치기 쉽다.

조문하러 갈 때에 가장 중요한 사항은 함께 슬퍼하고 위로해 준다는 마음가짐이라 하겠다.

조문을 갈 때의 옷차림은 화려한 색이나 요란한 무늬의 옷을 피하고 검은색이나 짙은 남색 등 짙은 색 계열의 검소한 것으로 한다.

넥타이나 구두는 되도록 검은색으로 한다.

여성의 경우 짙은 화장은 삼가고 액세서리도 하지 않는다. 상가 도착 시 오버나 코트는 대문 밖에서 벗고 들어간다. 조문 예절은 종교에 따라 차이가 있으나 일반적인 예절과 절차는 다음과 같다.

빈소에 도착하면 상주에게 목례를 한 다음 영정 앞에 무릎을 꿇고 앉는다.

그다음 분향을 한다. 나무향이면 왼손을 받친 오른손으로 향을 집어 향로 속에 넣으며 막대향은 촛불에 불을 붙여 향로에 꽂는다. 향에 불을 붙이면 입으로 불거나 흔들지 말고 조용히 기다리면 저절로 꺼진다.

향을 피우고 난 뒤 조금 물러나 영정을 향하여 두 번 절을 한다.

분향을 마치면 한 걸음 물러나 상주와 맞절을 하고 애도의 인사를 한다.

꽃을 올릴 때에는 오른손으로 받아서 꽃봉오리가 조문객을 향하게 놓는다. 꽃병이 준비되어 있으면 꽃병에 꽂는다.

2. 응대 예절

1) 가정에서의 방문객 응대

손님이 찾아올 계획이 있으면 미리 집안 청소를 하고 옷차림을 단정히 하며 약간의 다과를 마련하는 등 손님 맞을 준비를 한다.

약속한 손님이 찾아오면 반갑게 맞이하며 우산이나 코트는 받아서 정리를 하고 응접실로 안내한다. 응접실이 따로 없을 때는 미리 손님을 맞기 위해 준비한 곳으로 안내한다.

찾아온 손님이 연로하시거나 편찮아 보일 때에는 잠시 편안하게 쉬시도록 권한다.

손님이 자리에 앉고 인사가 끝나면 다과를 내온다.

용건이 있어 찾아온 손님의 경우 용건을 쉽게 꺼낼 수 있도록 분위기를 편안하게 해 준다.

손님이 어린이를 동반하였을 경우에는 어린이가 놀 수 있는 장난감이나 책들을 줘서 어른들의 대화에 방해되거나 끼어들지 않도록 한다.

또한 어린이가 만지거나 하여 잘못하여 손상될 만한 것이나 위험한 것은 미리 치운다.

손님이 들어갈 때에는 잊고 가는 것이 없는지 살펴주고 옷매무새를 바로 할 수 있도록 도와준다. 그리고 작은 기념품을 준비했다가 방문 기념으로 주면 더욱 좋다. 일반 주택의 경우 대문까지 나가 전송하고 아파트인 경우 최소 건물 앞까지는 나가 전송한다.

손님이 연로하시거나 몸이 불편할 경우에는 차를 타는 것까지 확인한다. 그리고 손님이 집에 도착할 무렵에 전화를 걸어 잘 가셨는지 확인한다.

가끔 예고 없이 손님이 찾아오는 경우가 있다. 그럴 경우 싫은 표정을 지어 손님을 무안하게 하는 일은 없어야겠다. 집 안이 좀 어지럽더라도 손님을 맞을 수 없을 때는 사정을 이야기하고 그 자리에서 약속을 정한 다음 그날 방문하여 줄 것을 요청한다.

2) 사무실에서의 방문객 응대

사무실은 항상 손님을 맞을 준비를 하고 있어야 하는데 우선 손님이 오면 자리에서 일어나 반갑게 맞이한다. 그리고 무슨 일로 찾아왔는지 용건을 묻는다. 그 자리에서 해결할 수 있는 일은 바로 해결하고 그렇지 못할 때는 응접실로 안내하여 담당자를 연결해 준다. 담당자가 자리에 없을 경우 담당자는 누구이며 지금 자리에 없는데 몇 시쯤 돌아올 것이라는 상황설명을 한다. 일이십 분 정도 후에 돌아올 수 있다면 기다리도록 권하고 차를 대접한다. 그러나 담당이 돌아올 시간이 멀었다면 돌아갔다가 다시 올 것을 권한다. 그것이 여의치 않을 때는, 약속도 하지 않고 온 손님에게 문제가 있지만, 최대한 편의를 봐주도록 성의를 보여 회사의 이미지에 손상이 가지 않도록 한다.

그러나 약속이 되어 있는 손님이 오면 기다리고 있었다는 듯이 반갑게 맞이하여 응접실이나 상담실로 바로 안내한다.

손님이 무거운 물건이나 부피가 큰 물건은 같이 거든다.

안내할 때는 손님보다 이삼 보 가량 비스듬히 앞서서 안내한다.

응접실에 들어갈 때는 노크를 하고 잠시 기다렸다가 들어간다. 일반 사무실에 들어갈 때도 마찬가지이다.

문이 밖으로 열게 되어 있는 경우 안내인은 문을 열고 손님을 먼저 모신다. 하지만 문이 안으로 미는 경우에는 안내인이 먼저 들어가 손님을 모신다. 자리에 앉아 인사가 끝나면 차를 권한다.

손님이 담배를 피우려 할 때는 손님이 가깝게 있다면 담뱃불을 붙여 줘도 좋다.

손님을 기다리게 할 경우에는 신문이나 사보 등을 갖다 드린다.

손님이 오래 있을 경우 차를 한 잔 더 갖다 드린다.

차를 대접할 때 손님에게 먼저 준비되는 차 종류를 이야기하고 주문을 받는다. 차는 손님 앞에 먼저 드린다. 그러나 손님이 아주 어리거나 응대하는 사람의 제자, 자손들일 때는 예외이다. 손님이 여러 사람일 경우 직급이 높은 사람부터 드린다. 그런데 더 직급이 높은지 잘모를 때는 응대하는 사람에게 살짝 눈으로 도움을 요청한다. 그것이 잘 되지 않을 때는 상석에서부터 드린다.

차 쟁반은 한쪽에 놓고 두 손으로 차를 놓는데 쟁반을 놓을 곳이 적당하지 않을 때는 왼손에 쟁반을 들고 오른손으로 차를 놓는다. 차가 모두 나오면 응대하는 사람은 '드세요'라고 권하며 함께 마신다.

과자나 케이크가 있을 경우 케이크를 왼쪽, 차를 오른쪽에 놓는다. 차를 대접할 때 손잡이가 왼쪽으로 가고 스푼은 찻잔의 앞쪽에 놓는다. 전송할 때는 손님에 따라 차가 있는 곳까지 갈 수도 있고 현관까지 갈 수도 있는데 최소한 엘리베이터를 타는 것까지는 본다.

손님이 돌아가고 나면 즉시 정리를 하여 다음에 오는 손님을 바로 안내할 수 있도록 한다.

3. 소개와 명함 사용

1) 소 개

사회활동이 많아짐에 따라 대인관계의 폭도 넓어진다. 대인관계에 있어서 가장 처음 시작되는 일은 소개이다. 소개에 있어서는 자신을 스스로 소개할 수도 있고 다른 사람이 대신 소개하여 줄 수도 있으며 또 경우에 따라서는 다른 사람을 소개해야 하는 일도 생긴다. 어떤 경우이든 소개는 그 사람의 인상을 결정지을 수도 있는 중요한 일이므로 소개를 하는 본인이나 소개를 받는 사람 모두에게 중요한 일이다.

소개의 순서로는 일반적으로 연하자를 연장자에게 먼저 소개하고 사회적 지위가 낮은 사람을 높은 사람에게 먼저 소개한다. 또한 이성 간에 있어서는 남성을 여성에게 먼저 소개한다.

사회적 지위와 연령이 각각 다를 때는 사회적 지위를 우선한다.

어떤 모임에 처음 참석하는 사람을 소개할 때는 처음 참석하는 사람을 전원에게 먼저 소개한다.

그러나 국왕이나 성직자와 같은 분에게는 남녀노소의 관계없이 먼저 인사를 하게 소개한다.

여러 사람 앞에서 자신을 소개할 때는 바른 자세로 서서 성명, 소속, 하고 있는 일 외에도 때와 장소에 따라서 가족상황, 살고 있는 곳, 결혼 여부, 나이, 장기 등 자신을 오래 기억할 수 있도록 간결한 내용으로 정리하여 분명한 발음과 밝은 표정으로 한다. 때와 장소에 맞지 않는 내용을 장황하게 설명하거나 너무 짧은 소개는 오히려 자신의 인상을 나쁘게 한다.

요즘은 소개가 끝난 후에는 노래나 기타 장기 등을 요구하는 경우도 있으므로 준비해 두었다가 하도록 한다. 이때 너무 지나친 사양은 분위기를 어색하게 만들 수 있으므로 적당하게 요구에 응하도록 한다. 장기가 많은 사람 중에는 다른 일정은 고려하지 않고 자신의 장기를 충분히 보여주려고 장시간을 끄는 경우도 있는데 이것은 바람직하지 않다.

그리고 남을 소개할 때는 먼저 소개를 받을 사람에게 양해를 구하는 것이 순서이다. 어머니에게 친구를 소개할 때 "어머니 제 친구를 소개하겠습니다"라고 양해를 구한 다음 "제 친구 ○○입니다" "이분은 우리 어머니셔"와 같이 한다. 이때 친구에 대해서 이름뿐 아니라 "이 친구는 특별히 ○○과목을 잘해요"라거나 "지난번에 제가 어려운 일이 있을 때 도와줬던 그 친구예요"와 같은 소개말은 어머니에게 그 친구를 빨리 이해할 수 있도록 할 뿐 아니라 친구관계도 알 수 있어서 좋다.

그러나 과장된 말이나 거짓말 등은 오히려 본인을 당황하게 만들 뿐 아니라 나중에 과장이나 거짓이 드러날 때 소개한 사람과 본인 모두 신의를 잃게 되므로 주의하도록 한다.

소개를 받았을 때에는 서서 인사를 하며 "잘 부탁합니다"라거나 "반갑습니다"와 같은 인사말을 한다. 또한 소개된 내용에 보충할 것이 있으면 보충을 하고 잘못된 부분이 있으면 정정을 하도록 한다. 잘못된 내용을 정정할 때는 소개한 사람에게 누가 되지 않도록 세심한 주의를 하도록 한다.

소개장을 써 줄 때도 마찬가지로 소개할 사람의 성명, 학력과 약력 외에 나와의 관계, 소개의 목적 등을 밝히며 과장이나 거짓은 없도록 한다. 그리고 소개장을 받을 사람에게 미리 전화를 하여 어떤 사람이 찾아갈 것이라고 미리 알려주는 것이 좋다. 소개장을 받고 용무를 본 사람은 그 결과를 소개장을 써 준 사람에게 즉시 알려준다.

2) 명함 사용

명함은 그 사람의 인격이고 얼굴이기 때문에 소개할 때 빠뜨릴 수 없는 것이다.

따라서 구겨지거나 더러워진 명함은 사용하지 않으며 받은 명함도 함부로 하지 않는다.

명함은 명함집에 따로 보관하되 꺼내서 상대편에 건네기 쉽도록 한다.

명함을 꺼내기 위해 아래 위 주머니를 모두 뒤져보거나 핸드백을 이곳저곳 뒤지면 어딘가 정리가 안 되어 있는 사람으로 인상이 남을 수 있기 때문에 꺼내기 쉽도록 깨끗이 잘 보관하도록 한다.

또한 명함을 보관할 때 남성의 경우 상의 윗주머니에 넣어야 하며 여성의 경우는 핸드백에 넣는다. 특히 뒷주머니에는 넣지 않도록 한다.

명함을 주고받을 때는 서서 하며 소속과 이름을 서로 밝히고 받은 명함과 비교해 보는 등 상대편에 대한 성의를 보인다.

명함을 주고받을 때는 아랫사람이 먼저 윗사람에게 준다. 즉 먼저 소개된 사람이 나중에 소개된 사람에게 먼저 주고 나중에 소개된 사람이 나중에 준다. 주고받을 때에는 왼손으로 받고 오른손으로 준다. 명함을 받는 즉시 보지도 않고 주머니나 핸드백에 넣지 말고 반드시 읽어보며 어려운 글자가 있을 때는 어떻게 읽는가 물어도 실례가 아니다.

특히 소속이 밝혀져 있는 명함을 사용할 때는 지극히 사소한 일이거나 유흥가와 같은 곳에서 사용하여 소속된 곳의 명예를 실추시키는 일이 없도록 한다.

제11장 가정의례

제11장
가정의례

관례, 혼례, 상례, 제례의 사례는 일생의 중요한 마디마디에 행해지는 의례로서 가족이라는 혈연집단을 하나의 단위로 해서 치러지기 때문에 가정의례라고도 부른다.

농경사회에서 가족은 의식을 해결하는 사회의 기본집단으로, 개인이 가족을 떠나서는 생존을 할 수가 없기 때문에 농경사회를 바탕으로 한 우리의 조선왕조는 이 관혼상제례를 실천윤리로서 승화시키고 가족을 교화의 장으로 생각하였다.

조선왕조는 특히 예치주의를 표방하기 때문에 가정 내에서 행하는 가례 즉, 관혼상제를 소홀히 하지 못하도록 법으로 정하였다.

그러나 농업을 위주로 한 사회에서 상공 위주의 사회로 전환해 가면서 발생한 도시화는 재래적인 지역공동체의식의 붕괴를 초래하였고, 따라서 농경사회를 바탕으로 한 우리의 전통적인 관혼상제도 근대화한 우리 사회에 그대로 적용할 수 없는 부분이 발생하였다.

　　이에 전통과 현대산업사회에 적합한 가정의례의 제시를 통해 전통
문화가 현대산업사회로 이행하는 과정에서 발생하는 갈등을 해소하고
국민 화합을 이룰 수가 있을 것이다.

제1절 관 례

1. 관 례

　　『문공가례』나 『사례편람』에 따르면 남자는 15세에서 20세 사이에,
부모나 본인에게 기년이상의 복이 없으면, 관례를 행하도록 되어 있다.
　　관례는 땋아 늘였던 머리를 틀어 올림으로써 외형상 어른이 되는
의식으로, 갑오경장 때 단발령이 내려지면서 상투가 없어졌으므로 형
식상의 관례는 없어진 것이다.
　　그러나 단발령 이전에도 조혼의 풍습으로 인해 관례는 혼인이 결정
되어 택일을 한 다음에 행하였기 때문에 혼인의례에 흡수되었다고 볼
수 있다.
　　현대에서는 만 20세가 되면 특별한 의식을 치르지 않고도 법률적
으로 성인으로서 인정을 받도록 되어 있고, 정부에서는 매년 5월의
셋째 월요일을 '성인의 날'로 정하여 기념식을 통해 성인으로의 권리와
함께 사회에 대한 책임감을 일깨워 주고 있는데 사실상 이것이 현대
식의 관례이다.

2. 계 례

계례란 여자의 관례로서 비녀를 꽂는 의식을 말한다.

계례가 예서에는 정해져 있지만 실제로 행한 사례는 없다.

혼례의 절차 중 마지막 절차인 전안례와 합근례, 교배례를 의해 신랑이 신부집에 도착하기 직전 머리를 올려 쪽을 지고 족두리를 쓰게 되는데 계례가 머리에 비녀를 꽂는 의식이라면 이것을 계례라고 해야 할 것이다.

3. 성인식

관례와 계례가 현대에서는 모두 없어진 의식이지만 한 인간이 태어나 성장하여 사회의 일원으로 정당하게 참여하게 되었음을 축하해 주고 앞으로 사회에 대한 책임을 느끼도록 하기 위해 간단 하게나마 가족끼리라도 축하연을 겸한 성인식을 행하는 것은 의미 있는 일이라 하겠다.

성인식에 따르는 특별한 절차나 형식은 없지만, 정부에서 정한 '성인의 날'이나 만 20세가 되는 생일날, 가족과 가까운 친척이 모인 가운데 그동안 키워 주신 부모님께 대한 감사의 인사와 함께 성인이 되는 자녀에게 부모님의 당부의 말씀과 기념품 성도가 있으면 되겠다.

제2절 혼 례

혼례는 이성(二性)이 결합하여 가정을 이루고 새로운 인생을 출발

하는 의식으로서 인간의 일생에 있어서 참으로 중요한 일이 아닐 수
없다.

　가족이 사회의 기본단위를 형성하던 우리의 전통사회에서는 혼인이
가족을 형성하는 계기로서 또 가족의 지속성을 위해서 혼례를 소중히
여기고 성대히 거행하였을 뿐 아니라 예서에 충실히 따르도록 하였다.

　고례(古禮)에 따르면 혼례는 의혼, 문명, 납길, 납징, 청기, 친영의
육례로 이루어져 있었으나 주자가례(朱子家禮)에는 의혼, 납채, 납폐,
친영의 사례로 되어 있다. 이 육례와 사례는 혼용되어 우리나라에 도
입되어 우리나라 혼례의 규범을 만들었다.

1. 고례(古禮)의 혼례

　납채(納采): 신랑집에서 청혼을 하고 신부집에서는 허혼을 하는 의
례. 중매인을 여가에 보내어 청혼을 구두로 하고 여자집에서 이를 허
락한 뒤에야 채택의 예를 행하게 되어 있다.

　문명(問名): 납채가 끝난 뒤 남자집의 주인이 서로 서신을 갖추어
사자를 여자집에 보내어 여자의 생모의 성(姓)을 묻는 절차.

　납길(納吉): 문명한 것을 갖고 점을 쳐 얻은 길조(吉兆)를 여자집
에 보내는 절차. 납길이 끝나면 정혼이 결정된 것으로 본다.

　납징(納徵): 남자집에서 여자집에 선물을 보내어 혼인의 성립을 더
욱 확실하게 해주는 절차. 폐백을 사용함으로 납폐(納幣) 또는 납성
(納成)이라고도 한다.

　청기(請期): 정혼한 후에 성혼의 길일을 정하는 것.

　친영(親迎): 혼인의 육례 중 마지막으로 행하는 절차로서 혼인을

완성시키는 의례. 신부를 맞이하여 남자집에서 행해지는 모든 절차가 포함된다.

2. 우리나라의 전통혼례

고려 말 주자가례를 근거로 한 중국의 혼례를 도입하여 조선조에 이르러서는 사대부층에서 가례에 준한 우리나라 혼례의 이상형을 다투어 제시하였다. 그중 가장 보편화된 것이 『사례편람』이었다. 『사례편람』의 혼례는 의혼, 납채, 납폐 그리고 친영의 네 단계로 이루어졌다.

그러나 혼례가 유교사회에서 하나의 규범으로 제시되었다 하더라도 그것이 실제 민간층에서 이행될 때에는 이상과 달랐다.

1) 혼 담

남녀가 혼인할 나이가 되면 상대를 구하기 위해 서로 의논하고 중매인을 통해 양가의 의사를 알아본다. 이러한 과정을 주자가례나 예서에서는 의혼이라고 칭하였으나 실제로는 혼담이 오간다고 한다.

2) 사주(四柱) 보내기

양가가 혼인하기로 결정한 후 약혼의 징표로 삼는 것이 '사주(四柱)'를 보내는 것이다. 사주는 '사성(四星)'이라고도 한다.

사주는 신랑 측에서 좋은 날을 택하여 중매인을 통해 보내거나 동리 사람 중 결혼해서 첫아들 낳고 가정이 좋은 사람을 골라 청혼서와 함께 보내기도 한다.

사주는 신랑의 생년월일시(生年月日時)를 간지(干支)로 한자를 다섯 간이나 일곱 간으로 접어 한가운데에 내려 쓴 다음 '사주(四柱)'라고 쓴 봉투에 넣어 봉투를 근봉(謹封)으로 봉하고 싸릿대를 쪼개어 그 사이에 끼우고 청홍실을 길게 늘여 감는다. 이 사주는 사주송서와 함께 사주보자기에 싸서 함께 넣어 보낸다.

사주를 받았다는 것은 약혼을 의미하는 것으로 만약 혼사를 거절하려면 사주를 받지 말아야 한다.

사주는 잘 보관했다가 혼수짐에 보내어 신부의 옷장 속에서 평생 잘 간직하도록 한다.

3) 택 일

사주를 받은 답례로 신부집에서 신랑집에 '택일'을 보내는 것이 일반적이다. 지방에 따라 택일을 '연길' 또는 '날받이'라고도 한다.

택일에 기록되는 일시는 혼례식의 일시를 말하는 것으로 '존안 모년 모월 모일 모시(奠雁 某年 某月 某日 某時)'라고 쓰고 그 옆에 '납폐 수시 선행(納幣 隨時 先行)'이라고 쓰는 게 일반적이다.

택일도 사주와 같이 다섯이나 일곱으로 접고 봉투에 넣어 청홍보자기에 싸서 복 많은 사람이 가져간다.

택일은 여자집에서 남자집으로 허혼서와 같이 보내나 지방에 따라 남자집에서 여자집으로 보내는 경우도 있다.

4) 대 례

신랑이 신부집에 가서 대례를 치르고 신방을 치른 뒤 신부를 신랑집에 데려오는 것까지의 과정으로 전안례, 교배례, 합근례가 여기에 해당된다.

신랑이 장가들기 위하여 처음 신부집에 가는 것을 '초행'이라고 한다. 이 초행에는 상객과 후행, 함을 갖고 가는 함진애비가 동반한다.

함에는 혼서와 예물을 넣는다. 이 예물은 가세에 따라 차이가 있고 지방에 따라 차이가 있으나 보통 청혼 채단과 패물을 넣었다.

이 함의 전달은 전안례에 앞서 혼례 당일날 행해졌다.

① 전안례

신랑이 신부집에 도착하면 신부집 인접이 문 앞에 가서 신랑을 맞이하여 전안례상 앞으로 안내한다.

신랑이 북쪽을 향하여 대례상 앞에 놓인 전안례상 앞에 무릎 꿇고 앉으면 나무 기러기를 안고 따라온 안부(雁夫)가 목안(木雁)을 신랑에게 넘겨준다. 신랑은 전안례상 위에 목안을 내려놓고 재배한다. 이 때 신부의 어머니는 이 목안을 치마에 싸서 감춘다.

② 교배례, 합근례

신랑이 신부집에 도착하기 전에 신부집에서는 대례를 치를 준비를 하고 기다린다.

대례상 위의 상차림은 지방에 따라 얼마간의 차이는 있으나 어느 지방이나 공통인 깃은 촛대 두 개, 소나무나 대나무 또는 사철나무, 밤과 대추이다.

교배례로써 신랑 신부가 상견하고 합근례로써 술을 통해 신랑 신부가 결합의 예를 치르면 대례는 끝난다.

5) 현구고례

신부가 친정을 떠나 시가로 가는 것을 신행이라고 하는데, 신행은 혼례식을 치르고 해를 지난 다음에 가기도 하고 달을 지내고 가기도 한다.

시가에 가서는 시가사람들에게 신부집에서 가져온 음식을 올리고 처음 인사를 하는데 이것을 '폐백 드린다'고 한다.

이것으로 우리의 전통혼례식은 끝이 난다.

3. 현대식 혼례절차

1) 맞 선

결혼 적령기에 도달한 남녀가 부모나 중매인, 소개인의 주선으로 배우자 선택을 위해 미리 학력, 취미, 특기, 직업, 가족상황, 신체조건 및 사진 교환을 통해 상대를 알아보고, 서로 직접 만날 의사가 있을 때 맞선을 보게 된다. 맞선은 이미 중매인을 통해 여러 가지 조건이 어울린다고 판단되어 양쪽이 동의한 경우에 보는 것으로서 직접 만나 이를 확인하는 과정으로서 신중하여야 한다.

맞선은 남자 편에서 중매인을 통하여 날짜, 시간, 장소를 정하여 연락하는 것이 통례지만 양쪽의 사정을 고려하여 조정하여 연락을 할 수도 있다.

맞선의 날짜와 시간은 맞선 당사자가 편한 시간으로 하되 첫 만남부터 식사를 하는 것은 서로가 부담스러우므로 식사 시간은 피하는 것이 좋다.

장소는 편안하게 대화할 수 있는 아늑하고 조용한 곳으로 하고 복장은 단정한 평상복으로 한다. 지나치게 화려한 옷이나 처음 입는 옷은 신경이 쓰이므로 평소에 입던 옷 중에서 선택을 한다.

맞선에는 부모나 형제 중에서 한 사람 정도를 동반하여 의견을 듣는 것도 좋다.

결혼을 전제로 서로가 서로를 좀더 자세히 알고 배우자로서의 선택을 하기 위한 만남이기 때문에 솔직하고 성의 있게 대화에 임해야 하겠다.

맞선을 보고 교제기간은 2~3개월이 적당하다.

맞선의 비용은 남자 쪽에서 부담하는 것이 통례이다. 교제기간 중의 비용도 남자 쪽에서 부담하는 것이 통례이다.

교제기간 중 서로의 배우자로서 적당하지 않다고 판단되면 중매인을 통하거나 직접 거절의 의사를 전달한다. 이때 상대방의 자존심이 상하지 않도록 세심한 배려를 해야 한다. 거절을 당한 쪽에서는 이유야 어쨌든 간에 기분이 좋을 리가 없기 때문이다

2) 약 혼

교제기간을 통해 서로의 배우자로서 적당하다고 판단될 때에는 약혼을 하게 된다.

약혼은 우리의 전통혼례 중 납채에 해당하는데 납채는 신랑의 사주를 보내는 절차이다.

가정의례준칙에서는 약혼의 경우 式은 하지 않고 호적등본과 건강진단서만을 교환하도록 되어 있다.

그러나 결혼을 하겠다는 것을 알리고 양가의 가족과 가까운 친척 등이 결혼 전에 상견례를 겸한 약혼식을 하기도 한다.

이 약혼식은 개식, 신랑부모·신부부모 소개, 신랑·신부 인사, 가족소개, 예물교환, 폐식의 순서로 진행되며 사주는 예물에 앞서서 전달한다.

예물은 보통 금이나 백금 가락지로 하여 왼손의 약지손가락에 낀다. 서양에서는 탄생석으로 하기도 한다. 예물은 여자 쪽에서는 받기만 하고 남자 쪽에는 해도 되고 안 해도 된다.

사주 싸는 법은 전통혼례 때와 같다.

신랑 어머니는 신부 어머니에게 사주가 든 사주함을 전달하게 되는데 사주함에는 채단과 패물을 함께 보내기도 한다.

3) 연 길

신부집에서 사주를 받으면 택일을 하여 신랑집으로 보내는데 이것을 전통혼례에서는 연길이라 하였다.

택일은 신부집에서 하여 신랑집에서 재택일을 하기도 하였으나 최근에는 양가가 협의하여 택일을 한다.

택일이 되면 주례 모시는 일, 예식장 결정, 초대장 발송, 예물준비 등으로 바쁘게 된다.

주례는 당사자를 잘 아는 사람 중에서 평소에 존경하던 분을 모신다. 주례가 결정되면 당사자는 간단한 선물을 갖고 방문하여 직접 허락을 받도록 한다.

4) 함

함을 전통혼례에서는 혼례식 당일에 전달하였으나 요즘은 혼례식에 앞서서 보낸다.

함에는 혼서와 채단을 넣고 채단 위에 물목(物目)을 넣는다.

혼서는 혼서보에 싸서 근봉으로 세 번 씌운다.

홍단(紅緞)은 청지(靑紙)에 싸서 홍사(紅絲)로 동심결을 하고 청단(靑緞)은 홍지(紅紙)로 싸서 청사(靑絲)로 동심결을 한다.

청단을 먼저 넣고 홍단을 위에 넣는다.

붉은 주머니에 금이나 백금 쌍가락지를 넣고 혼서를 넣고 뚜껑을 덮은 다음 납폐함보에 싸서 함띠로 동심결을 하여 함잡이가 신부집에 가지고 간다.

신부집에서는 함을 받을 예탁을 준비한다.

예탁에는 붉은 예탁보를 깔고 봉치시루떡을 시루째 놓는다.
시루 위에 청홍보를 덮고 이 시루 위에 함을 놓도록 한다.
혼주는 함보를 풀고 혼서를 꺼내어 읽는다.

5) 결혼식

식순

개식

주례 입장

양가 혼주 입장

점촉: 양가의 어머니는 촛불을 켠다.

신랑 입장: 신랑은 늠름하게 입장하여 주례에게 가볍게 인사한 후 신부를 맞을 준비를 한다.

신부 입장: 신부는 아버지나 오빠의 손을 잡고 입장하여 신랑의 인도를 받는다.

신랑 신부 맞절: 상견례로 주례의 지시에 따라 허리를 45도 정도 굽혀 천천히 한다.

혼인서약: 가족, 친지 및 내빈 앞에서 결혼 서약을 다짐하는 절차로 주례의 물음에 "예"라고 대답한다.

성혼선언: 주례가 결혼이 성립되었음을 선언한다.

혼인신고서 날인: 주례는 미리 준비한 혼인신고서에 신랑 신부가 날인하도록 한다.

주례사: 가정생활에 지침이 될 축사

신랑 신부 내빈께 축사

신랑 신부 행진

폐식

6) 폐 백

신부가 시가댁 가족에게 올리는 첫인사로 현구고례라고도 한다.

시아버지 폐백은 대추를 쓰고 시어머니의 폐백은 육포를 쓴다. 시조부모님이 계시면 폐백은 따로 준비한다.

신부의 폐백 때 하는 절은 큰절 4배이지만 시부모님이 두 번만 하라고 하시면 두 번만 한다.

같은 항렬은 맞절을 한다.

폐백이 끝남으로써 신부는 신랑의 가족이 되는 것이다.

제3절 상 례

죽음이란 살아 있는 자의 최대 관심사이기 때문에 어떤 사상이나 종교에 있어서도 나름대로의 독특한 상제례의 양식이 있게 마련이다.

우리나라는 외부로부터 끊임없는 새로운 사상이 흘러 들어옴으로써 다양한 형태의 상제례가 공존하고 있다.

1. 전통 상례

초 종

임종이 가까워지면 대부분은 본인이 사용하던 방으로 옮기고 속광을 한다. 숨이 끊어지면 곧 수시(收屍)를 한다. 사자잡을 차리고 초혼을 한다. 마을이나 친척 가운데 경험이 많은 사람을 호상으로 삼아 장례를 치를 준비를 하고 부고를 낸다.

남자 상제들은 흰 두루마기를 갈아입고 한쪽 팔을 안 끼우며 여자 상제들은 머리를 풀고 흰옷으로 갈아입는다.

시신은 시상판 위에 옮겨 움직이지 않도록 창호지를 덮는다. 그 앞에 병풍을 치고 향상(香床)을 차린다. 향상 위에는 촛불과 포를 올리고 상주가 분향하고 헌작하여 놓는다. 모든 상제들은 그 옆에 지키고 앉아 조객을 받는다. 조객들은 상제들이 성복하기 전까지는 향상 앞에서 분향과 헌작을 한 다음 곡만 한다.

수의와 상복을 만들고 관을 준비한다.

예서에 의하면 습, 소렴, 대렴으로 구분되어 있으나 실제에서는 그렇게 구분되지 않은 채 진행되었다.

보통 운명한 다음날이면 수의가 만들어진다. 이에 맞추어 습과 염을 동시에 한다.

쑥물이나 쌀뜨물, 향탕수로 시신을 닦고 수의를 입히고 반함을 한다.

소렴을 하고 이어서 입관을 한다.

혼백을 만들어 영좌를 설치하고 명정을 만들어 영좌에 걸어둔다.

식사 때가 되면 음식을 올리고 상주가 분향, 헌작, 재배하여 상식(上食)을 드린다.

성 복

성복이란 상주 이하 모든 복인(服人)이 복제(服制)에 해당하는 상복을 입는 의식을 말하는데 실제의 관행에 있어서는 복제에 일정한 규칙이 없이 집안마다 각각 형편에 따라 행해졌다. 대체로 삼종친의 범위에서 입었다.

맏상주는 '굴건제복(屈巾祭服)'이라고 하여 굴건, 수질, 최의, 최상,

요질, 바지, 상장, 행전에 짚신을 신는다.

여상주는 수질, 요질을 흰 광목으로 만든 옷 위에 차린다.

남자복인들은 건과 행전으로 차리고 여자복인들은 머리만 풀어 나무비녀를 꽂고 흰옷을 입는다. 남자복인 가운데 결혼을 하지 않았을 때에는 행전만 차리기도 한다.

상복은 상가에서 만들어 상 기간이 끝날 때까지 상청에 보관하였다가 필요할 때에 입고 의례에 참석한다.

성복하기 전에 마루나 앞마당에 자리를 깔고 정화수 한 동이와 준비된 상복을 앞에 놓고 남녀 상제들과 복인들이 각각 마주서서 곡을 하면서 서로 상복 입는 것을 도와준다.

상복을 입은 다음에는 서로 맞절을 하여 상조(相弔)한다.

성복이 끝나면 맏상주가 제주가 되어 성복제를 올린다. 맏상주의 분향, 헌작, 재배가 있은 다음 모두 엎드려 곡을 하고 재배하여 끝낸다.

이것이 끝나면 여자들은 방으로 들어가고 남자들은 조문을 받는다. 조문을 할 때 대문간에 설치된 호상소에 돈이나 초와 같은 것을 내고 영좌에서 곡, 분양, 헌작하고 상주와 재배한다. 호상소가 없을 때는 영좌에 놓는다.

치 장

장사 내지기 전날 해질 무렵에 일포제를 지낸다.

지방에 따라서 상여를 안마당에 들여와서 꾸며 메고 이튿날 행상에 앞선 연습을 하기도 한다. 장일이 되면 하관시에 맞추기 위해 일찍이 발인을 하고 산역꾼을 보내 광중을 준비한다.

행상은 명정, 공포, 만사, 혼백, 상여의 순서로 나간다.

상여가 친척집이나 친구집을 지날 때 노제를 지낸다. 산에서는 산

신제를 지내고 광중을 판다.

묘 옆에 차일을 치고 설영각을 설치하여 상여가 도착하면 영구를 내려놓는다. 그 옆에 병풍을 치고 영좌를 설치하고 제물을 차려놓는다.

하관시가 되면 하관한다. 흙을 덮는다. 광중의 흙이 평토가 되면 평토제를 지낸다. 지방에 따라서 성분이 된 다음에 성분제를 지내기도 한다. 평토제가 끝나면 혼백을 묘 앞에 묻거나 혼백을 모시고 묘를 한 바퀴 돌아서 반곡하기도 한다. 혼백을 묻을 때는 지방을 만들어 모시고 돌아와 상청에 모시고 반혼제를 지낸다.

우제, 졸곡, 부제

이튿날 재우제, 그 다음날 삼우제를 지낸다.

삼우제를 지내는 날은 반드시 성묘를 하며 그동안 식사 때마다 상식을 올리던 것을 이후부터는 초하루와 보름날 아침에만 드린다. 졸곡제는 지방에 따라 다르나 삼우제 이튿날, 또는 100일쯤 되는 때에 날을 잡아서 지낸다.

부제는 식당이 있는 경우에만 지내고 일반적으로는 지내지 않는다.

소상, 대상

첫 기일에 소상, 둘째 기일에 대상을 지낸다. 소상이나 대상 전날 저녁 상식을 올리고 곡을 한다. 이튿날 새벽에 소상과 대상을 지니면 지방에 따라서는 소상에 혼백을 태우기도 하고 탈상을 하기도 한다.

탈상은 일반적으로 대상 때에 하며 수질, 요질, 상장 등을 태운다.

가문에 따라 대상 후 100일쯤의 정일(丁日)에 담제를 지내기도 하며 그 후로 색깔 있는 옷을 입을 수 있다.

2. 현대의 상례

가정의례준칙에서는 특히 까다롭고 복잡한 우리의 상례절차를 간소화하여 사망에서 매장까지의 사이에 발인제와 위령제만을 허용하고 노제나 우제를 없앴다. 장일도 3일로 단축시키고 상기를 100일로 단축하였으며 상기 중 신위를 모시는 궤연의 설치를 금지하였다. 탈상제는 기제와 같이 하도록 하고 굴건제복 등 복잡한 상복을 없애고 상장으로 대치시켰다.

또한 현대 생활에서는 각종 종교 의식에 따르는 경우도 있어 전통상례절차와 같이 복잡하거나 까다롭지 않다.

더욱이 상을 당했을 때 장의사에 의뢰하면 장의사에서 필요한 물품을 비롯한 제반 사항을 맡아서 해주고 있어 가족이 해야 할 일이 줄어든 만큼 상례를 소홀히 하기 쉬운데 인간의 마지막 의례로서 정성을 다하는 마음으로 상례를 치러야 하겠다.

장지와 장일이 결정되면 호상은 부고를 낸다.

부고는 주로 전화를 이용한다.

성복제는 지내지 않고 상복은 따로 준비하지 않아도 된다. 남자는 검정색 양복과 검정색 타이, 흰색 와이셔츠, 여자는 흰색 치마저고리나 검은색 평상복으로 하고 가슴이나 머리에 상장을 단다.

상제는 빈소를 떠나지 않고 지켜 조문객을 맞는다. 조문객이 돌아갈 때도 빈소 안에서 인사를 하고 밖에 나가지 않는다.

조문객은 검소하고 단정한 복장을 갖추고, 조객록에 서명하고 영좌 앞에 지배하고 분향을 한 다음 상주와 마주 절한 뒤 물러난다.

영결식은 개식, 주상 및 상제의 분향, 고인의 명정, 영구, 상제, 조객의 순서로 행한다.

삼우제를 마치고 성묘를 한 다음에는 제례로서 행한다.

제4절 제 례

1. 제사의 종류

제례란 모든 제사를 지내는 데 대한 예법 및 절차이다.

예서에 나타나 있는 제례의 종류로는 사당제, 사시제, 이제, 기일제, 묘제의 다섯 가지이다. 그리고 사당제는 신알, 출입, 참례, 천선, 고사의 다섯 종류가 있다.

그러나 실제로는 차례, 기제, 시제로 나뉘어 지내졌다. 차례는 가문에 따라 각각 다르나 정초, 정월보름, 한식, 단오, 칠석, 추석, 중양, 동지에 지내는데, 그중 정초와 추석에 많이 지냈고 기제는 휘일 전날 자정을 중심으로 행해졌다. 예서의 묘제는 3월에 지낸 반면 관행에서 묘제는 시사 시향제(時祀 時享祭)라고 하여 가을에 지냈다.

가정의례준칙에는 제사의 종류를 기제, 절사, 연시제로 구분하고 있다.

1) 기 제

원래 기제는 제주로부터 5대조까지 지내고 그 윗대는 묘제로써 지냈으나 가정의례준칙에서 기제의 대상을 돌아가신 부모, 조부모, 배우자까지로 제한하고 있다.

제주는 고인의 장자나 장손이 되고 장자나 장손이 없을 때는 차자나 차손이 지낸다. 아내의 제사에는 남편이 제주가 되고 남편의 제사에 아들이 없거나 있어도 어릴 때는 아내가 제주가 된다.

제사를 지내는 시간은 돌아가신 날 첫 시간, 즉 돌아가신 날 자시(子時)이며 장소는 제주의 집으로 한다.

제사를 지내는 절차는 다음과 같다.

강신(降神): 제주는 분향하고 모사에 술을 세 번으로 나누어 붓고 재배한다. 모사는 그릇에 모래를 담고 짚이나 띠풀을 두세 치 정도 잘라 묶어세운다. 강신은 신의가 강림하여 음식을 들도록 청하는 의식 절차이다.

참신(參神): 참사자 모두 재배한다.

초헌(初獻) : 제주는 신위 앞에 꿇어앉고 우집사가 제주에게 술잔을 따른다. 좌집사가 술잔을 받아 제상 위에 놓고 적을 올리고 밥그릇 뚜껑을 열고 수저를 그릇 위에 나란히 놓은 후 물러나 재배한다.

독축(讀祝): 축을 읽을 때는 모든 참사자들은 꿇어앉아 고개를 숙인다. 독축이 끝나면 모두 일어서고 제주는 재배한다.

아헌(亞獻), 종헌(終獻): 차남이나 그 밖의 잔을 올릴 사람은 올리고 재배한다.

유식(侑食): 식사를 권하는 절차로서 숟가락 등이 전면이 되도록 밥그릇 중간에 꽂고 젓가락을 가지런히 놓는다.

합문(闔門): 참사자 전원이 방을 나와 문을 닫고 조용히 기다린다. 신위가 식사를 할 시간을 드리는 것이다.

개문(開門): 기침을 하면서 방으로 들어간다. 들어가서는 숭늉을 올리고 수저로 밥을 세 번 떠서 숭늉에 만다.

철시복반(徹是復飯): 숭늉그릇에 담긴 수저를 들어 시접에 놓고 밥그릇의 뚜껑을 덮으며 잔을 물려 원래의 모습대로 제상을 정리한다.

사신(辭神): 참사자 전원은 재배한 후 지방과 축문을 떼어서 불사른다.

철상(撤床): 상을 치운다.

음복(飮福): 제상을 차렸던 음식을 참사자와 이웃이 나누어 먹는다.

지방 쓰는 법

깨끗한 백지에 먹으로 쓴다.

규격은 길이 22㎝, 폭 6㎝ 정도가 알맞다.

남자는 좌측, 여자는 우측에 쓴다.

축문의 서식

축문은 길이 36㎝, 폭 24㎝ 정도의 크기로 깨끗한 백지에 쓴다.

2) 절사, 연시제

연시제는 정월 초하루에, 절사는 추석에 지내는데 기제가 밤에 지내는 반면 연시제와 절사는 아침에 지낸다. 연시제는 메(밥) 대신에 떡국을 절사에는 송편을 놓는 것이 다르다.

제 12 장 국제사회에서의 예절

제12장
국제사회에서의 예절

제1절 서양의 복장

오늘날 옷의 기능은 입는 시대로부터 연출하는 시대로 변하고 있다. 연출한다는 것은 문화의 향유를 말하는 것으로써 생활의 질을 가늠하는 것이다.

그만큼 때와 장소와 경우에 따른 옷의 구분과 착장의 연출은 국제화 시대를 맞고 있는 문화인으로서 갖추지 않을 수 없는 예의범절의 기초이다.

평상복이건 예복이건 착장법에 따라 옷을 바르게 입어 예의를 지키고 자신의 품위와 인격을 쌓아 나가야 하겠다.

1. 남성의 의복

1) 예 복

① 모닝코트(Morning coat)

모닝코트는 주간의 정식 예복으로 신년하례회나 결혼식, 국가원수 취임식, 외교관의 신임장 제정 등에서 착용한다.

모닝코트는 반드시 윗저고리와 동질의 조끼와 회색의 골바지(모닝 스트라이프)를 입어야 하며 이때 바지의 접단은 하지 않는다. 셔츠는 윙칼라나 레귤러 칼라의 흰 예복셔츠를 입는다.

셔츠의 커프스는 겹으로 하고 진주 또는 금은제 커프스 링크를 한다.

넥타이는 보통 흑색과 백색의 줄무늬가 있는 것을 매거나 회색 보 타이를 맨다.

구두는 흑색 단화이고, 양말은 검정색 계통을 신는다.

② 디렉터즈 수트(Director's suit)

디렉터즈 수트는 주간의 준예복으로 최근 결혼식이나 신년하례회 등에서 많이 입는다. 모닝의 번거로움을 간소화한 주간의 예복으로서 정중함과 품위를 나타낼 수 있다.

칼깃에 홀, 겹자락으로 처리하며 검정 캐시미어나 바레이셔 또는 도스킨을 소재로 하고 바지는 접단이 없는 회색의 골바지를 입는다. 또한 겹자락일 경우에는 조끼를 입지 않는 것이 상례(常禮)이다.

조끼, 넥타이 등의 액세서리는 모닝코트에 준한다.

③ 연미복(Tail coat)

연미복은 정식 야회복으로서 야간의 연회, 음악회 또는 야간 결혼식 등에 입는 정식 예복이다.

연미복은 피크라펠이나 숄칼라로 하는데 제비꼬리 같은 날렵한 뒷부분이 신사의 품위를 나타내 준다. 바지는 저고리와 같은 감으로 하며 허릿단에 주름을 하나 넣거나 없는 것이 보통이며 바지의 양쪽 솔기에 측장을 단다. 조끼는 홑자락이나 겹자락의 골진 무늬나 다이아몬드 무늬의 천으로 만드는 것이 원칙이다. 셔츠는 윙칼라로 하고 가슴부분에 골이 진 장식의 풀먹인 흰 삐께(Pique)를 댄다. 소맷부리는 더블 커프스로 처리한다.

넥타이는 흰 보타이를 매고 양말은 흑색 양말을 신는데 구두는 검정 에나멜의 슬립온(Slipon)을 선택한다.

흰 진주로 만든 스터드(Stud), 커프스링크를 착용하며 장갑은 새끼양이나 사슴 가죽 장갑을 끼는 것으로 되어 있으나 최근에는 흰색이나 흰 실크 장갑을 낀다.

가슴 주머니에는 흰색 포킷치프를 하고 꽃꽂이 구멍에는 카네이션이나 장미꽃을 꽂으면 좋다.

테일코트를 입어야 할 때에는 초청장에 복장의 지정이 'White tie'로 되어 있다.

④ 턱시도(Tuxedo)

턱시도는 야긴에 입는 준예복으로 이 복장이 필요할 때에는 초청장에 보통 'Black tie'라고 복장이 지정되어 있다.

요즘에는 오후 2시 이후의 사교모임이나 결혼식 등에 흔히 입는데, 본래는 6시 이후의 저녁에 입는 것으로 아프터 식스(after six)라는 별칭을 갖고 있기도 하다.

턱시도는 검은색 저고리와 바지에 조끼가 있고 저고리의 접은 옷깃은 검은 명주로 하고 바지에는 측장을 하며 반드시 멜빵에 검정 보타이를 맨다.

더블 턱시도를 입을 때는 조끼를 입지 않아도 되고 싱글 턱시도도 조끼 대신 커머밴드를 맬 수 있다.

턱시도는 미국에서 부르는 이름이며 영국에서는 디너재킷, 유럽에서는 스모킹 재킷이라고 부른다.

구두는 흑색 에나멜화를 신으며 양말은 흑색을 신는다.

모자는 실크 햇이나 오페라 햇이 정식이지만 검은 함버그를 써도 좋고 여름에는 파나마모자를 써도 좋으나 요즘은 쓰지 않는 경우가 더 많다.

2) 평상복

① 비즈니스 수트(Business suit)

남성들이 일반적이고 보편적으로 입는 평상복으로서 회사에서 근무할 때 회의, 업무상 모임 등 일상적인 생활에서 광범위하게 입을 수 있다. 또한 격식 있는 장소나 사교적인 모임에서 일일이 예복을 챙겨 입을 수 없을 때는 넥타이나 포킷치프 등의 액세서리의 변화로 예복을 대신할 수 있다.

비즈니스 슈트는 반드시 드레스셔츠와 넥타이를 착용해야 한다. 또 경우에 따라 꽂을 수 있는 포킷치프를 갖추는 것이 좋다.

또한 비즈니스 슈트는 남성의 평상복으로서 기능적인 면을 내포하고 있다. 때문에 너무 두드러지거나 화려하여 상대에게 거부감을 주는 일이 없도록 평범하여야 한다.

② 세퍼레이트(Separtates)

세퍼레이트는 상하를 따로따로 갖춤으로써 조화를 이루는 신사복장을 말한다. 즉 저고리와 바지를 서로 다른 것으로 대비시켜 조화를 추구한 신사복이다.

본래는 스포츠 웨어로 발랄하고 가볍게 입는 착장의 멋으로부터 비롯되었다. 그래서 저고리는 스포티하게 처리하고 바지의 색과 무늬도 다양하다.

주말에 가벼운 차림으로 야유회를 가거나 경기장에서 경기를 관람할 경우, 좀더 홀가분하고 간편한 복장이 필요할 경우에 착용한다. 따라서 요즘은 경쾌한 타운웨어로 선호되고 있다.

세퍼레이트는 본래 위와 아래를 가른다는 뜻으로 쓰이기 시작하였는데 우리나라와 일본에서는 흔히 콤비라고 부른다.

③ 블레이저(Blazer)

블레이저는 19세기 중엽 영국의 옥스퍼드와 캠브리지 대학의 보트 경기에서 옥스퍼드 대학팀의 유니폼으로부터 비롯되었다고 한다. 불타는 듯한 주홍 플란넬 유니폼과 금속 단추의 번쩍거림의 뜻을 담고 있는 블레이즈에서 파생되어 블레이저가 되었다.

그러나 지금은 착용 범위가 넓어졌고 색상도 짙은 군청으로도 흔히 만들고, 더블로도 만들며 단추는 금속으로 한다.

블레이저는 부담 없이 입을 수 있는 것으로 착장의 멋을 부릴 수 있는 목적의 복장으로 변화하고 있다.

영국에서의 블레이저는 군복 역할을 주어 연대마다 단추의 숫자를 달리하는 블레이저를 입었는데, 하나의 단추에서 다섯 단추까지 다른 경우가 있으며 가슴 주머니에 연대의 표시인 앰블램을 부착하였다. 그리고 여름철에는 흰 조개껍질로 만든 단추를 달아 금속 단추를 대신하기도 한다.

④ 블랙수트(Black suit)

블랙수트는 오전 오후의 구분 없이 전천후로 입는 예복이다. 블랙

수트도 약식 예복으로 장소와 경우에 따라 액세서리를 달리함으로써 경조사 어느 곳에서나 입을 수 있다.

블랙수트는 주간과 예복을 대신할 수 있으나 이 경우 넥타이만큼은 보타이보다 일반적으로 매는 포 인 핸드 타이를 메는 것이 보통이다.

결혼식에 입을 때는 은회색이나 사선의 줄무늬, 바둑판 무늬의 넥타이를 매고 고의나 추도식 등에는 검정 넥타이를 맨다.

2. 여성의 복장

1) 예 복

① 칵테일 드레스

오후 5시 이후의 공식행사나 칵테일파티에서 입는 옷으로서 애프터눈 드레스와 이브닝드레스의 중간에 해당한다. 모양이 일정하지 않고 길이도 일정하지 않지만 타이트하지 않은 것이 좋다.

칵테일 햇을 써도 좋으나 장갑은 목이 짧은 것을 끼며 경우에 따라서는 안 껴도 무방하다. 구두는 뒤꿈치가 높은 하이힐을 신는다.

② 이브닝드레스

부인의 야간용 정식 예복으로 야간의 관극, 음악회, 오페라, 무도회, 만찬회 등에 참석할 때 입는다.

이브닝드레스는 원피스로 가슴과 등이 충분히 파이고 소매는 없으며 길이는 마루에 닿도록 긴 것이 정식이다.

디자인은 호화스럽고 옷감은 고급스러운 것으로 한다.

장갑은 팔꿈치까지 오는 긴 것으로 흰색이나 검은색 또는 드레스와 조화를 이룰 수 있는 색으로 만든 것을 낀다.

구두는 굽이 높은 펌프스나 금색의 샌들 또는 은색의 비단구두나 아니면 드레스와 같은 색을 신는다.

백은 가죽이 아닌 제품의 것으로 손잡이가 없는 이브닝 백이나 장식적인 것을 사용한다.

이브닝드레스를 입고 외출할 때는 계절에 따라 오바크트나 숄 등을 두르거나 입는다.

2) 외출복

서양에서 여성은 주로 오후에 외출을 한다. 따라서 외출복은 애프터눈 드레스라고 한다. 이 애프터눈 드레스는 색깔이 맞으면 결혼이나 장례식 등의 예복으로도 입을 수 있다.

모양이 정해진 것은 없으나 소매는 손목까지 오는 것이 정식이며 구두, 핸드백, 모자와 장갑의 색이 복장의 색과 조화를 이룰 수 있어야 한다.

여성은 낮에는 모자를 쓰지만 이브닝드레스를 입을 때는 쓰지 않는다. 그리고 외출할 때는 장갑을 끼는 것이 숙녀의 기본 매너이다.

3) 장신구

서양에서는 정장을 한 연회에서는 귀걸이와 목걸이, 팔찌, 반지, 브로치 등 어떤 보석을 장식해도 상관이 없지만 낮에 입는 외출복에는 보석을 이것저것 많이 다는 것에 대해서 천박하게 생각한다.

따라서 평소에는 복장과 조화를 잘 이룰 수 있는 것 하나 정도가 좋겠고 모조품을 사용하는 것은 관계없다.

서양에서는 기혼의 경우 남녀 모두 결혼반지를 항상 끼고 다닌다. 따라서 결혼반지는 왼손에 끼고 칵테일링이나 디너링은 오른손에 입은 옷의 빛깔에 맞추어 낀다.

　장갑은 새끼 양 가죽으로 만든 흰색이 가장 정식이지만 입은 옷 색에 맞추어 검은색을 끼기도 한다. 그러나 조금이라도 더러운 것은 끼지 않는다. 장갑은 웨딩드레스나 긴소매의 드레스를 입었을 때는 끼지 않는다.

4) 향　수

　서양 사람들은 옷을 입는 마지막 마무리를 향수로서 한다. 향수는 향기에 따라 꽃향기 향수, 환상 향수로 나누는데 꽃향기 향수는 천연의 꽃냄새를 모방한 것으로 로즈 향수, 재스민 향수, 합성 향료를 주제로 한 헬리오트로프 향수가 있고, 환상 향수는 나무, 풀, 광물 등 꽃 이외의 천연물, 천연 현상, 풍속, 경치, 지명, 인물, 정서, 음악, 그림 등 조향 기술자가 상상한 이미지를 표현한 것으로 Tabou Arpege, Vol de Nuit, Miss Dior, Chanel No.5, Scandal, Joy, Soir de Paris 등이 있다.

　향수의 선택은 각자 기호와 취미에 따라 좋아하는 것을 선택하면 된다. 향수를 사용할 때는 피부를 깨끗이 하고 몸에 직접 바르거나 뿌리는 것이 효과적이다. 목욕을 하거나 머리를 감을 때 마지막 행구는 물에 향수를 한두 방울 떨어뜨리는 것도 좋다.

제2절　방문과 초대

　초대하는 사람은 적어도 일주일 전에 상대가 받아 볼 수 있도록 초대장을 낸다. 초대장을 받은 사람은 참석 여부를 서신 등을 통해 알려 줘야 한다.

초대장에는 초대의 목적, 일시, 장소 등을 기재한다.

손님이 오면 주인은 현관까지 손님을 맞이하고 손님들 중에 서로 모르는 사람이 있을 때는 소개를 한다.

파티의 목적에 맞는 선물을 준비하고 복장과 장신구, 화장 등도 신경 쓴다. 파티장에 들어갈 때는 코트나 숄 등의 소지품은 지정된 곳에 두고 핸드백이나 장갑 정도만 들고 들어간다.

자신의 명패가 있는 자리를 찾아 앉는다.

파티에 들어갈 때나 식당에 앉을 때 여성이 우선이다.

1. 만 찬

1) 상차림의 기본

우리나라의 전통적인 상차림에서는 식탁 위에 모든 요리를 한꺼번에 차려 놓지만 서양에서는 요리가 하나씩 차례로 나온다. 식탁에 나오는 요리를 각각 코스라고 부르는데 정식 만찬으로서 내놓을 코스가 다 포함되어 있는 것을 풀코스(Full Course)라고 한다.

정식 풀코스는 전채 또는 수프, 생선, 앙트레와 로우스트, 샐러드, 디저트 등의 5코스이다.

처음에는 식욕을 돋우는 오르되브르를 먹거나 수프 같은 것으로 입맛을 돋우고 생선을 먹은 다음 본격적인 요리인 앙트레나 로우스트를 먹고 샐러드를 먹는 형식으로 되어 있다.

오르되브르

오르되브르는 영어로는 에피타이저라고 하는데 본 요리를 맛있게 먹기 위하여 위를 자극하여 위액의 분비를 촉진시키는 것으로서 그 종류가 헤아리지 못하게 많은데 찬 것도 있고 더운 것도 있다.

오르되브르는 주로 오찬에 내놓는 것으로 만찬의 경우는 식전 Aperitif의 술안주로 생선이나 카나페가 나온다.

칵테일에 나오는 안주와 오르되브르는 실질적으로 같은 것인데 안주로 나올 때는 손가락으로 집어 먹고 식탁의 오르되브르로 나올 때는 나이프와 포크로 먹는다.

앙트레

앙트레는 주요한 코스에 들어간다는 뜻으로 원래 양고기 같은 가벼운 고기 종류를 내놓았으나 오늘날은 앙트레라고 하면 주요한 코스 자체를 의미하며 소, 송아지, 양, 닭, 돼지, 오리고기 등을 재료로 하여 여러 가지로 조리한 요리를 내놓는다.

샐러드

샐러드는 보통 다른 접시에 담아서 내 놓는다. 따라서 샐러드를 메뉴에서는 독립된 요리로서 취급한다.

테이블 세팅

중앙의 접시를 중심으로 맨 오른쪽에 수프용 스푼, 다음에 생선용 나이프, 고기용 나이프와 샐러드용 나이프를 놓고 왼쪽에는 맨 가에 전채용 포크, 생선용 포크, 고기용 포크, 샐러드용 포크를 차례로 놓는다. 정식 만찬에서는 나이프와 포크를 각각 3개 이상 놓지 않는다.

디저트용 스푼과 나이프, 포크를 미리 놓을 때는 중앙의 접시 뒤에 놓는다.

2) 좌석배치

정식 만찬에 초대를 받았을 때는 반드시 참석 여부를 알려주는 것이 예의이다. 그러나 회신이 없을 때는 주최자는 전화를 걸어 참석 여부를 확인하여 좌석 배치도와 명패를 만든다.

손님이 적을 때는 여주인이 각 손님의 좌석을 가르쳐 주지만 대규모의 연회에서는 손님이 보기 쉬운 곳에 좌석 배치표를 놓는다.

좌석 배열은 연회 준비 중 가장 세심한 주의를 기울여야 하는 일로서 공직자는 서열에 따라, 민간인은 명성에 따라, 다음은 주부가 잘 모르는 외국인, 전 공직자, 친한 사람, 친척 순으로 좌석을 배열한다.

상석은 벽난로가 있는 자리, 입구에서 먼 자리가 된다.

서양에서는 식탁에서 부부를 나란히 앉히지 않으며 부부를 마주보게 앉히지도 않는다.

3) 만찬에서의 예절

지정된 시간보다 약 5분 정도 전에 도착하여 모인 사람들과 인사를 나눈다. 주인과 주부는 모인 사람들을 소개하고 인사를 시킨다. 여자 손님은 가까운 사람과는 악수를 하지만 먼 곳의 사람에게는 목례만 하고 일부러 인사를 하기 위하여 움직이지 않는다. 남자는 모든 사람과 인사를 한다. 이때 이성 간에는 여성이 먼저 악수를 청하지 않을 때는 그냥 목례 정도로 가볍게 인사한다.

만찬이나 오찬 때 초청받은 손님들이 다 오기를 기다리며 약 15~30분 정도 식욕을 돋우기 위해 칵테일이나 세리를 마신다. 초청받은 손님들이 다 도착하면 여주인은 식사준비가 끝나는 대로 손님을 식당으로 안내한다. 식당에 들어갈 때는 여자 손님이 먼저 들어가고 이어 남자 손님이 들어가는 것이 보통이지만 최근에는 먼저 여주인과 주빈이 들어가고 다른 손님들이 순서 없이 들어가기도 한다.

남성은 여성이 모두 앉은 다음에 앉고 의자에 앉을 때 웨이터가 도와주지 않을 때는 남성이 오른쪽의 여성을 도와준다.

식사가 서브되면 곧 먹기 시작한다. 그러나 5~6명의 작은 파티에서는 전원에게 서브될 때까지 기다렸다가 함께 먹는 것이 예의이다.

만찬에서는 대개 건배를 하는데 건배에 앞서 돌려지는 건배용 샴페인은 그냥 마셔서는 안 된다. 건배는 디저트를 먹기 전에 하게 되는데 연설을 하고 건배를 제의하면 남성은 일어나서, 여성은 앉아서 건배를 한다. 건배를 받은 사람은 술을 마시지 않고 앉아서 인사한 다음 일어나서 주최자를 위한 건배를 제의한다. 이때 주최자는 자리에서 일어나지 않고 술을 마시지 않는다.

만찬이 끝나 여주인이 끝났음을 알리는 동작을 하면 주빈의 부인이 먼저 자리에서 일어나 식당을 나온다. 객실에서 잠시 대화를 나눈 뒤 주빈이 먼저 떠나면 다른 손님들도 떠난다.

만찬이 끝나기 전에 자리를 뜨는 것은 예의에 어긋난다.

초대 받았던 사람은 집에 돌아와 48시간 이내에 감사의 편지나 전화를 하는 것이 예의이다.

서양에서는 만찬에 초대를 받으면 같은 규모의 만찬으로 보답을 하는 것이 에티켓으로 되어 있다.

2. 칵테일파티

칵테일파티란 칵테일을 중심으로 한 파티로서 여러 종류의 카나페로 곁들인다. 결혼식, 환영이나 환송연회, 크리스마스나 신년회 등에 많이 열리는데 특별한 이유 없이도 열 수 있다.

파티 시간은 오후 5~7시 또는 6~8시 등 식사 전이 보통이다. 파티 시작 시간에 꼭 맞추어 갈 필요가 없고 또 파티가 끝날 때까지 있지 않아도 좋다. 보통 15~30분 정도 있다가 돌아가기도 한다.

칵테일파티에서는 모르는 사람을 주인이 소개해 주지 않아도 스스로 소개를 하고 인사를 하는데 아는 사람끼리만 대화를 하거나 몰려 있는 것은 에티켓에 어긋난다.

칵테일파티는 식사를 주로 한 파티가 아니므로 안주인 카나페로 식사를 대신하려 해서는 안 된다.

돌아올 때는 주인에게 인사를 하지 않아도 된다. 오히려 다른 손님과 대화 중에 이를 방해하면서 인사를 하는 것은 실례이다.

리셉션에서는 평상복을 입는 칵테일파티와는 달리 주최자의 신분과 주최의 취지에 따라 예복을 입는데 여름용 흰 양복이라도 구두는 반드시 검정색을 신는다.

3. 무도회

보통 밤 10시 전후에서 시작된다.

무도회에 초대된 사람은 오래 남아서 춤을 추는 것이 에티켓인데 일찍 돌아가야 할 경우 주인에게 작별인사를 할 필요는 없다.

주빈이 여주인에게, 아니면 주인이 주빈의 부인에게 춤을 프러포즈하여 무도회의 첫 춤을 춤으로써 무도회가 시작된다.

여자를 동반한 남자는 먼저 동반한 여자와 춤을 춘 다음에 돌아가면서 다른 사람과 춤을 춘다.

절대로 동성끼리는 춤을 추어서는 안 되고 한 파트너를 독점하여 춤을 추어서도 안 된다.

반드시 남자가 여자에게 춤을 청한다. 여자가 남자에게 먼저 춤을

청하지 않는다. 춤이 끝나면 남자는 감사하다는 인사를 하고 여자를
자리까지 데려다 줘야 한다.

여자는 한 남자의 춤을 거절한 직후에 다른 남자의 프러포즈를 받
아서는 안 된다.

제3절 식탁예절

1. 자 세

식탁에서는 의자에 깊숙이 앉으며 식탁과의 거리는 주먹이 하나 들
어갈 정도가 좋다.

다리를 붙이고 단정하게 앉는다. 다리를 함부로 하여 다른 사람의
다리와 부딪치는 일이 있어서는 안 된다.

사람을 가리킬 때 손가락질을 해서는 안 된다. 또 포크나 나이프를
들고 물건을 가리키거나 손을 위로 올려서는 안 된다.

화제는 날씨, 여행, 스포츠, 시사, 문화, 음악, 예술 등 가벼운 이
야기를 하고 화제를 자주 바꾸는 것이 좋다.

식탁에서 화제를 독점하는 것도 좋지 않고 침묵만을 지키는 것도
좋지 않다. 적당히 대화에 참여하도록 한다.

여성은 손가방을 꼭 들도록 되어 있는데 식당에서는 자신의 등 뒤
에 놓거나 무릎 위에 놓는다. 식탁 위에 손가방을 놓지 않도록 한다.

손은 테이블 위에 가볍게 얹어 놓는다.

식당에서는 큰소리를 내거나 크게 웃는 것은 실례이다. 또한 재채기와

하품을 했을 때는 반드시 "Excuse me(미안합니다)"라고 사과를 한다.

우리나라에서 트림은 음식을 잘 먹었다는 표시로 삼고 있지만 서양에서는 금기로 되어 있으니까 조심한다.

이쑤시개는 식탁에 놓지 않고 손님들도 식탁에서는 이것을 찾아서는 안 된다. 테이블 위에 이쑤시개가 있다 해도 사용하지 않는 것이다. 한 손으로 입을 가리고 사용하는 것도 마찬가지이다. 화장을 고치는 것도 마찬가지이다. 화장실에 가서 사용하도록 한다.

2. 식사 중의 예절

냅킨은 모든 손님이 앉고 한두 마디의 대화가 오고 간 다음에 자연스럽게 편다.

냅킨은 실수로 물을 엎지르거나 했을 때 냅킨을 사용하는 경우가 있는데 이때 조용히 웨이터를 불러 처리하도록 하고 다른 사람은 모른 척하는 것이 예의다.

식사 중에는 자리를 뜨지 않는다. 부득이 자리를 뜰 경우에는 옆사람에게 실례한다고 인사를 한다. 이때 냅킨을 식탁 위에 놓으면 식사가 다 끝난 것으로 오인할 수 있으므로 의자 위에 놓는다. 식사가 끝나면 냅킨은 접어서 식탁 위에 놓는다.

포크는 왼손에 나이프는 오른손에 든다. 왼손잡이라도 나이프만은 꼭 오른손으로 사용한다.

왼손의 포크로 고기를 누르고 오른손의 나이프로 입에 들어갈 만큼 자른 다음 나이프를 접시에 걸쳐 놓고 오른손에 포크를 들고 자른 고기를 먹어도 된다. 일단 포크로 찍은 고기는 한입에 넣는다. 이로 잘라 먹는 것은 보기에도 흉하고 에티켓에도 어긋난다.

식사 도중에는 포크와 나이프를 八자 모양으로 접시에 걸쳐 놓는데 나이프는 칼날이 안쪽으로 포크는 엎어 놓는다.

식사가 끝나면 포크와 나이프를 나란히 놓는다.

식사 중 포크나 나이프를 떨어뜨렸을 때는 웨이터에게 줍게 하고 새것을 요구한다. 그러나 웨이터가 없을 때는 본인이 줍고 새것을 요구한다.

식사 중 흘린 음식은 먹지 않는다.

음식을 먹고 있는 중 옆 사람의 질문을 받았을 때 음식을 먹으면서 이야기하지 않는다. 다 먹은 다음에 미안하다고 한 후 대답을 한다.

빵이 처음부터 식탁 위에 놓여 있는 경우가 있는데 빵은 수프를 먹은 다음에 먹는다. 빵은 포크나 나이프를 사용하지 않고 손으로 한입에 들어갈 만큼 떼어 먹는다. 토스트는 나이프로 잘라서 손으로 먹는다. 정식 만찬에서는 버터가 나오지 않으므로 찾지 않는다.

수프를 먹을 때 소리를 내거나 뜨겁다고 입으로 후후 부는 것을 아주 싫어한다. 오른손의 스푼을 들고 왼손으로 그릇의 앞쪽을 약간 들어 스푼을 앞에서 뒤로 밀면서 떠서 스푼을 입속으로 쏟아 넣듯이 먹는다. 프랑스에서는 자기 앞쪽으로 당기듯이 떠먹는다.

빵 이외에는 손을 사용하는 것은 금지되어 있다. 손을 써야 할 경우에는 핑거보울이 나오므로 손을 씻는다. 핑거보울에서는 한 손씩 손가락 끝만 씻는 것이다. 두 손을 한꺼번에 넣어서는 안 된다.

식사 중에는 다른 사람과 보조를 맞추도록 노력을 하고 여주인은 제일 늦게 먹는 사람과 보조를 맞춘다.

소스를 치는 요리는 요리가 나왔을 때는 바로 먹지 말고 소스를 받은 다음 먹기 시작한다.

비프스테이크는 굽는 정도에 따라 맛이 틀려진다. 주문할 때 반드시 자신의 기호에 따라 굽는 정도를 말해 준다.

샐러드는 고기요리에 빠질 수 없는 것으로 다른 접시에 곁들여 나온다. 샐러드는 더운 고기요리일 경우에는 고기를 다 먹고 난 다음에, 찬 고기요리일 때는 샐러드와 함께 먹는다.

마지막 코스로 커피가 나오는데 커피 잔의 손잡이는 오른손의 엄지와 검지로 잡는다. 손잡이를 마치 권총의 방아쇠를 당기듯 잡는 것은 좋지 않다. 그리고 받침접시를 들거나 잔 밑을 받치지 않는다. 그리고 소파에 앉았을 때와 같이 테이블이 멀 때는 잔받침을 왼손에 들고 오른손으로 들고 마신다. 마실 때는 티스푼으로 떠서 먹지 않는다. 각설탕을 사용할 때는 스푼 위에 올려놓고 티스푼으로 커피에 넣는다. 아무리 뜨거워도 불거나 소리를 내지 않는다.

식탁에서 담배를 피우는 것은 실례이다. 식사가 끝난 후 자리를 바꿔 식후주를 마시면서 담배를 피우는 것이 에티켓이다.

술을 마시지 않을 때 술잔을 엎어놓는 것을 서양에서는 금기로 여기고 있다. 단지 웨이터가 술을 따르려 할 때 사양의 표시를 하면 된다. 그러나 건배를 위한 샴페인은 술을 못해도 받는다. 한국 사람은 상대가 술을 따를 때 술잔을 들지만 서양에서는 들어올리지 않는다.

제4절 기　타

1. 소개와 악수

소개는 이성 간에는 남성을 여성에게 먼저 소개하고 동성 간에는 나이가 적거나 사회적 지위가 낮은 사람을 먼저 소개한다.

소개할 땐 소개하는 사람이나 소개받는 사람 모두 일어서는 것이 예의이다. 그러나 여성은 성직자, 고관 또는 고령자일 때 외에는 일어나지 않는다. 그러나 여성이 파티의 주인일 때는 상대가 남자라도 일어나는 것이 예의이다.

소개를 받으면 악수로서 인사를 하는데 상대방의 눈을 쳐다보면서 미소지은 채 손을 힘 있게 잡는다. 그러나 상대가 여성일 때는 가볍게 잡는다. 악수할 때는 악수 자체가 인사이므로 다시 고개를 수그릴 필요가 없다.

악수할 때는 남녀 모두 장갑을 벗는 것이 예의이지만 여성의 경우 정장을 하여 긴 장갑을 꼈을 때는 벗지 않아도 된다.

2. 숙녀에 대한 에티켓

서양에서는 중세의 기사도에 기원을 둔 레이디 퍼스트 사상이 에티켓의 기본을 이루고 있다.

남성은 방을 출입하거나 차를 탈 때도 꼭 문을 열어 주고 여성을 앞세운다. 좁은 계단을 올라갈 때는 남성이 여성보다 앞서나 내려갈 때는 여성이 앞선다. 그러나 계단의 경사가 급하거나 미끄러울 때는 남성이 앞선다. 에스컬레이터를 탈 때는 여성이 먼저 타고 내려올 때는 남성이 먼저 탄다.

자리에 앉을 때는 여성이 상석에 앉는다. 두 여성과 한 남성이 앉을 때 남성이 여성 사이에 끼어 앉지 않는다. 아파트나 호텔의 엘리베이터에 숙녀가 타면 신사는 모자를 벗어 손에 들어야 한다. 그러나 백화점이나 사무실의 엘리베이터에서는 레이디 퍼스트가 적용되지 않는다.

길을 걸을 때는 남성이 차도 쪽에 선다. 길거리에서 여성을 만나 이야기할 때도 남성은 모자를 벗어야 한다.

남성이 담배를 피우려 할 때는 옆에 앉은 여성에게 "담배를 피우십니까?" 하고 권하여 "고맙습니다" 하고 담배를 받으면 불을 붙여주어야 한다. 그러나 담배를 피우지 않을 때는 담배를 피워도 괜찮은가 물어봐서 괜찮다고 할 경우에만 피운다.

여성이 코트를 벗으려고 할 경우 남성은 꼭 도와준다. 외투를 맡기고 찾는 것도 남성이 한다. 여성이 무거운 것을 들었을 때는 모르는 사이일지라도 남성은 거들어 주고 여성이 장갑이나 머플러를 떨어뜨렸을 때도 남성이 주워 준다.

3. 선 물

우리나라는 남의 집을 방문할 때 으레 선물을 갖고 가는 것과는 달리 서양에서는 초청을 받아 갈 때도 선물을 갖고 가지 않는다. 만약 가져 갈 때는 값진 선물은 상대에게 부담을 주므로 피한다. 값싸고 좋아할 만한 것을 갖고 가는 것이 좋은데 케이크는 선물로 가져가지 않는다. 케이크는 보통 집에서 만들어 솜씨를 자랑하는 것이기 때문이다.

갖고 간 선물은 집에 들어가면서 전한다. 이때 주인은 "열어봐도 좋을까요?" 한 다음 열어보고 고맙다는 표시를 한다.

4. 비용 부담

여러 사람이 같이 식사를 했을 때 비용은 각자 부담하는 것이 보통이다. 비용을 부담하고 싶을 때는 계산서를 본인이 받은 뒤 "제가 내겠습니다"라고 한다. 카운터 앞에서 서로 내겠다고 하지 않는다.

계산서를 받았을 때 계산대에서 지불하라고 써 있지 않는 한 웨이터에게 지불하는데 팁이 포함되어 있지 않을 때는 금액의 10~20%를 팁으로 주어야 한다. 이때 팁은 웨이터에게 직접 주지 않고 냅킨이나 접시 밑에 반쯤 보이게 놓는다.

5. 데이트

데이트 신청은 남성이 먼저 한다. 그리고 데이트 비용도 남성이 모두 부담한다. 그리고 데이트를 할 때 남성은 여성의 집으로 데리러 가고 데려다 준다. 이때 부모님께 간단한 인사를 하는 것이 에티켓이다.

6. 대 화

대화할 때는 몇 가지 금기 사항이 있다.
여성에게는 나이를 묻지 않는다. 신체적인 것, 예를 들면 체중이나 키 등은 묻지 않는다. 신체적인 것은 남성에게도 실례가 되는 경우가 있다. 키가 몹시 크다거나 작다든가 할 때가 그렇다.
월급, 생활비, 갖고 있는 것의 값 등도 묻지 않는다.

7. 예 약

미국이나 유럽에서는 예약제가 철저히 지켜지고 있어 모든 곳에 예약을 해야 한다. 비행기는 물론 호텔, 레스토랑, 사람을 만나고자 할 때 등.

사전에 약속도 없이 지나는 길에 들렀다는 식의 방문은 환영을 받지 못함을 알아야 한다.

8. 팁

팁이란 자신에게 제공되는 서비스에 대한 대가로서 우리나라에서는 정착이 되어 있지 않아 얼마를 언제 줘야 하는 것인지 몰라서 너무 많은 액수를 준다든가 하여 오히려 결례를 하는 경우가 있다.

팁의 액수는 나라와 서비스의 종류에 따라 다르지만 대체로 지불되는 금액의 10% 정도이다. 공항이나 역, 호텔 등의 포터에게 주는 팁은 50센트나 1달러 정도이다.

식당과 같은 곳에서 청구서에 봉사료가 포함되어 있으면 별도의 팁을 주지 않아도 되지만 봉사료가 포함되어 있지 않으면 청구 금액의 10~15% 정도의 팁을 주고 계산 후의 잔돈은 팁으로 주는 것이 좋다.

제13장 문화생활의 예절

제 13 장
문화생활의 예절

제1절 전시장

　전시회에 가기 전에 가고자 하는 전시회의 작가나 작품에 대한 사
전지식을 준비한다. 자신의 교양을 높이고 견문은 넓게 하고자 해서
전시회를 가는 것이기 때문에 소기의 목적 달성을 위해 사전지식은
반드시 필요하다.

　작가의 작품 세계와 작품에 대한 설명이 있는 팸플릿을 자세히 읽
는 것도 좋다. 궁금한 것은 안내하는 사람에게 설명을 의뢰해도 실례
가 아니다.

　전시장에서 전시회의 주최자나 전시품의 작가를 만났을 때는 축하
의 말을 전한다.

　작품에 따라서는 만지거나 두드려 봄으로써 감상할 수 있는 것이

있지만 대체로 가까이 하거나 만지지 않는다. 사람의 입김이나 손가락
의 땀, 세균 등은 작품을 손상시킬 수 있기 때문이다.

사진을 찍어야 할 필요가 있을 때는 주최 측에 양해를 구한 다음에
찍고 사진촬영이 금지되어 있을 때는 찍지 않는다.

음식물을 먹는 행위나 담배를 피우는 행위는 지정된 곳에서만 하고
잡담이나 큰소리로 다른 사람을 방해하는 일이 없도록 한다.

전시장에서의 복장은 야외전시장일 때는 야외복을 입어도 무방하지
만 실내 전시장에서는 가벼운 정장을 한다.

전시회장도 공공장소이니만큼 다른 사람을 방해하거나 피해가 가도
록 하는 행위는 스스로 판단하여 하지 말아야 할 것이다.

제2절 공연장

극장이나 음악회 등의 공연을 갈 때 제일 먼저 주의해야 할 것은
시간엄수이다. 시작이 되면 입장을 못하도록 하는 곳이 있기 때문에
모처럼의 계획이 수포로 돌아가 버릴 수가 있다. 시작이 되면 입장을
금하지 않더라도 안내원의 지시가 있을 때까지 기다렸다가 들어간다.

공연장에서는 반드시 지정석에 앉고 공연이 끝날 때까지 휴식시간
이외에는 자리를 뜨지 않는다.

공연 중 음식물을 먹거나 담배를 피우는 일은 절대로 없어야 하며
옆 사람과의 잡담도 하지 않는다.

극장이나 음악당 등 대체로 공연장에서는 좌석과 좌석 사이의 공간
이 좁기 때문에 사람이 앉아 있는 좌석을 지날 때는 서로가 최대한

양보를 하여 서로의 신체가 닿지 않도록 주의하고 이동하는 사람은 앉아 있는 사람에게 "실례합니다"라든가 "죄송합니다"라고 인사말을 한다.

복장은 음악회나 영화 등은 정장을 하고 마당놀이 등의 공연은 간편한 복장을 한다.

실내에서 여성은 모자를 벗지 않아도 되지만 공연장에서 뒷사람의 시선을 방해하는 높은 모자는 여성이라도 벗는다.

초대를 받았을 때는 참석하는 것이 예의이다. 하지만 부득이한 경우에는 다른 사람을 보내 초대한 사람에게 참석 못한 사유에 대해 사과하고 축하의 뜻을 전한다.

제3절 여행 예절

1. 버 스

버스나 기차, 비행기, 배 등의 교통수단도 여러 사람이 사용하는 것으로서 공공예절을 잘 알고 바로 실천하여야 할 것이다.

버스나 기차, 비행기, 배 등의 교통수단을 이용함에 있어 사람에 따라 멀미를 하는 경우도 있다. 멀미를 하는 사람은 미리 약을 먹거나 만약의 경우 토할 것을 대비하여 세지 않는 비닐 봉투를 준비한다. 이 때의 비닐 봉투는 투명하지 않아 내용물이 보이지 않는 것으로 한다.

토할 때는 화장실을 이용하는데 화장실이 없을 때는 준비한 봉투를 사용하여 실내를 더럽히지 않도록 주의한다. 봉투를 미리 준비하지 못했을 때는 안내원에게 봉투를 요청한다. 봉투는 중간의 휴게실이나 종착점에 내려서 버린다. 단체로 교통수단을 이용할 경우 지루할 때는 춤을 추거나 큰소리로 노래를 부르기도 하는데, 이런 행위는 안전운행에 지장이 있으므로 삼간다. 금연석에서는 절대로 담배를 피우지 않는다. 만약 금연석에서 담배를 피우는 사람이 있을 때는 담배를 피우는 사람이 무안하지 않도록 조용히 "선생님 죄송하지만 이 자리는 금연석입니다"라고 직접 알려주거나 안내원에게 요청을 한다. 차를 탈 때는 윗사람이나 노약자와 여성이 먼저 타며 내릴 때에는 윗사람이나 노약자, 여성이 나중에 내린다.

지정된 좌석에 앉는 것이 원칙이지만 멀미를 하는 사람이나 노약자에게 창가의 자리를 양보하는 것은 보기에도 좋다. 좌석에 앉으면 반드시 안전벨트를 착용하고 편안한 자세를 취하되 신발을 벗거나 앞자리나 옆자리가 비어 있다고 해서 다리를 뻗는 등의 행위, 짐을 놓는 행위는 하지 않는다. 짐은 지정된 곳에 둔다. 좌석을 뒤로 눕힐 때는 뒷사람에게 뒤로 눕힌다는 사실을 알리고 양해를 구한 다음 눕히도록 하는데 뒷사람이 너무 불편하지 않도록 한다.

어느 교통편을 이용하든 사전에 예약하거나 좌석표를 예매해 두도록 한다. 사전에 예약을 했더라도 이용 전에 다시 한번 확인을 하는 것이 좋다.

버스는 비행기나 배에 비해 날씨의 지장을 덜 받지만 대신 도로 사정에 따라 도착 시간이 지연되는 경우도 많으므로 이 점 유의한다.

장거리 여행을 할 때 지루하거나 배가 고파 음식물을 준비했다가 먹기도 하는데 음식물은 차가 휴게소에 도착하면 휴게소에서 먹는다. 달리는 차 안에서 음식물을 먹다 보면 차가 움직여 부스러기를 떨어뜨리고 음료수를 흘릴 염려가 많다. 또 버스 안은 환기가 어려우므로 특히 냄새나는 음식은 먹지 않는다.

2. 기 차

기차의 경우 식당차가 있다면 식당차를 이용하는데 식당차에서는 옷차림을 단정히 하고 모자나 코트 등은 벗는다.

침대차를 이용할 때 옷을 갈아입는 일은 자기 칸에서 하고 잠옷차림으로 돌아다니는 일은 없어야 하겠다. 남들이 취침 중에는 취침에 방해가 가지 않도록 잡담이나 소리가 나는 일은 하지 않는다.

3. 배

큰 유람선은 호텔과 같으므로 식당인, 로비, 오락실, 갑판에 갈 때는 호텔에서와 같이 정장을 하고 구두를 신는다.

작은 배의 경우 뛰어다니거나 몰려다니면 배가 기울어져 전복의 위험이 있으므로 반드시 정해져 있는 안전수칙을 잘 지키도록 한다.

또한 배를 이용한 여행은 여러 날 걸리는 경우가 많기 때문에 소지품과 건강관리에 특히 유의하고 대인관계도 원만하게 하여 즐거운 여행이 되도록 한다.

4. 비헹기

출국이나 입국의 경우 인사는 집에서 하고 공항에는 꼭 필요한 사람만이 나가도록 한다. 오랜 만에 입국을 하는 경우 반가운 마음에 큰소리로 이름을 부르는 등 소란스러운 행동은 하지 않는다.

비행기는 다른 교통수단에 비해 빠르고 안전한 편이다. 그래서 현대인들의 비행기 이용이 급증하고 있다. 그러나 장시간을 밀폐된 공간에서 많은 사람과 함께 있어야 하므로 탑승객이 지키고 주의해야 할 점이 다른 교통편에 비해 많다.

우선 기내에 들어가면 탑승권에 기재된 좌석을 찾아 앉는다. 좌석 찾기가 어려운 때는 승무원에게 부탁하여 안내를 받는다. 좌석은 창 측과 통로 측이 구분되어 있으므로 확인하고 앉는다.

좌석에 앉아서는 안전벨트를 반드시 맨다. 안전벨트를 풀어도 좋다고 할 때 외에는 매고 있어야 한다.

완전히 이륙하여 안전벨트를 풀어도 좋다는 사인이 있을 때도 잠을 잘 때는 매고 잔다. 기류 상태에 따라 언제 다시 안전벨트를 매라고 할지 모르기 때문이다.

장시간 여행 시 간편한 옷차림이나 슬리퍼를 신는 것은 괜찮지만 내의 바람이나 맨발로 통로를 다니는 일은 없어야 하겠다.

기내에서 옷을 바꿔 입을 때는 반드시 화장실을 이용한다.

승무원을 부를 때는 승무원 호출 버튼을 누르거나 통로를 지날 때 가벼이 손짓을 한다.

창 측이나 중간 좌석에 앉은 사람은 드나들 때 옆 사람에게 폐를 끼치게 되므로 꼭 필요한 일 외에는 자리를 뜨지 않도록 한다. 통로 측의 승객이 잠을 자려고 할 때는 미리 볼 일을 보고 돌아와 자리에 앉는다.

금연석이거나 금연하라는 사인이 있을 때는 절대로 담배를 피워서는 안 된다. 식사할 때는 좌석의 등받이를 세우고 식사용 간이 테이블을 편다. 통로 측에 앉은 사람은 창 측에 앉은 사람의 식사판을 받아서 건네준다.

서비스를 받을 때는 "Thanks"라고 고맙다는 표시를 한다. 창 측의 승객은 통로 측 승객이 식사 중일 때는 드나들지 않는다.

화장실에 들어가면 반드시 안에서 잠근다. 그래야 화장실 밖에 '사용 중 (Occupied)'이라는 표시가 나타난다. 반대로 잠그지 않은 경우 '비어 있음 (Vacant)'이라는 표시가 되어 다른 사람이 문을 열고 사용할 수 있음을 주의한다.

기내에서 옆 좌석의 승객과 이야기를 하고 싶을 때는 먼저 자신을 소개하고 상대가 응해 오면 주위에 폐가 되지 않게 조용조용 대화한다.

옆 사람이 말을 걸어올 때 조용히 있고 싶으면 정중히 자신의 의사를 밝힌다. 비행기 여행은 장시간을 좁은 의자에 앉아 있어야 하기 때문에 발이 붓고 피로하기 쉬우므로 복장과 신발 등은 편안한 것으로 하고 기내 체조로서 몸을 움직여 주는 등 건강관리에도 각별히 신경을 써야 한다.

그리고 비행기나 배는 날씨에 따라 결항하는 경우가 있으므로 여기에 대한 준비도 하고 있어야 한다.

5. 호텔 이용

호텔은 사전에 예약을 한다.

호텔에 도착하여서는 요금의 변동이 없는가 확인한다.

호텔의 체크인 시간은 정오부터 저녁 8시에서 9시 사이이다.

체크인 시간보다 먼저 도착해도 방이 비어 있지 않으면 들어갈 수 없으므로 시간 조정을 잘해야 한다. 비행기의 연착 등으로 체크인 마감 시간을 맞출 수 없을 때는 항공사를 통해 미리 연락을 취해야 한다. 그렇지 않으면 다른 사람에게 방을 내줄 수도 있기 때문이다.

체크인이 끝나면 벨보이가 가방을 방까지 들어주는데 약간의 팁을 줘야 한다.

호텔방은 잠그면 밖에서는 열 수 없도록 되어 있다. 따라서 외출할 때는 반드시 열쇠를 갖고 나와 프론트에 맡긴다. 잠시 볼일을 보기 위해 방을 나왔다가 문이 닫혀졌을 때는 프론트에 부탁하여 열어 달라고 하는데 이때 약간의 팁을 주어야 한다.

침대를 사용할 때 커버는 벗겨 접어서 장 안에 넣어둔다.

아침에 일어나면 흐트러진 잠자리를 대충 정리를 하는 것이 예의이다. 외출할 때는 방청소를 하는 사람을 위해 화장대와 같이 잘 보이는 곳에 팁을 남긴다.

욕실을 사용할 때 수돗물은 찬물부터 튼다. 욕조의 물이 욕조 밖으로 넘치지 않게 하고 샤워할 때는 커튼 자락을 욕조 안으로 집어넣어 물이 욕조 밖으로 튀지 않도록 한다.

호텔 안에 있는 냉장고의 음료는 사용한 만큼 돈을 내는 것이다.

호텔에 투숙하게 되면 이용 안내서를 잘 읽어보고 활용토록 하며 모르는 사람들과 함께 사용하므로 항상 예의를 지키도록 한다.

제4절 미래사회의 결혼 예절

결혼은 자기 혼자서 할 수 있는 것이 아니라 자기와 전혀 다른 또 하나의 인격적인 배우자와의 만남에서 이루어지기 때문에 적지 않은 어려움이 있다. 또한 결혼은 부부 각자가 가지고 있는 내부적 요인뿐만 아니라 그들을 둘러싸고 있는 문화 및 사회적 환경 여건들에 의해 영향을 받게 되기도 한다. 이에 대해, 어떤 사람들은 자신의 성공적 결혼의 성패를 예측하기 위해서 궁합이나 사주를 보며 예언자의 결정에 의해 결혼을 선택하기도 한다. 과연 이러한 선택이 결혼 생활을 성공적으로 이끌 수 있을까? 이에 대한 해답은 매우 복잡할 것이다. 왜냐하면, 성공적 결혼이란 엄밀히 말하면, 외적으로 볼 때 배우자 한 사람의 죽음으로 인해 결혼 생활이 종료되며, 내적으로 볼 때는 배우자 모두가 만족을 느껴야 하며, 자신의 충동, 습관, 희망, 기대 등이 적절히 방출되어 자기 발전이나 자아실현이 충실하게 이루어질 때이며, 또한 사회적 기대나 그 사회의 문화, 도덕, 윤리의 규범 안에서 허용되는 결혼이어야 하기 때문이다. 그리고 성공적인 결혼이란 두 사람의 관계에 한하지 않고, 부모, 형제, 친지 등의 인간관계와도 밀접하게 관련이 되어 있으므로 이에 대한 좋은 분위기 조성을 이끌어야 할 것이기 때문이다. 따라서 성공적인 결혼을 성취하려면, 다른 사람에 의한 결정보다는 상대방의 인성, 인격을 이해하고, 상대방의 능력, 자유, 자존심을 존중하고, 상대방의 목표에 도달할 수 있도록 부부가 서로 용기를 북돋워 주도록 노력해야 할 것이다.

그러면 성공적인 결혼생활을 하고 있는 가정의 특징을 살펴보기로 하자.

결혼생활의 안정성을 예측하는 일차적인 요인은 결혼 만족도라고 선행 연구들은 보도하고 있다. 즉 사회경제적 지위가 높을수록, 남편의 근무시간이 적을수록 결혼 만족도는 높아지는데, 이러한 요소는 결혼의 안정성에 지대한 영향을 미치고 있다고 하였다. 특히 자녀의 수는 부인의 결혼 만족도에 영향을 미치고 있다고 하였다. 특히 자녀의 수는 부인의 결혼 만족도에 영향을 미치는 중요한 변수로 작용하고 있다고 유은희와 이옥진(1974)은 보고하였다.

즉 자녀수가 많다는 것은 부부의 경제적 심리적 부담이 되고, 자유롭게 활동할 수 있는 기회가 적기 때문에 결혼의 만족도가 낮아져 성공적인 결혼으로 이끌 수가 없다고 하였다. 한편, 박찬미와 서병숙(1987)은 부모의 결혼 행복도가 자녀의 결혼 성공 여부에 중요한 변수가 된다고 시사하였는데, 이러한 문제는 특히 결혼 당사자인 부부에게만 국한되는 문제가 아니라 결혼생활의 학습장인 가정에서 부모를 역할 모델로 하는 자녀에게 영향을 주게 되므로 항상 원만한 부부관계로 유지할 수 있도록 부부 스스로 노력해야 함을 강조하였다. 또한 지역적으로 볼 때, 결혼 만족도는 도시보다 전통적 가치 의식을 보유하고 있는 농촌에서 더 크게 나타났는데, 이는 도시 주부들이 농촌의 주부들보다 생활문화, 환경의 영향으로 가족관계에 대한 가치 의식이 근대화되었으나 이에 상응할 만한 주변문화가 근대적 가치 의식을 갖고 있지 않기 때문에 결혼 만족도가 낮게 나타난 것으로 사료된다고 서병숙과 김윤(1983)은 지적하였다.

행복한 결혼이란 단편적으로 순간적이기 때문에 단적으로 말하기는 힘들지만 기분 좋은 상태를 어느 정도 표현할 수 있다. 그러나 행복한 결혼은 부부들의 끊임없는 노력으로 이루어지는 것이므로 다음과 같은 조건을 고려해야 한다.

① 부부가 인내심을 가졌을 때
② 문제가 되는 부부간의 차이점과 갈등이 적었을 때
③ 부부가 중요한 문제에 대해 일치를 했을 때
④ 개인의 성장발달이 촉진되었을 때
⑤ 부부가 공동으로 행복감을 느꼈을 때
⑥ 사회의 기대와 욕구에 맞는 결혼이었을 때
⑦ 당사자 자신들이 원하고 기대했던 배우자를 선택했을 때

⑧ 양가의 가족들이 당사자의 결혼을 긍정적으로 인정했을 때

⑨ 부부가 현대사회에서 살아갈 수 있는 경제적 능력과 잘 적응
할 수 있는 성숙된 성품을 소지하였을 때

이상의 조건들은 일시적으로 한꺼번에 소유되지는 않는다. 즉 결혼
초에 몇 가지가 성취되고, 해가 거듭됨에 따라 차츰 나머지도 성취되
어진다. 그리고 이들 조건들은 부부들이 서로 도움을 주고받을 수 있
는 상호적인 분위기를 다음과 같이 조성해 줌으로써 성공적인 결혼에
도달할 수 있게 해 준다.

첫째, 배우자 모두는 둘 사이의 관계에서 행복을 느낀다.

둘째, 배우자 모두는 기본적으로 감정적 욕구를 서로 충족하고 있다.

셋째, 각 배우자는 상대방의 생을 풍요롭게 해 준다.

넷째, 결혼의 환경은 각 배우자의 퍼스낼리티를 촉진하고 개인으로
서 앞으로 나아갈 방향에 도움을 준다.

다섯째, 상대방의 자아를 위협하지 않고 상대방을 편안하게 상호간
감정적 부양(emotional support)을 하게 한다.

여섯째, 개인으로서 상대방을 이해하고 받아들인다.

일곱째, 서로의 행복과 복지를 위해 상호간 관심을 갖고 존경하고
상대방이 필요로 하는 욕구 충족에 자발적인 책임감을 갖는 관계를
지속시킨다.

참고 문헌

김주희, 문화인류학의 이해, 성신여자대학교 출판부, 1991.

한상복 外, 문화인류학, 한국방송통신대학교 출판부, 1987.

이광규, 한국민속학, 학연사, 1987.

세계의 풍물, 삼성물산(주) 홍보실 출판사, 1991.

安田德太郎, 여성의 전성시대, 정윤출판사.

김태현, 이성희, 결혼과 사회, 성신여자대학교 출판부.

아우구스트베벨, 여성론, 까치.

여성 · 가족 · 사회, 여성한국사회연구회, 열음사.

J. L. 먹케리, 창조적 결혼, 빅벨출판사.

브론스키, 결혼의 기원과 역사, 친화당

A. 브론스키 著, 羅熙仙 編譯, 결혼의 역사, 書韓社.

林惠祥 著, 崔茂藏 編譯, 인류 혼인사, 山文.

E. A. Westermarck 著, 崔達坤 鄭東鎬 編譯, 문화 인류학, 博英社.

아우구스트베벨, 여성론, 까치 글방, 1987.

신연식, 결혼 생활은 이렇게, 학문사, 1989.

로저 키징, 현대 문화 인류학, 현음사.

A. 브론스, 결혼의 기원과 역사, 진성당.

이이화, 우리 겨레의 전통 생활, 려강.

손인주, 한국인의 도와 미풍양속, 문음사.

서병숙, 결혼과 가정, 교문사, 1993.

1. 朴惠仁, 한국의 전통혼례연구(고려대학교 민족문화 연구소, 1998)

2. 李順洪, 한국전통 혼인고(학연문화사, 1992)

1. 이현재, 한국민족문화 대백과사전, 웅진출판사, 1991.

2. 조항근, 세계 대백과사전, 교육도서, 1991.

3. 김익달, 세계 대백과사전, (주)학원사, 1971.

4. A. 브론스키, 결혼의 역사, 신학문사, 1991.

5. A. 반겐넵, 통과의례, 을서문화사, 1989.

▪저 자 소 개▪

·배 영 기·

건국대학교(법학사)·서울대학교 대학원(교육학석사)·단국대학교 대학원
(교육학박사)·상명대학교·서울교대·한국방통대·서울보건대·단국대학
교 교육대학원·경기대 등에서 강사 역임·현재 숭의여대 교수 및 도서관
장으로 재직중임.

학회활동으로는 우리문화연구소장, 한국국민윤리학회 부회장, 단군학회 부
회장, 통일부 정책연구관 및 통일교육 전문위원, 한국효(孝)학회 서울시
지회장, (사)한국문화콘텐츠학회 종교분과위원장, 배달학회 부회장, 한국미
래교육학회 편집위원 등을 역임.

사회활동(NGO)으로는 평통자문위원, 교총규칙분과위원, 정신개혁시민협
의회 공동대표, 개천절 남북공동행사 학술위원장, 효세계화 운동본부 운영
위원, 부정부패 추방실천시민회 행정대책위원장, 한반도 평화운동본부 운
영위원, 동학민족통일회 운영위원, 민족희망포럼 공동대표 등으로 활동하
고 있음.

연구실적으로는 『현대사회와 종교』, 『인간에 관한 종합적 이해』, 『산업사
회와 직업윤리』, 『지성인의 명저교양강좌』, 『죽음학의 이해』, 『윤리학과 윤
리교육』, 『한국문화와 직업사회』 등 30여 권의 저서가 있으며, 논문으로는
『생명윤리에 관한 생태학적 접근』, 『한국적 공동체의식의 현황과 과제』,
『동학이념과 통일』, 『상생윤리의 체계적 연구』, 『노동윤리의 상생론적 접근』 등
80여 편을 학회·학술지 등에 발표하였음.

결혼의 역사와 문화

• 초판 인쇄	2006년 1월 10일
• 초판 발행	2006년 1월 10일
• 지 은 이	배영기
• 펴 낸 이	채종준
• 펴 낸 곳	한국학술정보㈜
	경기도 파주시 교하읍 문발리 526-2
	파주출판문화정보산업단지
	전화 031) 908-3181(대표) · 팩스 031) 908-3189
	홈페이지 http://www.kstudy.com
	e-mail(e-Book사업부) ebook@kstudy.com
• 등 록	제일산-115호(2000. 6. 19)
• 가 격	31,000원

ISBN   89-534-4466-7 93150 (Paper Book)
        89-534-4467-5 98150 (e-Book)